漢文講讀精解

한문강독정해

전용오

지식과교양

책을 내면서

　본서는 필자가 그간 대학 강단에서 강의해 온 한문 산문작품들을 중심으로 정리 해설한 한문강독을 위한 학습서이다. 필자는 이 책을 만듦에 강의실에서 강의하듯 최대한 자상히 해설함을 목표로 하였기에 책명도 한문강독정해라고 이름하였다. 그럼에도 본서의 주안은 문장 해석능력의 배양에 있으므로 작품 및 작가에 관한 탐구는 학습자의 몫으로 남겨두었음을 밝혀둔다.

　본서에서는 총 100편의 글을 5개 영역으로 나누어 분류하였는데 각 범주별 집필 의도는 다음과 같다.

　고사故事편에서는 한문 입문자들이 "한문은 어렵다."라는 선입견에서 벗어나 두려움 없이 한문에 다가설 수 있도록 우리에게 친숙한 중국고사 15편을 골라 쉽고 자세하게 해설하였다.

　문장文章편에서는 고문진보에 실려 전해오는 중국명문 6편과, 홍길동전의 사상적 기반이었던 허균의 유재론과 호민론을 심층 풀이하여 독자들이 문장의 모범에 접할 수 있도록 하였다.

　설화說話편에서는 태평광기·수신기 소재 중국설화 4편과, 삼국사기·삼국유사·대동운부군옥 등에서 뽑은 우리 설화 십여 편을 제시하여 설화문학의 특성을 이해하는 기초가 되게 하였다. 태평광기의 비연전·곤륜노·배항 설화는 운영전의 생성에 관계가 있고, 수신기의 부마설화는 대표적 시애설화로서 우리나라 초기소설의 발생과 관계가 깊어 한중비교문학에 관심이 있는 독자들에게는 좋은 자료가 되리라 생각한다.

야담野談편에서는 태평한화골계전을 비롯한 여러 야담집에서 흥미 있는 작품들만 발췌 배열하여 지루할 수 있는 한문공부에 재미를 느낄 수 있게 힘썼다. 독자들은 이 야담들을 통하여 조선조 문인들의 촌철살인의 위트와 유머, 그리고 통렬한 비판의식을 읽을 수 있을 것이다.

소설小說편에서는 전등신화 소재 중국소설 3편과 금오신화 소재 우리 소설 2편, 여기에 가전체 소설인 오원전과, 장편에 속하는 운영전을 더하여 총 7편을 선정 상세한 해석을 붙였다. 이중 전등신화 속의 녹의인전·등목취유취경원기·취취전은 금오신화와 운영전에 직접 영향을 미친 소설사적 의미가 있어 선정대상에 포함시켰다.

정치精緻한 어구분석을 통한 문장의 정확한 해석이 본서의 본령이지만, 어구분석의 최종 산물인 완성된 번역문의 예도 하나 정도는 있어야 할 것으로 생각하여 마지막 작품인 운영전은 어구풀이 대신 전체 번역문을 올렸음을 알린다. 그리고 이는 졸저 운영전의 비교문학적 연구에서 전재한 것이라는 점도 아울러 밝힌다.

여러모로 부족한 책자이지만 아무쪼록 한문학습의 자資로 많이 활용되었으면 하는 바람 간절하다.

끝으로 이 책의 출간을 허락해 주신 도서출판 지식과교양의 윤석원 사장님과 편집을 맡아 수고하신 윤예미 과장님께 깊은 감사의 뜻을 표한다.

癸巳 孟春

전 용 오

목차

IV. 野談

V. 小說

Ⅰ.古事

伯夷叔齊 / 管鮑之交 / 四面楚歌 / 矛盾 / 塞翁之馬 / 朝三暮四 / 狐假虎威 /
漁父之利 / 蛇足 / 指鹿爲馬 / 刮目相對 / 完璧 / 刎頸之交 / 臥薪嘗膽 / 螢雪之功

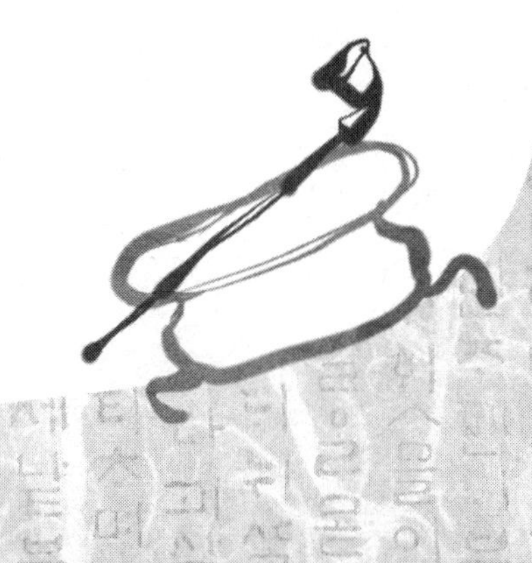

1. 伯夷叔齊

伯夷叔齊[1] 孤竹[2]君之二子也. 父欲立叔齊 及父卒叔齊讓伯夷 伯
夷曰『父命也.』遂逃去. 叔齊亦不肯[3]而逃之 國人立其中子[4]. 於是
伯夷叔齊聞西伯[5]昌[6]善養老 盍[7]往歸焉. 及至西伯卒 武王載木主[8]
號爲文王 東伐紂[9] 伯夷叔齊叩馬而諫[10]曰『父死不葬爰及干戈[11] 可
謂孝乎? 以臣弑君 可謂仁乎?』左右欲兵之[12] 太公[13]曰『此義人也.』扶
而去之. 武王已平殷亂 天下宗周[14] 而伯夷叔齊恥之 義不食周粟[15] 隱
於首陽山 采薇[16]而食之. 及餓且死 作歌其辭曰『登彼西山兮[17] 采
其薇矣. 以暴易暴[18]兮 不知其非矣. 神農虞夏[19]忽焉沒兮 我安[20]適
歸矣. 于嗟[21]徂兮 命之衰矣.』遂餓死於首陽山.

《史記》

1 伯夷叔齊(백이숙제) : 은(殷)의 제후(諸侯)였던 고죽군(孤竹君)의 두 아들. 伯은 맏이, 叔은 셋째의 뜻.

2 孤竹(고죽) : 나라 이름.

3 不肯(불긍) : 하려고 하지 않다. 즉, 제후가 되지 않으려고.

4 中子(중자) : 중자(仲子)와 같음. 둘째(가운데) 아들.

5 西伯(서백) : 주(周)의 문왕(文王).

6 昌(창) : 주(周) 문왕(文王)의 이름.

7 盍(합) : 어찌 아니 합(盍). 하불(何不)의 축약형.

8 木主(목주) : 신주(神主). 위패(位牌).

9 紂(주) : 은(殷)의 마지막 임금. 하(夏)의 걸왕(桀王)과 함께 폭군으로 이름남.

10 叩馬而諫(고마이간) : 叩는 당길고. 임금이 탄 말의 고삐를 당기며 간하다.

11 爰及干戈(원급간과) : 爰은 이에. 干戈는 방패와 창으로 전쟁을 뜻함. 즉, 이에 전쟁에 이르게 됨.

12 欲兵之(욕병지) : 欲은 하고자 하다. 兵은 죽이다. 之는 백이숙제의 대명사.

13 太公(태공) : 주(周)의 정치가인 태공망(太公望).

14 天下宗周(천하종주) : 온 세상이 주나라를 종주(宗主)로 함.

15 粟(속) : 곡식.

16 薇(미) : 고사리.

17 登彼西山兮(등피서산혜) : 兮는 시귀(詩句)의 끝에 붙는 감탄종결어기사. ~이여. 저 西山에 올라감이여.

18 以暴易暴(이폭역폭) : 易은 고치다. 폭력으로써 폭력을 고치다.

19 神農虞夏(신농우하) : 神農은 중국 고대 삼황(三皇)중 일인. 농사짓는 법을 처음으로 가르쳤다고 함. 虞는 오제(五帝)중 일인인 순(舜)임금, 夏는 우(禹)임금. 모두 태평성대를 구가하게 한 전설적인 성군(聖君)들임.

20 安(안) : 의문부사로 어디의 뜻.

21 于嗟(우차) : 슬픔을 나타내는 감탄사. 아아!

2. 管鮑之交

管仲[1]夷吾者潁上[2]人也. 少時　常與鮑叔牙[3]游　鮑叔知其賢. 管仲
貧困常欺鮑叔　鮑叔終善遇之[4]　不以爲言. 已而[5]鮑叔事齊公子小白
管仲事公子糾　及小白立爲桓公　公子糾死　管仲囚[6]焉. 鮑叔遂進管
仲. 管仲旣用　任政於齊　齊桓公以霸九合諸侯　一匡天下[7]管仲之
謀也. 管仲曰『吾始困時　嘗與鮑叔賈　分財利多自與[8]　鮑叔不以我
爲貪[9]　知我貧也. 吾嘗爲鮑叔謀事而更窮困　鮑叔不以我爲愚　知時
有利不利也. 吾嘗三仕三見逐[10]於君　鮑叔不以我爲不肖　知我不遭
時也. 吾嘗三戰三走　鮑叔不以我爲怯　知我有老母也. 公子糾敗
召忽死之　吾幽囚受辱　鮑叔不以我爲無恥　知我不羞小節　而恥功
名不顯于天下[11]也. 生我者父母　知我者鮑子也.』鮑叔旣進管仲　以
身下之[12]　子孫世祿於齊　有封邑者十餘世　常爲名大夫　天下不多[13]
管仲之賢　而多鮑叔能知人也.

《史記》

1 管仲(관중) : 춘추시대(春秋時代) 제(齊)의 명신(名臣)으로 자(字)는 이오(夷吾). 젊어서 포숙아(鮑叔牙)와 친하여 그의 추천으로 환공(桓公)에게 등용되고, 환공은 그의 힘으로 제후중에 패자(覇者)가 되었음. 후세에 관중과 포숙아의 사귐처럼 두터운 우정을 관포지교(管鮑之交)라 부르게 되었음.

2 潁上(영상) : 영수(潁水)라는 강(江)의 부근.

3 鮑叔牙(포숙아) : 제(齊)의 대부(大夫)로서 환공에게 관중을 천거한 인물. 포숙(鮑叔)이라고도 함.

4 終善遇之(종선우지) : 善은 잘, 遇는 대우하다. 끝까지 그(之)를 잘 대우하다.

5 已而(이이) : 얼마 안 있어.

6 囚(수) : 가둘 수(囚). 여기에서는 갇히다.

7 一匡天下(일광천하) : 온 세상을 하나로 바로잡음.

8 分財利多自與(분재리다자여) : 與는 주다. 재물과 이익을 나눔에 있어 자기가 더 많이 가짐.

9 不以我爲貪(불이아위탐) : 내가 탐욕이 많다고 하지 아니하다.

10 見逐(견축) : 見은 당하다. 쫓겨남을 당하다.

11 不顯于天下(불현우천하) : 顯은 드러나다. 于는 어(於)와 같은 어조사로 ~에의 뜻. 온 세상에 크게 알려지지 않음.

12 以身下之(이신하지) : 身은 자기. 之는 관중(대명사). 자기 자신을 관중의 아래가 되게 하다.

13 多(다) : 칭찬하다.

3. 四面楚歌

項王¹軍壁²垓下³ 兵少食盡. 漢軍及諸侯兵圍之數重⁴ 夜聞漢軍四面皆楚歌. 項王乃大驚曰『漢皆已得楚乎？ 是何楚人之多也！』項王則夜起飮帳中 有美人名虞常幸從 駿馬名騅⁵常騎之. 於是 項王乃悲歌慷慨 自爲詩曰『力拔山兮⁶氣蓋世⁷ 時不利兮騅不逝. 騅不逝兮可奈何 虞兮虞兮奈若何.』歌數闋美人和之 項王泣數行下 左右皆泣 莫能仰視.

《史記》

1 項王(항왕) : 이름은 항적(項籍), 자(字)는 우(羽). 진말(秦末) 초(楚)나라의 패왕(霸王). 숙부 양(梁)과 함께 거병(擧兵)하여 진군(秦軍)을 치고 수도 함양(咸陽)을 불태웠음. 유방(劉邦)과 천하를 다투었으나 해하(垓下)의 전투에서 패하여 오강(烏江)에서 자결하였음.

2 壁(벽) : 진(陣)을 치다.

3 垓下(해하) : 지금의 안휘성(安徽省) 사현(泗縣)에 있음.

4 圍之數重(위지수중) : 여러 겹으로 에워싸다.

5 虞(우) : 항우의 부인으로 이름은 희(姬). 흔히 우미인(虞美人)으로 불린다. 해하에서 유방의 군사에게 포위되었을 때 항우에게 짐이 될까봐 칼로 자결하였음. 이 둘의 비극적 사랑을 그린 경극(京劇)이 패왕별희(霸王別姬)이다.

6 力拔山兮(역발산혜) : 뽑을 발(拔). 힘은 산을 뽑음이여.

7 氣蓋世(기개세) : 덮을 개(蓋). 기운은 세상을 덮도다.

4. 矛盾

楚人有鬻[1]盾與矛[2]者 譽[3]之曰『吾盾之堅 莫能陷也[4].』又譽其矛曰『吾矛之利[5] 於物無不陷也[6].』或曰『以子之矛 陷子之盾 何如?』其人不能應也.

《韓非子》

1 鬻(육) : 팔다.
2 盾與矛(순여모) : 방패와 창.
3 譽(예) : 자랑하다.
4 莫能陷也(막능함야) : 능히 뚫을 것이 없다. 莫은 부정사로서 무(無)와 같음.
5 利(리) : 날카로움.
6 於物無不陷也(어물무불함야) : 사물에 있어 뚫지 못할 것이 없다.

5. 塞翁之馬

　　夫[1]禍福之轉而相生[2] 其變[3]難見也. 近塞上之人[4]有善術者[5] 馬無故亡而入胡　人皆弔之　其父曰『此何遽[6]不爲福乎?』居數月[7] 其馬將[8]胡駿馬而歸　人皆賀之　其父曰『此何遽不能爲禍乎?』家富良馬　其子好騎　墮[9]而折[10]其髀[11]　人皆弔之　其父曰『此何遽不爲福乎?』居一年　胡人大入塞　丁壯者[12]引弦而戰[13] 近塞之人死者十九[14] 此獨以跛之故[15] 父子相保. 故福之爲禍　禍之爲福　化不可極[16] 深不可測也.

《淮南子》

1 夫(부) : 발어사로서 무릇, 대저의 뜻.
2 相生(상생) : 서로 원인이 되어 화(禍)는 복(福)을 낳고 복(福)은 화(禍)를 낳음.
3 變(변) : 변화.
4 近塞上之人(근새상지인) : 塞는 변방. 변방 가까이 사는 사람.
5 善術者(선술자) : 術은 점(占). 善術者는 점을 잘 보는 사람.
6 何遽(하거) : 遽는 뜻밖에. 어찌 뜻밖에.
7 居數月(거수월) : 몇 달이 지나.
8 將(장) : 거느리다.
9 墮(타) : 떨어지다.
10 折(절) : 부러지다.
11 髀(비) : 넓적다리.
12 丁壯者(정장자) : 젊고 기력이 왕성한 사람.
13 引弦而戰(인현이전) : 활시위를 당겨 싸움.
14 死者十九(사자십구) : 죽은 자가 열에 아홉.
15 以跛之故(이파지고) : 跛는 발을 절다. 발을 전 까닭으로.
16 化不可極(화불가극) : 極은 다하다. 변화는 끝이 없다.

6. 朝三暮四

宋有狙公[1]者 愛狙養之成群. 能解狙之意[2] 狙亦得公之心. 損其家口[3] 充狙之欲[4] 俄而[5]匱[6]焉. 將限[7]其食 恐衆狙之不馴於己[8]也 先誑[9]之曰『與若芧[10] 朝三而暮四 足乎?』衆狙皆起而怒. 俄而曰『與若芧 朝四而暮三 足乎?』衆狙皆伏而喜[11]. 物之以能鄙相籠[12] 皆猶[13]此也. 聖人以智籠群愚 亦猶狙公之以智籠衆狙也. 名實不虧[14] 使其喜怒哉[15]!

《列子》

1 狙公(저공) : 원숭이를 기르는 사람.
2 能解狙之意(능해저지의) : 능히 원숭이의 뜻을 이해하다.
3 損其家口(손기가구) : 損은 덜다. 식구들이 먹을 양식을 덜어서(줄여서).
4 充狙之欲(충저지욕) : 원숭이들의 욕망을 충족시키다.
5 俄而(아이) : 이윽고.
6 匱(궤) : 다하다. 떨어지다.
7 限(한) : 제한하다.
8 恐衆狙之不馴於己(공중저지불순어기) : 두려워할 공(恐). 좇을 순(馴). 자기 기(己). 원숭이들이 자기 말을 듣지 않을 것이 두려워.
9 誑(광) : 속이다.
10 與若茅(여약서) : 줄 여(與). 너 약(若). 상수리 서(茅). 너희들에게 상수리를 주되.
11 皆伏而喜(개복이희) : 다 개(皆). 엎드릴 복(伏). 모두 엎드려 기뻐하다.
12 物之以能鄙相籠(물지이능비상롱) : 야비할 비(鄙). 농락할 롱(籠). 물(物)에 있어 야비함으로(야비하게) 서로 농락하는 것은.
13 猶(유) : 같다.
14 名實不虧(명실불휴) : 이지러질 휴(虧). 명분과 실제가 다르지 않은데도.
15 使其喜怒哉(사기희노재) : 그들로 하여금 기쁘게도 화나게도 하는 도다.

7. 狐假虎威

　虎求百獸而食之　得狐. 狐曰『子無敢食我也[1]. 天帝[2]使我長百獸[3]　今子食我　是逆[4]天帝命也. 子以我爲不信[5]　吾爲子先行[6]　子隨我後觀百獸之見我而敢不走乎[7].』虎以爲然[8]　故遂與之[9]行　獸見之皆走. 狐不知獸畏己而走也　以爲畏狐[10]也.

《戰國策》

1 子無敢食我也(자무감식아야) : 子는 2인칭 대명사. 敢은 부사로서 감히. 그대는 감히 나를 잡아먹을 수 없다.

2 天帝(천제) : 신(神). 하늘. 하느님.

3 使我長百獸(사아장백수) : 나로 하여금 백수(百獸)의 장(長)이 되게 하다.

4 逆(역) : 거스리다.

5 子以我爲不信(자이아위불신) : 그대가 나를 믿지 못한다면. 여기서 爲는 ~을 하다의 뜻.

6 吾爲子先行(오위자선행) : 내가 그대를 위해 앞에 갈 것이니. 여기서 爲는 ~을 위하다의 뜻.

7 觀百獸之見我而敢不走乎(관백수지견아이감부주호) : 觀은 동사로서 보다의 뜻. 百獸이하는 목적어 구실을 하는 목적절. 之는 목적절 안의 주어인 백수에 붙는 주격조사. ~가로 해석. 走는 달아나다. 백수가 나를 보고서 감히 달아나지 않는지를 보라.

8 以爲然(이위연) : 以爲는 생각하다. 여기다. 然은 그렇다. 그렇게 여겨서.

9 與之(여지) : 與는 함께. 之는 대명사로서 여우. 여우와 함께.

10 畏己而走(외기이주) : 畏는 두려워하다. 자기를 두려워하여 달아나다.

8. 漁父之利

趙且伐燕[1] 蘇代爲燕謂惠王曰[2]『今日臣來過易水 蚌方出曝而鷸啄其肉[3] 蚌合而箝其喙[4]. 鷸曰「今日不雨 明日不雨 卽有死蚌.」蚌亦謂鷸曰「今日不出 明日不出 卽有死鷸.」兩者不肯相舍[5] 漁者得而幷擒之[6]. 今趙且伐燕 燕趙久相攻以弊大衆[7] 臣恐强秦之爲漁夫也[8]. 願王熟計之也[9].』惠王曰『善[10].』乃止[11].

《戰國策》

1 趙且伐燕(조차벌연) : 趙와 燕은 전국시대의 두 나라. 且는 장차 ~을 하려 하다. 伐은 칠 벌. 조나라가 장차 연나라를 치려 하니.

2 蘇代爲燕謂惠王曰(소대위연위혜왕왈) : 蘇代는 전국시대의 유세가(遊說家). 爲는 위하다. 謂는 이르다. 말하다. 惠王은 조나라의 혜문왕(惠文王). 소대가 연나라를 위하여 혜왕에게 말하기를.

3 蚌方出曝而鷸啄其肉(방방출폭이휼탁기육) : 蚌은 조개. 方은 바야흐로. 曝은 햇볕을 쪼이다. 鷸은 황새. 啄은 쪼다. 조개가 바야흐로 나와서 햇볕을 쪼일 때에 황새가 그 살을 쪼니.

4 箝其喙(겸기훼) : 箝은 물다. 喙는 부리. 그 부리를 물다.

5 兩者不肯相舍(양자불긍상사) : 舍는 놓다. 양자가 서로 놓으려 하지 않으니.

6 漁者得而幷擒之(어자득이병금지) : 漁者는 어부. 幷은 아우르다. 擒은 사로잡다. 之는 목적어로서 조개와 황새. 어부가 발견하고 이 둘을 한꺼번에 사로잡았다.

7 燕趙久相攻以弊大衆(연조구상공이폐대중) : 久는 오랠 구. 敝는 피폐하다. 연나라와 조나라가 오랫동안 서로 공격하여 대중(백성)이 피폐해지면.

8 臣恐强秦之爲漁夫也(신공강진지위어부야) : 之는 주격조사로 해석해야 함. 여기서의 爲는 되다. 신은 강한 진나라가 어부가 될까 두렵습니다.

9 願王熟計之也(원왕숙계지야) : 熟計는 깊이 헤아려 계책을 세우다. 원컨대 왕께서는 깊이 헤아려 계책을 세우소서.

10 善(선) : 좋다.

11 乃止(내지) : 이에 내. 그칠 지. 이에 공격을 멈추었다.

9. 蛇足

昭陽[1]爲楚伐魏　覆軍殺將[2]　得入城　移兵[3]而攻齊　陳軫爲齊王使[4]
見昭陽曰『楚有祠者[5]　賜其舍人卮酒[6]　舍人相謂曰「數人飲之不足
一人飲之有餘　請畫地爲蛇　先成者飲酒.」一人蛇先成　引酒且飲之
乃左手持卮　右手畫蛇曰「吾能爲之足[7].」未成一人之蛇成　奪[8]其卮
曰「蛇固[9]無足　子安[10]能爲之足.」遂飲其酒　爲蛇足者終亡[11]其酒.
今君相[12]楚而攻魏　破軍殺將　得入城　不弱兵.　欲攻齊　齊畏公甚.
公以爲名亦足矣.　官之上非可重也　戰無不勝而不知止者　身且死
爵且後歸[13]　猶爲蛇足也.』昭陽以爲然　解軍而去.

《戰國策》

1 昭陽(소양) : 전국시대 초회왕(楚懷王)의 재상(宰相).

2 覆軍殺將(복군살장) : 군사를 뒤엎고 장수를 죽임.

3 移兵(이병) : 군대를 옮기다.

4 陳軫爲齊王使(진진위제왕사) : 陳軫은 소양이 제나라를 치려할 때 민왕(閔王)이 보낸 유세가. 爲는 되다. 使는 사신. 진진이 제나라 왕의 사신이 되어.

5 祠者(사자) : 제사를 맡은 사람.

6 賜其舍人卮酒(사기사인치주) : 賜는 줄 사. 舍人은 하인. 卮酒는 한잔의 술. 그 하인들에게 한 잔의 술을 주다.

7 吾能爲之足(오능위지족) : 여기서 爲는 그리다. 之는 뱀. 나는 뱀의 발도 그릴 수 있다.

8 奪(탈) : 빼앗다.

9 固(고) : 본디. 원래.

10 安(안) : 어찌.

11 亡(망) : 잃다.

12 相(상) : 돕다.

13 身且死爵且後歸(신차사작차후귀) : 몸은 장차 죽고 벼슬 또한 뒤로 밀리리니. 앞의 且는 장차. 뒤의 且는 또한.

10. 指鹿爲馬

丞相趙高[1]欲專權[2] 恐群臣不聽　乃先設驗　持鹿獻於二世曰[3]『馬也.』二世笑曰『丞相誤也　指鹿爲馬[4].』問左右　或默或言[5]. 高陰中[6]諸言鹿者以法[7] 後群臣皆畏高　無敢言其過[8].

《十八史略》

1 趙高(조고) : 진(秦)의 환관. 시황제가 죽자 승상 이사(李斯)와 함께 장자(長子) 부소(扶蘇)를 죽이고 이세(二世) 호해(胡亥)를 세움. 후에 이사를 죽이고 스스로 승상이 되어 국정을 농단하였음.

2 欲專權(욕전권) : 專은 마음대로 하다. 권력을 마음대로 하고자 하였으나.

3 持鹿獻於二世曰(지록헌어이세왈) : 持는 가지고, 지니고의 뜻. 獻은 바치다. 사슴을 가지고 와서 이세에게 바치며 말하기를.

4 指鹿爲馬(지록위마) : 指는 가리키다. 爲는 말하다. 謂와 같은 뜻으로 쓰였음. 사슴을 가리켜 말이라고 말하다.

5 或默或言(혹묵혹언) : 혹자(어떤 이)는 침묵하고 혹자는 말하다.

6 陰中(음중) : 음험한 수법으로 헐뜯다. 여기서는 몰래 해쳤다는 말.

7 以法(이법) : 법으로써 하다.

8 無敢言其過(무감언기과) : 過는 잘못. 감히 그 잘못을 말하는 자가 없었다.

11. 刮目相對

孫權[1]將呂蒙[2]初不學　權勸蒙讀書[3]．　魯肅[4]後與蒙論議　大驚曰
『卿非復吳下阿蒙[5]．』蒙曰『士別三日　卽當刮目相對[6]．』

《十八史略》

1 孫權(손권) : 중국 삼국시대 오(吳)나라의 초대 황제.
2 呂蒙(여몽) : 손권의 장수로 노숙(魯肅)에 이어 오(吳)의 대도독(大都督)
　이 된 인물.
3 權勸蒙讀書(권권몽독서) : 손권이 여몽에게 독서를 권하였다.
4 魯肅(노숙) : 손권의 신하로서 주유(周瑜)에 이어 오(吳)의 대도독이 된
　인물.
5 卿非復吳下阿蒙(경비부오하아몽) : 非復는 다시는 ~이 아니다. 吳下는
　오나라의. 阿는 뜻 없이 이름 앞에 정스럽게 붙이는 말. 경은 다시는
　예전의 그 여몽이 아니구려. 吳下阿蒙은 이후 무력(武力)은 있지만 학
　식이 없는 사람을 일컫는 말로 쓰이게 되었음.
6 士別三日 卽當刮目相對(사별삼일 즉당괄목상대) : 선비는 헤어진 지 사
　흘이면 마땅히 눈을 비비고 서로를 대해야 한다. 눈비빌 괄(刮).

12. 完璧

趙惠文王嘗[1]得楚和氏璧[2] 秦昭王請以十五城易之[3]. 欲不與畏秦强
欲與恐見欺[4]. 藺相如[5]願奉璧往曰『城不入則臣請完璧而歸[6].』既至
秦王無意償城[7]. 相如乃紿[8]取璧 怒髮指冠[9] 卻立[10]柱下曰『臣頭與璧
俱碎[11].』遣從者懷璧間行[12]先歸 身待命於秦 秦昭王賢而歸之.

《十八史略》

1 嘗(상) : 일찍이.

2 楚和氏璧(초화씨벽) : 璧은 아름다운 옥(玉). 초나라 변화(卞和)라는 사람이 큰 옥석을 여왕(厲王)에게 바쳤는데 왕이 옥장(玉匠)에게 보였더니 돌이라 하여 오른발을 베어 벌하였다. 다음 무왕(武王)이 즉위하여 다시 바쳤더니 또 돌이라 하여 왼발을 잘랐다. 다음 문왕(文王)이 섰을 때 변화가 옥석을 품에 안고 사흘 밤낮을 울었더니 왕이 이상히 여겨 열어보게 하였더니 매우 훌륭한 옥임이 밝혀졌다. 이 옥은 이후 화씨의 옥으로 불리게 되었는데 진시황이 천하를 통일하고 이 옥에 글자를 새겨 옥새로 사용하였고, 지금은 대만 정부에서 보존 관리하고 있다 한다.

3 請以十五城易之(청이십오성역지) : 성(城) 15개와 바꾸자고 청하다.

4 欲與恐見欺(욕여공견기) : 주자 하니 속는 것이 두렵다. 見은 당할 견. 欺는 속일 기.

5 藺相如(인상여) : 조나라 혜문왕의 신하. 목숨을 걸고 옥을 온전히 돌려받아 돌아옴으로써 완벽(完璧)이라는 고사성어가 만들어지게 한 인물. 문경지교(刎頸之交)의 주역이기도 하다.

6 完璧而歸(완벽이귀) : 옥을 완전하게 보존하여 돌아오다.

7 無意償城(무의상성) : 城을 줄 의사가 없다.

8 紿(태) : 속이다.

9 怒髮指冠(노발지관) : 노한 머리카락이 관을 들어 올리다.

10 卻立(각립) : 물러나 우뚝 섬.

11 俱碎(구쇄) : 다 부수다.

12 間行(간행) : 지름길로 빠져나가는 것.

13. 刎頸之交

　秦王約趙王會澠池[1] 相如[2]從. 及飲酒 秦王請趙王鼓瑟[3] 趙王鼓之. 相如復請秦王擊缶爲秦聲[4] 秦王不肯. 相如曰『五步之內 臣得以頸血濺大王[5].』左右欲刃之 相如叱之[6] 皆靡[7]. 秦王爲一擊缶. 秦終不能有加[8]於趙 趙亦盛爲之備 秦不敢動.

　趙王歸 以相如爲上卿[9] 位在廉頗右[10]. 頗曰『我爲趙將 有功城野戰之功 相如素賤人 徒[11]以口舌居我上 吾羞爲之下[12]. 我見相如必辱之[13].』相如聞之 每朝常稱病 不欲與爭列 出望見 輒引車避匿[14] 其舍人皆以爲恥. 相如曰『夫以秦之威 相如廷叱之 辱其群臣 相如雖駑[15] 獨畏廉將軍哉? 顧念强秦不敢加兵於趙者 徒以吾兩人在也. 今兩虎共鬪 其勢不俱生[16]. 吾所以爲此者[17] 先[18]國家之急 而後[19]私也.』廉頗聞之 肉袒負荊[20] 詣門謝罪 遂爲刎頸之交[21].

《十八史略》

1 澠池(민지) : 지명(地名). 하남성(河南省)에 있음.

2 相如(상여) : 완벽에 나오는 인상여.

3 秦王請趙王鼓瑟(진왕청조왕고슬) : 진나라 왕이 조나라 왕에게 슬(瑟)을 타라고 청하였다. 슬은 조나라에서는 유녀(遊女)들이 타는 악기였으므로 진왕은 조왕에게 모욕을 주기 위하여 이 악기를 타라고 시킨 것임.

4 相如復請秦王擊缶爲秦聲(상여부청진왕격부위진성) : 상여 또한 진왕에게 부(缶)를 쳐 진나라 음(音)을 들려줄 것을 청하였다. 부(缶)는 술을 담는 토기로 진나라에서는 하층민들이 이를 두드리며 노래했으므로 같은 방식으로 자기 왕의 굴욕을 되갚아 주기 위한 것이었다.

5 五步之內 臣得以頸血濺大王(오보지내 신득이경혈천대왕) : 다섯 걸음 이내라 신의 목의 피로 대왕을 적실 수 있습니다. 頸은 목. 濺은 적시다. 자기의 청을 거절하면 상대도 죽이고 자신도 죽겠다는 뜻.

6 欲刃之(욕인지) : 베고자 하니. 여기서 刃은 동사로 베다.

7 靡(미) : 쓰러지다.

8 加(가) : 치다. 공격하다.

9 以相如爲上卿(이상여위상경) : 상여로 상경(上卿)을 삼다. 여기서 爲는 삼다.

10 位在廉頗右(위재염파우) : 지위가 염파의 위에 처하다. 염파는 조나라의 장군. 右는 左보다 우위의 개념. 옳고 그름의 의미로 쓰이기도 함.

11 徒(도) : 한갓.

12 吾羞爲之下(오수위지하) : 나는 그의 아래가 된 것이 부끄럽다. 羞는 부끄러울 수.

13 辱之(욕지) : 辱은 동사로서 욕주다. 之는 인상여. 그에게 욕을 주리라.

14 輒引車避匿(첩인거피익) : 輒은 문득. 匿은 숨다. 문득 수레를 당겨 피하여 숨으니.

15 相如雖駑(상여수노) : 상여가 비록 노둔(駑鈍)하지만. 雖는 비록.

16 今兩虎共鬪 其勢不俱生(금양호공투 기세불구생) : 이제 두 호랑이가 싸우면 그 형세는 둘 다 살 수는 없는 것이다. 즉 하나는 반드시 죽는다는 뜻.

17 吾所以爲此者(오소이위차자) : 내가 이렇게 하는 까닭. 所以는 까닭. 이유. 爲는 하다.

18 先(선) : 동사로서 앞세우다.

19 後(후) : 역시 동사로 뒤로 하다.

20 肉袒負荊(육단부형) : 袒은 웃통벗을 단. 負는 질 부. 荊은 곤장 형. 웃통 벗은 몸에 곤장을 지고 가서 때려달라고 사죄하는 것.

21 刎頸之交(문경지교) : 목을 베어줘도 아깝지 않은 친구 사이. 刎은 목 벨 문.

14. 臥薪嘗膽

吳王闔廬[1] 擧伍員[2]謀國事　員字子胥　楚人伍奢[3]之子. 奢誅[4]而奔[5]吳　以吳兵入郢[6]. 吳伐越　闔廬傷而死　子夫差立　子胥復事之[7]. 夫差志[8]復讎　朝夕臥薪[9]中　出入　使人呼曰『夫差　而忘越人之殺而父耶[10]?』

周敬王二十六年　夫差敗越于夫椒[11]. 越王句踐　以餘兵棲[12]會稽山　請爲臣妻爲妾[13]　子胥言『不可.』太宰伯嚭受越賂　說夫差赦越[14]. 句踐反國　懸膽於坐臥[15]　卽仰膽嘗之曰『汝忘會稽之恥耶[16]?』擧國政屬大夫種[17]　而與范蠡[18]治兵事　謀吳[19].

太宰嚭譖子胥恥謀不用怨望[20]. 夫差乃賜子胥屬鏤之劍[21]. 子胥告其家人曰『必樹吾墓檟[22]　檟可材也. 抉吾目懸東門　以觀越兵之滅吳[23].』乃自刎. 夫差取其尸　盛以鴟夷[24]　投之江　吳人憐[25]之　立祠江上　命曰　胥山.

越十年生聚[26]　十年敎訓　周元王四年　越伐吳　吳三戰三北. 夫差上[27]姑蘇[28]　亦請成[29]於越　范蠡不可. 夫差曰『吾無以見子胥[30].』爲幎帽乃死[31].

《十八史略》

1 闔廬(합려) : 오나라의 왕. 부차(夫差)의 아버지.

2 伍員(오원) : 초나라 사람. 오자서(伍子胥).

3 伍奢(오사) : 오자서의 아버지.

4 誅(주) : 베다. 죽이다. 여기서는 죽다.

5 奔(분) : 달아나다.

6 郢(영) : 초나라의 수도.

7 子胥復事之(자서부사지) : 자서가 그를 다시 섬겼다. 事는 섬기다.

8 志(지) : 동사로서 뜻을 두다.

9 薪(신) : 땔나무.

10 夫差 而忘越人之殺而父耶(부차 이망월인지살이부야) : 부차야! 너는 월나라 사람이 네 아버지를 죽인 것을 잊었느냐? 而는 2인칭 대명사. 之는 주격조사.

11 夫差敗越于夫椒(부차패월우부초) : 부차가 월나라를 부초(夫椒)에서 패퇴시켰다. 부초는 지명.

12 棲(서) : 쉬다. 깃들다. 살다.

13 請爲臣妻爲妾(청위신처위첩) : 자신은 신하가 되고 자기 아내는 첩이 되기를 청하다.

14 太宰伯嚭受越賂 說夫差赦越(태재백비수월뢰 설부차사월) : 태재(太宰) 백비(伯嚭)가 월의 뇌물을 받고 부차에게 월을 용서하라고 말하였다. 태재는 재상의 벼슬. 赦는 용서하다. 사면하다.

15 懸膽於坐臥(현담어좌와) : 쓸개를 앉고 눕고 하는 곳에 걸어놓고. 懸은 매달 현. 膽은 쓸개 담.

16 汝忘會稽之恥耶(여망회계지치야) : 너는 회계의 부끄러움을 잊었느냐?

17 擧國政屬大夫種(거국정촉대부종) : 擧는 모두 거. 屬은 맡길 촉. 모든 국정은 대부인 종(種)에게 맡기고.

18 范蠡(범려) : 월의 신하.

19 謀吳(모오) : 오나라를 도모(圖謀)하기를 꾀했다.

20 太宰嚭譖子胥恥謀不用怨望(태재백비참자서치모불용원망) : 태재 백비가 자서가 자신의 꾀가 쓰임을 받지 못한 것을 원망하고 있다고 참소하여.

21 賜子胥屬鏤之劍(사자서촉루지검) : 자서에게 촉루지검을 내렸다. 즉, 자결을 명했다는 뜻.

22 必樹吾墓檟(필수오묘가) : 반드시 내 묘에는 가래나무를 심어다오. 樹는 동사로서 심다.

23 抉吾目懸東門 以觀越兵之滅吳(결오목현동문 이관월병지멸오) : 내 눈을 도려내서 동문에 걸어 그것으로 월나라 병사가 오나라를 멸하는 것을 보게 하라. 抉은 도려낼 결. 之는 주격조사.

24 盛以鴟夷(성이치이) : 말가죽으로 만든 푸대에 담아. 盛은 담다. 鴟夷는 말가죽으로 만든 튼튼한 푸대.

25 憐(련) : 불쌍히 여기다.

26 生聚(생취) : 백성을 생육하고 재물을 모아 부하게 함.

27 上(상) : 동사로서 오르다.

28 姑蘇(고소) : 오나라 수도에 있는 누대(樓臺).

29 成(성) : 成은 화의(和議). 즉 항복을 청함.

30 吾無以見子胥(오무이견자서) : 나는 오자서를 볼 수 없다. 즉, 저승에서 오자서를 볼 면목이 없다.

31 爲幎帽乃死(위멱모내사) : 멱모(幎帽)를 쓰고 죽었다. 멱모는 시체의 얼굴을 가리는 헝겊.

15. 螢雪之功

晉車胤[1]幼恭勤博覽[2]　家貧不常得油[3].　夏月以練囊[4]盛數十螢火[5]
照書讀之　以夜繼日[6]　後官至尙書郞.　晉孫康[7]少淸介[8]　交遊不雜　家
貧無油　嘗映雪讀書[9]　後官至御史.　故後人以書窓爲[10]螢窓　以書案
爲雪案　以勤苦成功者[11]　稱爲螢雪之功者　皆由此也.

《蒙求》

어구풀이

1 車胤(차윤) : 동진(東晉)의 학자.
2 幼恭勤博覽(유공근박람) : 어려서 겸손하고 부지런하고 널리 책을 보
　았다.
3 家貧不常得油(가빈불상득유) : 집이 가난하여 항상 기름을 얻을 수는
　없었다. 不常은 부분부정. 常不은 완전부정.
4 練囊(연낭) : 비단주머니.
5 螢火(형화) : 반딧불이.
6 以夜繼日(이야계일) : 밤으로 낮을 잇다.
7 孫康(손강) : 동진(東晉)의 학자.
8 淸介(청개) : 마음이 깨끗하여 남과 어울리지 아니함.
9 映雪讀書(영설독서) : 눈에 비추어 책을 읽다.
10 爲(위) : 말하다. 위(謂)와 같음.
11 勤苦成功者(근고성공자) : 애써 부지런히 공부하여 성공한 사람.

II. 文章

師說 / 漁父辭 / 出師表 / 赤壁賦 / 雜說 / 歸去來辭 / 春夜宴桃李園序 / 遺才論 / 豪民論

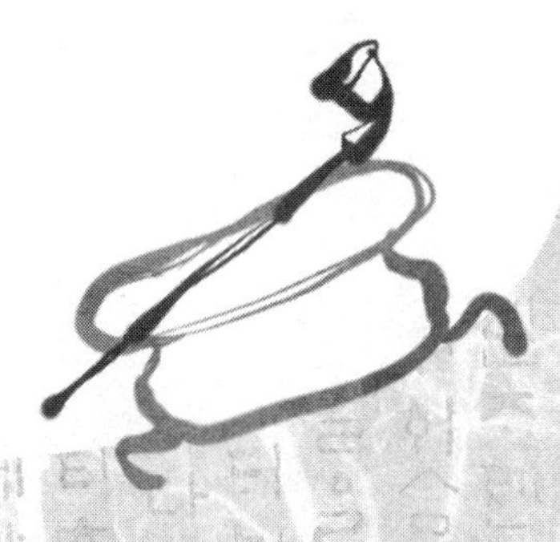

1. 師說

韓愈

古之學者[1]必有師 師者所以傳道授業解惑也[2]. 人非生而知之者[3] 孰能無惑[4]. 惑而不從師[5] 其爲惑也 終不解矣. 生乎吾前[6] 其聞道也 固先乎吾 吾從而師之[7] 生乎吾後 其聞道也 亦先乎吾 吾從而師之 吾師道也. 夫庸知其年之先後生於吾乎[8]? 是故 無貴無賤 無長無少 道之所存 師之所存也.

嗟乎[9]! 師道之不傳也久矣 欲人之無惑也難矣[10]! 古之聖人 其出人也遠矣[11] 猶且從師而問焉 今之衆人 其下聖人也亦遠矣 而恥學於師[12] 是故 聖益聖 愚益愚. 聖人之所以爲聖 愚人之所以爲愚[13] 其皆出於此乎!

愛其子 擇師而教之 於其身也 則恥師焉[14] 惑矣! 彼童子之師 授之書 而習其句讀[15]者也 非吾所謂傳其道解其惑者也. 句讀之不知 惑之不解 或師焉 或不焉 小學而大遺[16]. 吾未見其明也[17].

巫醫樂師百工之人 不恥相師 士大夫之族 曰師曰弟子云者 則群聚而笑之. 問之則曰『彼與彼年相若也. 道相似也[18].』位卑則足羞 官盛則近諛 嗚呼! 師道之不復 可知矣! 巫醫樂師百工之人 君子不齒[19] 今其智乃反不能及 其可怪也歟!

聖人無常師[20]. 孔子師郯子萇弘師襄老聃 郯子之徒其賢不及孔子. 孔子曰『三人行 則必有我師.』是故 弟子不必不如師 師不必賢於弟子[21]. 聞道有先後 術業有專攻 如是而已.

李氏子蟠 年十七 好古文 六藝經傳皆通習之 不拘於時[22] 請學於余. 余嘉其能行古道[23] 作師說以貽之.

1 學者(학자) : 배우는 사람.

2 師者所以傳道授業解惑也(사자소이전도수업해혹야) : 스승은 도(道)를
전해주고 학업을 가르쳐주고 의혹을 풀어주는 존재인 까닭이다. 所以
는 까닭, 이유, 방법 등의 의미. 여기서 傳·授·解는 동사, 道·業·惑
은 목적어이다.

3 人非生而知之者(인비생이지지자) : 생이지지자(生而知之者)는 나면서부
터 아는 사람. 이에 비해 배워서 아는 사람을 학이지지자(學而知之者),
고생하며 공부하여 아는 사람을 곤이지지자(困而知之者)라고 한다. 사
람이 생이지지자가 아닐진대.

4 孰能無惑(숙능무혹) : 누가 능히 의혹이 없으리오. 孰은 의문대명사로
서 누구의 의미.

5 惑而不從師(혹이부종사) : 의혹이 있으면서 스승을 따르지 않는다면.
즉 스승을 두지 않는다면.

6 生乎吾前(생호오전) : 내 앞에서 태어나서. 즉 나보다 먼저 태어나서.
乎는 어조사 어(於)와 같이 쓰였음.

7 吾從而師之(오종이사지) : 나는 그를 좇아 스승으로 섬길 것이요. 師는
스승으로 섬긴다는 동사, 之는 목적어.

8 夫庸知其年之先後生於吾乎(부용지기년지선후생어오호) : 무릇 어찌
그 해가 나보다 먼저 혹은 늦게 태어난 것인지를 알겠는가. 그가 나보
다 나이가 위든 아래든 道를 들은 것이 나보다 앞선다면 나는 그를 스
승으로 섬길 것이기 때문에 그 나이는 알 필요가 없다는 뜻. 庸은 어
찌 용. 於는 비교격 조사로 ~보다의 뜻으로 쓰였음.

9 嗟乎(차호) : 감탄사 아아!

10 欲人之無惑也難矣(욕인지무혹야난의) : 사람이 의혹이 없고자 하여도
어렵도다. 之는 주격으로 해석.

11 其出人也遠矣(기출인야원의) : 그 남보다 뛰어남이 컸음에도. 出人은 出
於人의 뜻으로 남보다 뛰어나다는 의미. 遠矣는 원래는 멀다이지만 여
기서는 크다로 해석해야 함.

12 其下聖人也亦遠矣 而恥學於師(기하성인야역원의 이치학어사) : 그 성인
(聖人)에 뒤짐이 또한 큰데도 스승에게 배우기를 부끄러워 한다. 여기
서 下는 뒤지다. 떨어지다. 於는 ~에게.

13 聖人之所以爲聖 愚人之所以爲愚(성인지소이위성 우인지소이위우) : 성
인이 성인이 되는 까닭과 어리석은 사람이 어리석은 사람이 되는 까
닭. 여기서 爲는 되다의 뜻.

14 於其身也 則恥師焉(어기신야 즉치사언) : 자기 자신에게는 스승 두기를
부끄러워한다.

15 句讀(구두) : 글을 쓸 때 의미를 분명히 하기 위해 문장 중에 붙이는
부호.

16 句讀之不知 惑之不解 或師焉 或不焉 小學而大遺(구두지부지 혹지불해
혹사언 혹불언 소학이대유) : 구두를 모르는 것과 의혹을 풀지 못하는
것에 있어 어떤 것에는 스승을 두고 어떤 것에는 두지 않으니 작은 것
은 배우고 큰 것은 버리는 것이다. 여기서 之는 목적격 조사로 쓰였음.

17 吾未見其明也(오미견기명야) : 나는 그것을 현명하다고 보지 않는다.
未見은 不見과 같음.

18 彼與彼年相若也 道相似也(피여피년상약야 도상사야) : 저사람과 저사
람은 나이가 서로 같고 道도 서로 비슷하다. 若은 같을 약.

19 君子不齒(군자불치) : 군자는 같게 보지 않는다. 이빨은 나란한 것이기
에 不齒는 동렬이 아니라는 뜻

20 聖人無常師(성인무상사) : 성인에게는 정해진 스승이 없었다. 常은 정
해진, 또는 일정한.

21 弟子不必不如師 師不必賢於弟子(제자불필불여사 사불필현어제자) : 제
자가 반드시 스승만 못한 것은 아니고 스승이 반드시 제자보다 현명
한 것은 아니다. 不必은 반드시 ~한 것은 아니다로 부분부정. 완전부
정은 必不.

22 不拘於時(불구어시) : 시류(時流)에도 불구하고. 즉, 스승 두기를 부끄
러워하는 풍조에도 불구하고.

23 余嘉其能行古道(여가기능행고도) : 내가 그의 능히 옛 도를 행함을 가
상히 여겨. 余는 1인칭 대명사. 嘉는 가상히 여길 가.

2. 漁父辭

屈原

屈原[1]既放[2] 游於江潭 行吟澤畔 顏色樵悴 形容枯槁 漁父見而問之曰『子非三閭大夫與[3] 何故至於斯[4]?』屈原曰『擧世皆濁 我獨淸 衆人皆醉 我獨醒[5]. 是以見放.』漁父曰『聖人不凝滯於物 而能與世推移[6]. 世人皆濁 何不淈其泥而揚其波[7] 衆人皆醉 何不餔其糟而歠其釃[8] 何故 深思高擧 自令放爲[9]?』屈原曰『吾聞之 新沐者必彈冠 新浴者必振衣 安能以身之察察 受物之汶汶者乎[10]. 寧赴湘流 葬於江魚之腹中 安能以皓皓之白 而蒙世俗之塵埃乎[11].』漁父莞爾而笑[12] 鼓枻而去[13] 乃歌曰『滄浪之水淸兮 可以濯吾纓[14]. 滄浪之水濁兮 可以濯吾足.』遂去不復與言.

어구풀이

1 屈原(굴원) : 이름은 굴평(屈平). 字는 原. 전국시대 초나라의 정치가이자 시인으로 회왕(懷王)이 죽고 아들 양왕(襄王)이 섰을 때 참소를 받아 추방되어 방랑을 하다가 멱라수(汨羅水)에 몸을 던져 죽었음. 작품으로는 이소(離騷), 구가(九歌), 구장(九章), 천문(天問) 등이 있는데 굴원에 의해 초사(楚辭)라는 문예형식이 생겼음.
2 旣放(기방) : 이미 추방되어. 旣는 이미 기.

3 子非三閭大夫與(자비삼려대부여) : 그대는 삼려대부(三閭大夫)가 아닌
가? 삼려대부는 초나라 왕족인 소(昭)씨, 굴(屈)씨, 경(景)씨의 세 집안
을 관리하는 관직. 非~與는 ~이 아닌가?

4 何故至於斯(하고지어사) : 무슨 까닭에 이곳에 이르렀는가? 何故는 무
슨 이유, 까닭. 斯는 이 사.

5 擧世皆濁 我獨淸 衆人皆醉 我獨醒(거세개탁 아독청 중인개취 아독성)
: 擧世는 온 세상. 醒은 깰 성. 온 세상이 다 흐렸을 때 나 홀로 맑았
고, 뭇사람들이 다 취했을 때 나 홀로 깨어 있었다.

6 聖人不凝滯於物 而能與世推移(성인불응체어물 이능여세추이) : 성인은
물(物)에 구애받지 않고 능히 세상과 더불어 추이(推移)를 함께하나니.
성인은 어느 하나에 집착하지 않고 세상의 변화에 순응하며 살아간다
는 뜻. 응체(凝滯)는 구애하여 집착하는 것. 추이(推移)는 시간의 흐름
에 따라 일이나 형편이 변하여 나아가는 것.

7 何不淈其泥而揚其波(하불굴기니이양기파) : 어찌 그 진흙을 휘저어 그
물결을 일으키지 않고. 何不은 어찌 ~하지 않는가. 淈은 흐리게 하다.
泥는 진흙. 揚은 날리다. 일으키다.

8 何不餔其糟而歠其醨(하불포기조이철기리) : 어찌 그 술지게미를 먹고
그 묽은 술을 마시지 않고. 餔는 먹을 포. 糟는 술지게미 조. 歠은 마
실 철. 醨는 묽은 술 리.

9 何故 深思高擧 自令放爲(하고 심사고거 자령방위) : 어찌하여 깊이 생
각하고 고상하게 행동하여 스스로로 하여금 쫓겨나게 하였는가? 擧는
행동. 令은 하여금.

10 安能以身之察察 受物之汶汶者乎(안능이신지찰찰 수물지문문자호) : 어
찌 깨끗하고 깨끗한 몸으로 물(物)의 더러움을 받을 수 있겠는가? 安
은 어찌. 察은 깨끗하다. 汶은 오욕, 더러움.

11 安能以皓皓之白 而蒙世俗之塵埃乎(안능이호호지백 이몽세속지진애호)
: 어찌 희고도 흰 깨끗한 몸에 세속의 티끌과 먼지를 뒤집어쓸 수가
있겠는가? 蒙은 쓰다. 塵埃는 티끌과 먼지.

12 莞爾而笑(완이이소) : 빙그레 웃으며. 莞爾는 빙그레 웃는 모양.

13 鼓枻而去(고예이거) : 노를 두드리며 가다. 鼓는 두드릴 고. 枻는 노 예.

14 纓(영) : 갓끈.

3. 出師表

諸葛亮

臣亮言. 先帝[1]創業未半 而中道崩殂[2] 今天下三分[3] 益州[4]疲弊[5] 此誠危急存亡之秋[6]也. 然侍衛之臣不懈[7]於內 忠志之士 忘身於外者 蓋追先帝之殊遇[8] 欲報之於陛下也. 誠宜[9]開張聖聽[10] 以光先帝遺德 恢弘[11]志士之氣 不宜妄自菲薄[12] 引喻失義[13] 以塞忠諫之路也. 宮中府中 俱爲一體 陟罰臧否 不宜異同[14]. 若有作姦犯科[15] 及爲忠善者 宜付有司[16] 論其刑賞 以昭陛下平明之治[17]. 不宜偏私 使內外異法也[18].

侍中侍郎[19]郭攸之費禕董允等 此皆良實 志慮忠純 是以先帝簡拔[20] 以遺陛下 愚以爲[21]宮中之事 事無大小 悉以咨[22]之 然後施行 必能裨補闕漏[23] 有所廣益也. 將軍向寵 性行淑均[24] 曉暢[25]軍事 試用於昔日 先帝稱之曰『能.』是以衆議擧寵爲督[26] 愚以爲營中之事 事無大小 悉以咨之 必能使行陣[27]和睦 優劣得所[28]也. 親賢臣遠小人此先漢所以興隆也 親小人遠賢臣 此後漢所以傾頹也 先帝在時 每與臣論此事未嘗不[29]歎息痛恨於桓靈[30]也. 侍中尙書[31]長史參軍[32] 此悉貞亮死節之臣[33]也. 陛下親之信之 則漢室之隆 可計日而待也.

臣本布衣[34] 躬[35]耕南陽 苟全性命[36]於難世 不求聞達於諸侯[37] 先帝不以臣卑鄙[38] 猥自枉屈[39] 三顧臣於草廬之中 諮臣以當世之事 由是感激 遂許先帝以驅馳[40] 後值傾覆[41]受任於敗軍之際 奉命於危難之間 爾來二十有一年矣. 先帝知臣勤愼 故臨崩寄臣以大事也 受命以來 夙夜憂慮 恐付託不效 以傷先帝之明[42]. 故五月渡瀘[43] 深入不毛 今南方已定 兵甲[44]已足 當獎率三軍 北定中原 庶[45]竭駑鈍[46] 攘除[47]姦凶 以復興漢室 還于舊都 此臣所以報先帝 而忠陛下之職分也. 至於斟酌損益 進盡忠言 則攸之禕允之任也. 願陛下託臣以討賊興復之效 不效則治臣之罪 以告先帝之靈 若無興德之言 則責攸之禕允等之咎[48] 以彰其慢. 陛下亦宜自謀 以諮諏[49]善道 察納雅言深追先帝遺詔. 臣不勝受恩感激 今當遠離 臨表涕泣 不知所云.

1 先帝(선제) : 촉한(蜀漢)의 창업자 유비(劉備).

2 崩殂(붕조) : 죽다. 예기(禮記) 곡례(曲禮)에 天子死曰崩, 諸侯曰薨, 大夫 曰卒, 庶人曰死라 했음. 殂는 죽을 조.

3 天下三分(천하삼분) : 당시 중국 전체가 위(魏)·촉(蜀)·오(吳)의 세 나 라로 나뉘어 있었음을 말함.

4 益州(익주) : 당시 촉한의 영토였던 사천성(泗川省) 일대.

5 疲弊(피폐) : 전쟁에 져서 쇠퇴해 짐.

6 秋(추) : 때. 시기. 어려운 고비.

7 懈(해) : 게으르다.

8 殊遇(수우) : 특별한 대우.

9 宜(의)A 不宜(불의)B는 A해야 되고 B해서는 안 된다.

10 聖聽(성청) : 밝게 들음.

11 恢弘(회홍) : 넓히다. 恢와 弘 모두 넓힌다는 뜻임.

12 妄自菲薄(망자비박) : 망령되이 스스로 재주가 적고 덕이 엷다고 하다. 菲薄은 菲才薄德의 준 말.

13 引喩失義(인유실의) : (충간을 거절하기 위해) 맞지 않는 사례를 끌어 다 비유함으로써 의(義)를 잃음.

14 宮中府中 俱爲一體 陟罰藏否 不宜異同(궁중부중 구위일체 척벌장부 불 의이동) : 궁중(宮中)과 부중(府中)은 모두 한 몸이니 착한 사람은 올려 주고 악한 사람은 벌하되 (친소에 따라) 다름이 있어서는 안 됩니다. 宮中은 환관(宦官)과 여관(女官)들이 있는 금중(禁中). 府中은 대신과 재상들이 있는 조정(朝廷). 陟罰은 승진시키고 징계하는 것. 藏否는 善 과 惡. 그러므로 陟罰藏否는 선한 사람은 올려주고 악한 사람은 벌하 는 것.

15 作姦犯科(작간범과) : 간사한 짓을 하여 법을 어김. 科는 법률의 조문 (條文).

16 有司(유사) : 법을 다스리는 관리.

17 平明之治(평명지치) : 공평하고 밝은 다스림.

18 不宜偏私 使內外異法也(불의편사 사내외이법야) : 사사로움에 치우쳐 內外로 하여금 법을 달리해서는 안 됩니다. 內外는 宮中과 府中.

19 侍中侍郞(시중시랑) : 侍中은 천자의 곁에서 정사(政事)를 보좌하는 관
   직. 侍郞은 궁중의 문호(門戶)를 경비하고 천자의 어가(御駕)를 호위하
   는 관직.
20 簡拔(간발) : 가려 뽑다.
21 以爲(이위) : 생각하다. 여기다.
22 咨(자) : 묻다.
23 裨補闕漏(비보궐루) : 빠지고 허술한 것을 도와서 모자란 것을 채움.
24 淑均(숙균) : 선량한 성질로서 치우치지 않음.
25 曉暢(효창) : 사물에 통달하여 그 구석진 데까지 아는 것.
26 擧寵爲督(거총위독) : 寵을 들어 督을 삼았다. 督은 長官.
27 行陣(행진) : 대오(隊伍)와 진중(陣中).
28 所(소) : 마땅한 자리. 적합한 직위.
29 未嘗不(미상불) : 일찍이 ~아니한 적이 없다.
30 桓靈(환령) : 후한(後漢)의 환제(桓帝)와 영제(靈帝). 두 사람 다 환관을
   중용하여 국정이 문란해졌음.
31 尙書(상서) : 천자의 조서(詔書)를 맡아보는 관직.
32 長史參軍(장사참군) : 長史와 參軍은 모두 군무(軍務)를 맡아보는 관직.
33 貞亮死節之臣(정량사절지신) : 貞亮하여 절개에 죽을 수 있는 신하. 貞
   亮은 절조(節操)가 바르고 참된 것.
34 布衣(포의) : 布衣는 서민이 입는 옷이기에 평민, 서민의 의미로도 쓰임.
35 躬(궁) : 몸소. 스스로.
36 苟全性命(구전성명) : 겨우 생명을 보전하다. 苟는 겨우, 간신히. 性命
   은 목숨, 생명.
37 不求聞達於諸侯(불구문달어제후) : 제후에게 이름이 나서 출세하기를
   구하지 않았더니. 聞達은 이름이 나서 출세하다.
38 卑鄙(비비) : 신분이 천하고 보잘 것 없음.
39 猥自枉屈(외자왕굴) : 외람되이 스스로를 굽혀서. 枉屈은 굽히다. 귀한
   몸이 스스로를 낮추어 상대를 대하는 것을 말함.
40 遂許先帝以驅馳(수허선제이구치) : 마침내 선제께 구치(驅馳)로써 할
   것을 허락하였다. 驅馳는 편할 날 없이 내달리는 것.

41 傾覆(경복) : 기울어지고 엎어짐. 여기서는 전투에 져 세력을 잃은 것
　을 말함.

42 受命以來 夙夜憂慮 恐付託不效 以傷先帝之明(수명이래 숙야우려 공부
　탁불효 이상선제지명) : 명을 받은 이래 夙夜 우려하기를 부탁받은 일
　이 효험이 없어 선제의 총명을 상하게 할까 두려워하였습니다. 夙夜는
　이른 아침부터 늦은 밤까지.

43 五月渡瀘(오월도로) : 오월에 노수(瀘水)를 건너. 이 표(表)를 올리기 3
　년 전인 건흥(建興) 3년 봄에 제갈량은 노수(瀘水)를 건너 남만(南蠻)
　을 정벌하였음. 노수는 지금의 귀주(貴州) 북부에 있는 하천.

44 兵甲(병갑) : 병기와 갑옷.

45 庶(서) : 바라다.

46 竭駑鈍(갈노둔) : 駑鈍을 다하다. 노둔은 느린 말과 무딘 칼로서 자기
　의 능력을 겸손하게 표현한 말. 없는 힘을 다 쏟는다는 말.

47 攘除(양제) : 물리쳐 없앰.

48 咎(구) : 잘못. 허물.

49 諮諏(자추) : 임금이 신하나 백성에게 묻는 것.

4. 赤壁賦

蘇軾

壬戌[1]之秋七月既望[2] 蘇子與客泛舟[3] 遊於赤壁之下 清風徐來 水波不興. 舉酒屬[4]客 誦明月之詩[5] 歌窈窕之章[6] 少焉[7] 月出於東山之上 徘徊[8]於斗牛之間[9]. 白露橫江 水光接天[10]. 縱一葦之所如 凌萬頃之茫然[11]. 浩浩乎如憑虛御風 而不知其所止 飄飄乎如遺世獨立 羽化而登仙[12].

於是 飲酒樂甚 扣舷[13]而歌之 歌曰『桂棹兮蘭槳 擊空明兮泝流光[14]. 渺渺[15]兮予懷 望美人[16]兮天一方.』客有吹洞簫[17]者 倚歌而和之 其聲嗚嗚然[18] 如怨如慕 如泣如訴 餘音嫋嫋[19] 不絶如縷 舞幽壑之潛蛟 泣孤舟之嫠婦[20].

蘇子愀然[21]正襟[22] 危坐[23]而問客曰『何爲其然也[24]?』客曰『月明星稀 烏鵲南飛[25] 此非曹孟德之詩乎? 西望夏口 東望武昌 山川上繆 鬱乎蒼蒼 此非孟德之困於周郎者乎[26]? 方其破荆州 下[27]江陵 順流而東也 舳艫千里 旌旗蔽空[28]. 釃酒[29]臨江 橫槊賦詩[30] 固一世之雄也 而今安[31]在哉? 況吾與子 漁樵[32]於江渚之上 侶魚蝦而友麋鹿[33] 駕一葉之扁舟 舉匏樽[34]而相屬[35]. 寄蜉蝣[36]於天地 渺滄海之一粟[37]. 哀吾生之須臾[38] 羨[39]長江之無窮. 挾飛仙以遨遊 抱明月而長終 知不可乎驟[40]得 託遺響[41]於悲風.』

蘇者曰『客亦知夫水與月乎? 逝者如斯而未嘗往也 盈虛者如彼

而卒莫消長也[42]. 蓋將自其變者而觀之 則天地曾不能以一瞬[43] 自
其不變者而觀之 則物與我皆無盡也 而又何羨乎? 且夫天地之間
物各有主 苟非吾之所有 雖一毫而莫取 惟江上之清風 與山間之
明月 耳得之而爲聲 目遇之而成色 取之無禁 用之不竭 是造物者
之無盡藏也 而吾與者之所共樂.』客喜而笑 洗盞更酌 肴核[44]既盡
杯盤狼藉[45] 相與枕藉[46]乎舟中 不知東方之既白.

1 壬戌(임술) : 송(宋)나라 신종(神宗) 원풍(元豐) 5년(1082년). 소동파 47세 때임.

2 旣望(기망) : 음력 16일.

3 泛舟(범주) : 배를 띠우다.

4 屬(촉) : 권하다.

5 明月之詩(명월지시) : 시경(詩經) 진풍(陳風) 월출(月出)편의 月出皎兮 佼人僚兮 舒窈糾兮 勞心悄兮라고 하나 이설(異說)도 있음.

6 窈窕之章(요조지장) : 시경(詩經) 주남(周南) 관저(關雎)편의 關關雎鳩 在河之洲 窈窕淑女 君子好逑라고 하나 이설(異說)도 있음.

7 少焉(소언) : 얼마 안 있어.

8 徘徊(배회) : 달의 움직임을 의인화하여 표현한 것.

9 斗牛之間(두우지간) : 남두성(南斗星)과 견우성(牽牛星) 사이. 방향으로는 동남(東南)쪽 하늘.

10 白露橫江 水光接天(백로횡강 수광접천) : 흰 이슬은 강을 가로지르고 물빛은 하늘에 닿았다. 여기서 흰 이슬은 달빛에 보이는 옅은 안개를 가리키는 말.

11 縱一葦之所如 凌萬頃之茫然(종일위지소여 능만경지망연) : 일위(一葦)가 가는대로 몸을 맡겨 만경(萬頃)의 아득한 데를 건너가노라니. 縱은 내버려두다. 一葦는 작은 배. 凌은 건너다, 지나다. 萬頃은 넓은 수면(水面)을 말함.

12 浩浩乎如憑虛御風 而不知其所止 飄飄乎如遺世獨立 羽化而登仙(호호호여빙허어풍 이부지기소지 표표호여유세독립 우화이등선) : 넓디넓어 허공에 떠서 바람을 탄 것만 같아 그치는 데를 알지 못하겠으며 표표히 세상을 버리고 홀로 서서 날개 돋아 신선이 되어 하늘로 오르는 것만 같았다. 浩浩乎는 넓디넓은 모습. 憑虛는 허공에 뜸. 飄飄乎는 바람에 가볍게 나부끼는 모양.

13 扣舷(구현) : 뱃전을 두드리다.

14 桂棹兮蘭槳 擊空明兮泝流光(계도혜난장 격공명혜소유광) : 계수(桂樹) 노와 목란(木蘭) 상앗대는 달빛 비치는 맑은 수면을 치고 달빛 부서지는 강을 거슬러 오른다. 桂棹는 계수나무로 만든 노. 蘭槳은 목란나무

로 만든 상앗대. 여기서 空明은 달빛이 비치는 맑은 수면. 流光은 달빛
이 수면에 부딪혀 반짝이며 흐르는 모양.

15 渺渺(묘묘) : 아득히 먼 모양.

16 美人(미인) : 초사(楚辭) 구가(九歌) 하백편(河伯篇)에 送美人兮南浦라
는 구절에서 미인은 신(神), 신녀(神女)를 가리키는 바 여기서도 초사
를 본 따 신비적인 세계를 동경한 것으로 보임.

17 洞簫(통소) : 대나무로 만든 관악기. 우리 이름으로는 퉁소.

18 嗚嗚然(명명연) : 목메어 흐느껴 우는 듯한 소리.

19 嫋嫋(요뇨) : 소리가 가늘고 길게 이어지는 모양.

20 舞幽壑之潛蛟 泣孤舟之嫠婦(무유학지잠교 읍고주지이부) : 깊은 골짜기
에 잠긴 교룡(蛟龍)을 춤추게 하고 작은 배에 홀로 사는 과부를 울릴
듯하였다. 壑은 골짜기 학. 嫠婦는 남편을 여의고 홀로 된 여인, 과부.

21 愀然(초연) : 낯빛을 고치다.

22 正襟(정금) : 옷깃을 바르게 하다.

23 危坐(위좌) : 단정히 앉다. 단좌(端坐)와 같음.

24 何爲其然也(하위기연야) : 어쩌면 그리도 그러한가? 어쩌면 그렇게 신
기한 소리를 낼 수 있느냐는 감탄의 말.

25 月明星稀 烏鵲南飛(월명성희 오작남비) : 달은 밝고 별은 성긴데 까치
남쪽으로 날되. 조조(曹操)의 단가행(短歌行)에 月明星稀 烏鵲南飛 繞
樹三匝 無枝可依라는 구(句)가 있음.

26 西望夏口 東望武昌 山川上繆 鬱乎蒼蒼 此非孟德之困於周郎者乎(서망
하구 동망무창 산천상무 울호창창 차비맹덕지곤어주랑자호) : 서(西)
로 하구(夏口)를 바라보고 동(東)으로 무창(武昌)을 바라보니 산천은
서로 얽혀 빽빽이 푸르렀다. 이는 조맹덕(曹孟德)이 주랑(周郎)에게 곤
욕을 치른 곳이 아닌가? 孟德은 조조의 자(字). 周郎은 오(吳)의 명신
인 주유(周瑜). 랑(郎)은 젊은 남자의 미칭(美稱).

27 下(하) : 동사로서 내려가다.

28 舳艫千里 旌旗蔽空(축로천리 정기폐공) : 배꼬리와 뱃머리가 천리에 이
었고 정기(旌旗)는 하늘을 덮었다. 舳은 선미(船尾). 艫는 선두(船頭).
旌旗는 정(旌)과 기(旗). 군병(軍兵)의 진(陣)에 쓰는 여러 종류의 깃발
을 말함. 蔽는 가릴 폐.

29 釃酒(시주) : 술을 거름. 전(轉)하여 술을 따른다는 뜻으로도 쓰임.

30 橫槊賦詩(횡삭부시) : 창을 누여 놓고 시를 짓다. 槊은 창 삭.

31 安(안) : 어디.

32 漁樵(어초) : 고기 잡고 나무하다.

33 侶魚鰕而友麋鹿(여어하이우미록) : 물고기 새우의 짝이 되고 고라니 사슴의 벗이 되다.

34 匏樽(포준) : 표주박으로 만든 술통.

35 相屬(상촉) : 서로 따라주다. 屬은 술 따를 촉.

36 蜉蝣(부유) : 하루살이.

37 渺滄海之一粟(묘창해지일속) : 아득한 창해(滄海)의 좁쌀 한 알. 渺는 아득할 묘.

38 須臾(수유) : 잠깐. 눈 깜짝할 사이.

39 羨(선) : 부러워하다.

40 驟(취) : 갑자기. 빨리.

41 遺響(유향) : 여운(餘韻).

42 逝者如斯而未嘗往也 盈虛者如彼而卒莫消長也(서자여사이미상왕야 영허자여피이졸막소장야) : 가는 것이 이와 같지만 일찍이 다 가버린 적이 없고, 차고 비고 함이 저와 같지만 끝내는 없어지거나 자라는 것이 아니다. 물은 계속 흘러 바다로 가지만 다 흘러가 버려 마른 적이 없고, 달은 차고 기울지만 그 본체가 커지거나 작아지거나 하는 것은 아니라는 말.

43 天地曾不能以一瞬(천지증불능이일순) : 천지는 일찍이 일순(一瞬)도 본 모양대로였던 적이 없다. 여기서 能은 동사로 능하다, 온전하다의 뜻.

44 肴核(효핵) : 안주. 肴는 어육(魚肉)안주, 核은 과실(果實)안주.

45 杯盤狼藉(배반낭자) : 술잔과 쟁반이 어지러이 흩어져 있는 모양.

46 相與枕藉(상여침자) : 서로 베고 깔고 자다가. 枕은 벨 침. 藉는 깔 자.

5. 雜說

韓愈

世有伯樂[1]然後 有千里馬 千里馬常有 而白樂不常有[2]. 故雖有名馬 祇辱於奴隷人之手 駢死於槽櫪之間 不以千里稱也[3]. 馬之千里者 一食或盡粟一石 食馬者 不知其能千里而食也 是馬雖有千里之能 食不飽 力不足 才美不外見[4] 且欲與常馬等 不可得 安求其能千里也[5]. 策之不以其道[6] 食之不能盡其材[7] 鳴之不能通其意[8] 執策而臨之曰『天下無良馬.』嗚呼! 其眞無馬耶? 其眞不識馬耶?

1 伯樂(백락) : 본래 천마(天馬)를 맡았다는 별 이름이었으나 진(秦)의 손양(孫陽)이 말을 잘 부려 그를 백락이라 불렀다고 한다. 여기서는 말을 잘 알아보는 명인을 가리키는 말로 쓰였다.

2 千里馬常有 而白樂不常有(천리마상유 이백락불상유) : 천리마는 항상 있지만 백락은 항상 있는 것은 아니다. 不常은 부분부정.

3 祗辱於奴隸人之手 駢死於槽櫪之間 不以千里稱也(지욕어노예인지수 병사어조력지간 불이천리칭야) : 다만 천한 사람의 손에 욕을 당하고 마굿간에서 나란히(보통 말들과 구별 없이) 죽어 천리마라 일컫지 못한다.

4 是馬雖有千里之能 食不飽 力不足 才美不外見(시마수유천리지능 식불포 역부족 재미불외현) : 이 말이 비록 천리마의 능력이 있어도 배불리 먹지 못하면 힘도 부족하고 재주의 아름다움이 밖으로 드러나지 못한다. 見은 나타날 현.

5 且欲與常馬等 不可得 安求其能千里也(차욕여상마등 불가득 안구기능천리야) : 또한 보통 말과 같고자 하여도 같을 수가 없으니 어찌 능히 천리마이기를 바랄 수가 있겠는가. 且는 또한. 安은 어찌.

6 策之不以其道(책지불이기도) : 채찍질하되 그 도(道)가 아닌 것으로 하고. 策은 채찍질할 책. 여기서 道는 올바른 방법.

7 食之不能盡其材(사지불능진기재) : 먹이되 그 재능을 다할 수 있도록 하지 않고. 食는 먹일 사

8 鳴之不能通其意(명지불능통기의) : 울어도 그 뜻을 알아주지 못하면서.

6. 歸去來辭

陶潛

　歸去來兮[1]! 田園將蕪[2]胡[3]不歸? 旣自以心爲形役 奚惆悵而獨悲[4]? 悟已往之不諫 知來者之可追[5]. 實迷塗其未遠 覺今是而昨非[6]. 舟搖搖[7]以輕颺[8] 風飄飄[9]而吹衣. 問征夫[10]以前路 恨晨光之熹微[11]. 乃瞻[12]衡宇[13] 載欣載奔[14] 僮僕歡迎 稚子候[15]門. 三徑[16]就荒 松菊猶存. 携幼入室 有酒盈樽 引壺觴以自酌 眄庭柯以怡顏[17]. 倚南窓以寄傲[18] 審容膝[19]之易安. 園日涉[20]以成趣 門雖設而常關. 策[21]扶老[22]以流憩[23] 時矯[24]首而遐觀 雲無心以出岫[25] 鳥倦飛而知還. 景[26]翳翳[27]以將入 撫孤松而盤桓[28].

　歸去來兮! 請息交以絶遊. 世與我而相違 復駕言兮焉求[29]? 悅親戚之情話 樂琴書以消憂[30]. 農人告余以春及 將有事於西疇[31]. 或命巾車[32] 或棹[33]孤舟 旣窈窕以尋壑 亦崎嶇而經丘[34] 木欣欣[35]以向榮 泉涓涓[36]而始流. 羨[37]萬物之得時 感吾生之行休[38].

　已矣乎[39]! 寓形宇內復幾時[40]. 曷不委心任去留[41] 胡爲乎遑遑欲何之[42]. 富貴非吾願 帝鄉[43]不可期. 懷良辰以孤往 或植杖而耘耔[44]. 登東皐[45]以舒[46]嘯[47] 臨淸流而賦詩. 聊乘化以歸盡 樂夫天命復奚疑[48]?

1 歸去來兮(귀거래혜) : 돌아가자. 來는 뜻이 없는 조사. 兮도 조사로서 여기에서는 돌아가자고 스스로에게 다짐하는 어기(語氣)를 나타내고 있다.

2 蕪(무) : 잡초가 우거지다.

3 胡(호) : 어찌.

4 旣自以心爲形役 奚惆悵而獨悲(기자이심위형역 해추창이독비) : 이미 스스로 마음으로써 몸에 사역(使役)하였으나 어찌 근심하여 홀로 슬퍼하고만 있으랴. 그간 생계를 위해 자신과 맞지 않는 관직에서 일했지만 지금 와서 그것을 후회하여 슬퍼만 할 수는 없다는 뜻.

5 悟已往之不諫 知來者之可追(오이왕지불간 지래자지가추) : 지나간 일은 간(諫)할 수 없음을 깨달았고 장래의 일은 좇아서 바르게 추구할 수 있음을 알았다. 悟는 깨달을 오. 已往은 지난 일. 諫은 뉘우쳐 탓하다. 來者는 앞으로 올 일.

6 實迷塗其未遠 覺今是而昨非(실미도기미원 각금시이작비) : 실로 길을 잃었으나 그리 멀지는 않았으니 지금이 옳고 지난날은 잘못이었다는 것을 알았다. 迷塗는 길을 잃다. 塗는 途와 같음.

7 搖搖(요요) : 흔들리는 모양.

8 颺(양) : 날다. 배가 느리게 가는 모양.

9 飄飄(표표) : 바람에 옷자락 같은 것이 나부끼는 모양.

10 征夫(정부) : 길가는 사람. 征은 行과 같음.

11 熹微(희미) : 희미하다. 밝지 않다.

12 瞻(첨) : 쳐다보다. 올려보다.

13 衡宇(형우) : 형문(衡門)과 옥우(屋宇). 형문은 지붕 없는 대문. 옥우는 허술하고 간소한 집.

14 載欣載奔(재흔재분) : 바로 기쁜 마음에 달려간다. 載는 바로, 곧.

15 候(후) : 기다리다.

16 三徑(삼경) : 뜰의 작은 길. 한(漢)나라 장후(蔣詡)가 뜰 가운데 세 길을 내고 각각 松·竹·菊을 심었다는 고사에서 나온 말.

17 引壺觴以自酌 眄庭柯以怡顏(인호상이자작 면정가이이안) : 단지와 술잔을 당겨 스스로 잔질을 하고, 정원의 나뭇가지를 바라보다가 얼굴에

기쁜 표정을 드러냈다. 眄은 곁눈질할 면. 怡는 기뻐할 이.

18 寄傲(기오) : 아무 거리낌 없이 태연한 자세로 있는 것.

19 容膝(용슬) : 무릎을 용납할 정도의 좁은 공간.

20 日涉(일섭) : 날이 지날수록. 涉은 경과하다, 지나다.

21 策(책) : 지팡이를 짚다.

22 扶老(부로) : 지팡이. 扶는 부축할 부. 노인을 부축하는 물건이라는 뜻.

23 流憩(유게) : 마음대로 아무데서나 쉬는 것.

24 矯(교) : 높이 들다.

25 岫(수) : 산봉우리.

26 景(경) : 햇빛.

27 翳翳(예예) : 날이 저물어 어두워지는 상태. 어스름.

28 盤桓(반환) : 서성이다.

29 世與我而相違 復駕言兮焉求(세여아이상위 부가언혜언구) : 세상과 나는 서로 맞지 않으니 다시 수레를 타서 무엇을 구하리오. 駕는 동사로서 수레를 타다. 즉 벼슬을 한다는 뜻. 言은 뜻 없는 조사. 焉은 무엇.

30 消憂(소우) : 근심을 없애다.

31 疇(주) : 밭.

32 巾車(건거) : 巾으로 가린 수레.

33 棹(도) : 노를 젓다.

34 旣窈窕以尋壑 亦崎嶇而經丘(기요조이심학 역기구이경구) : 깊고 그윽한 골짜기도 찾아가고 또 울퉁불퉁한 산길도 걸어보리라. 窈窕는 깊고 그윽한 모양. 尋은 찾을 심. 壑은 골짜기 학. 崎嶇는 산길이 평탄치 못한 것.

35 欣欣(흔흔) : 기쁜 모양. 활기 있는 모양.

36 涓涓(연연) : 물이 졸졸 흐르는 모양.

37 羨(선) : 부러워하다.

38 行休(행휴) : 삶이 다해가는 것.

39 已矣乎(이의호) : 끝났구나! 已는 그치다.

40 寓形宇內復幾時(우형우내부기시) : 형체를 세상에 붙임이 다시 몇 때나 되겠는가. 寓는 우거(寓居)함. 形은 형체, 몸. 宇內는 이 세상.

41 曷不委心任去留(갈불위심임거류) : 어찌 마음을 가고 머무는 데에 맡

기지 않는가. 去留는 死生.

42 胡爲乎遑遑欲何之(호위호황황욕하지) : 어찌 황황히 어디로 가고자 하는가. 遑遑은 바쁜 모양.

43 帝鄕(제향) : 상제(上帝)의 땅. 불로불사(不老不死)의 선계(仙界).

44 懷良辰以孤往 或植杖而耘耔(회양신이고왕 혹식장이운자) : 좋은 시절을 생각하여 혼자서 가고, 혹은 지팡이를 세워두고 김매고 흙을 북돋운다. 懷는 생각하다. 耘은 김매다. 耔는 북돋우다.

45 皐(고) : 언덕.

46 舒(서) : 천천히.

47 嘯(소) : 읊조리다.

48 聊乘化以歸盡 樂夫天命復奚疑(료승화이귀진 낙부천명부해의) : 그런대로 자연의 변화를 따르다가 마침내 돌아가서 다할 뿐이니 저 천명(天命)을 즐기면 되었지 다시 무엇을 의심하랴. 聊는 그런대로. 夫는 저. 저기.

7. 春夜宴桃李園序

李白

夫[1]天地者萬物之逆旅[2] 光陰[3]者 百代[4]之過客. 而浮生[5]若夢 爲歡[6] 幾何? 古人秉燭夜遊 良[7]有以[8]也. 況陽春[9]召我以煙景[10] 大塊[11]假[12] 我以文章[13]. 會桃李之芳園 序天倫之樂事[14] 群季[15]俊秀 皆爲惠連[16] 吾人詠歌 獨慚康樂[17]. 幽賞[18]未已[19] 高談轉淸[20] 開瓊筵以坐花 飛 羽觴而醉月[21] 不有佳作 何伸雅懷[22]. 如詩不成 罰依金谷酒數[23].

어구풀이

1 夫(부) : 무릇. 대저.
2 逆旅(역려) : 나그네를 맞는 곳. 객사(客舍). 逆은 迎의 뜻.
3 光陰(광음) : 세월. 시간.
4 百代(백대) : 영원을 뜻함.
5 浮生(부생) : 떠도는 물거품처럼 허무한 인생.
6 爲歡(위환) : 즐김. 즐거움.
7 良(양) : 참으로. 진실로.
8 以(이) : 이유. 까닭.
9 陽春(양춘) : 따뜻한 봄.

10 煙景(연경) : 아지랑이 같은 것이 아물거리는 봄의 경치.

11 大塊(대괴) : 대지. 대자연. 여기서는 만물의 주재자(主宰者)인 조물주
(造物主).

12 假(가) : 빌려주다.

13 文章(문장) : 문장의 재주.

14 序天倫之樂事(서천륜지락사) : 천륜의 즐거운 일을 펴다. 天倫은 부모
와 자식, 형제간처럼 하늘이 맺어준 관계.

15 群季(군계) : 많은 젊은이들. 많은 아우들. 季는 막내 계.

16 惠連(혜련) : 남송(南宋)의 시인인 사혜련(謝惠連). 족형(族兄)인 사령연
(謝靈連)과 함께 산수간(山水間)에 노닐면서 시작(詩作)활동을 하였다
함.

17 康樂(강락) : 사령연을 말함. 강락후(康樂侯)에 봉해졌기 때문에 사강
락(謝康樂)으로 불렸음. 이백은 그의 시풍(詩風)을 존애(尊愛)하였다
함.

18 幽賞(유상) : 그윽한 감상. 幽는 그윽할 유.

19 未已(미이) : 다하지 않다. 未는 부정사로서 아직 ~하지 않다. 已는 다
하다.

20 轉淸(전청) : 더욱 맑아진다. 轉은 더욱.

21 開瓊筵以坐花 飛羽觴而醉月(개경연이좌화 비우상이취월) : 경연(瓊筵)
을 열어 꽃을 대하여 앉고 술잔을 날리어 달에 취한다. 瓊筵은 화려한
잔치. 飛는 술잔을 빨리 돌림을 말함. 羽觴은 새 깃 모양의 술잔.

22 不有佳作 何伸雅懷(불유가작 하신아회) : 가작(佳作)이 있지 않다면 어
찌 아회(雅懷)를 펴랴. 雅懷는 아취(雅趣)가 있는 마음.

23 如詩不成 罰依金谷酒數(여시불성 벌의금곡주수) : 만약 시가 이루어지
지 않으면 금곡주수(金谷酒數)에 의해 벌할 것이다. 如는 만약. 金谷
酒數는 진(晉)의 석숭(石崇)이 그의 별장인 금곡원(金谷園)에서 연회를
열었을 때 시를 짓지 못한 사람은 벌로 술 석 잔을 마시게 하였다는
고사(古事).

8. 遺才論

許筠

爲國家者 所與共理天職[1] 非才[2]莫可也. 天之生才 原爲一代之用 而其生之也 不以貴望而豊其賦 不以側陋而嗇其稟[3]. 故古先哲辟[4]知其然也 或求之於草野之中 或拔之於行伍[5] 或擢於降虜敗亡之將[6] 或擧於賊 或用筦庫士[7]. 用之者咸適其宜 而見用者亦各展其才[8]. 國以蒙[9]福 而治之日隆[10] 用此道[11]也. 以天下之大 猶慮其才之或遺 兢兢然側席而思 據饋而歎[12]. 奈何山林草澤 懷寶不售者比比[13] 而英俊沈於下僚 卒不得試其抱負者亦多有之[14]? 信[15]乎! 才之難悉得 而用之亦難盡也[16]!

我國地褊[17] 人才罕[18]出 蓋自昔而患之矣. 入我朝 用人之途[19]尤狹 非世胄華望[20] 不得通顯仕[21] 而巖穴草茆之士[22] 則雖有奇才 抑鬱而不之用. 非科目進身[23] 不得躋[24]高位 而雖德業茂著者[25] 終不躋[26]卿相. 天之賦才爾[27]均也 而以世胄科目限之 宜乎! 常病[28]其乏[29]才也! 古今之遠且久 天下之廣 未聞有孽[30]出而棄其賢 母改適而不用其才者. 我國則不然. 母賤與改適者之子孫 俱不齒仕路[31]. 以區區之國 介於兩虜之間 猶恐才之不爲我用 或不卜其濟事[32]. 乃反自塞其路而自歎曰『無才無才.』何異適越北轅[33]? 而不可使聞於隣國矣. 匹夫匹婦含冤[34] 而天爲之感傷 矧怨夫曠女半其國 而欲致和氣者 其亦難矣[35].

"

古之賢才 多出於側微[36]. 使當世用我之法 是范文正[37]無相業[38]
而陳瓘潘良貴[39]不得爲直臣. 司馬穰苴[40]衛靑[41]之將 王符[42]之文 卒
不見用於世否. 天之生也而人棄之 是逆天也. 逆天而能祈天永命
者 未之有也. 爲國者 其奉天而行之 則景命亦可以迓續也[43].

《惺所覆瓿藁》

1 天職(천직) : 임금의 직무. 하늘의 명을 받아 수행하는 직책이라는 뜻.

2 才(재) : 인재(人才).

3 不以貴望而豐其賦 不以側陋而嗇其稟(불이귀망이풍기부 불이측루이색기품) : 고귀한 집안이라 하여 그 부명(賦命)을 넉넉히 하지 않고, 미천한 집안이라 하여 그 품부(稟賦)를 아끼지 않는다. 望은 가문, 집안. 賦는 부성(賦性). 부명(賦命). 稟은 품부(稟賦).

4 哲辟(철벽) : 어질고 밝은 임금. 辟은 임금 벽.

5 行伍(항오) : 군대를 편성한 행렬.

6 降虜敗亡之將(항로패망지장) : 항복하여 포로가 된 패망한 장수. 虜는 포로 로.

7 筦庫士(관고사) : 창고지기. 筦은 관리할 관.

8 用之者咸適其宜 而見用者亦各展其才(용지자함적기의 이견용자역각전기재) : 쓴 것이 다 그 자리에 맞았고, 쓰임을 받은 자 또한 각자 그 재주를 펼쳤다.

9 蒙(몽) : 받다. 입다.

10 日隆(일륭) : 날로 융성함.

11 道(도) : 방법.

12 以天下之大 猶慮其才之或遺 兢兢然側席而思 據饋而歎(이천하지대 유려기재지혹유 긍긍연측석이사 거궤이탄) : 천하의 큼으로써도 오히려 혹여 인재를 빠뜨릴까 염려하고, 근심하여 비스듬히 앉아 생각하고, 밥을 먹으면서도 탄식하였다. 兢兢은 삼가고 조심하는 모습. 據는 의거할 거. 饋는 끼니 궤.

13 柰何山林草澤 懷寶不售者比比(내하산림초택 회보불수자비비) : 어찌 산림(山林)과 초택(草澤)에 보배를 품고도 팔지 못하는 자가 많이 있으며. 懷는 품을 회. 售는 팔 수. 比比는 자주, 여러 번.

14 英俊沈於下僚 卒不得試其抱負者亦多有之(영준침어하료 졸부득시기포부자역다유지) : 뛰어난 인재가 낮은 자리에 침체해 있어 끝내 그 포부를 시험해 보지 못하는 자가 또 많이 있는가. 英俊은 뛰어난 인재. 下僚는 낮은 관직. 不得은 ~하지 못하다.

15 信(신) : 참으로.

16 才之難悉得 而用之亦難盡也(재지난실득 이용지역난진야) : 인재를 다
   얻기도 어렵고 다 쓰기도 또한 어렵다.

17 褊(편) : 좁다.

18 罕(한) : 드물다.

19 途(도) : 길. 道와 같음.

20 世胄華望(세주화망) : 대대로 벼슬하는 명망 있는 집안. 胄는 자손 주.

21 顯仕(현사) : 높은 벼슬.

22 巖穴草茆之士(암혈초묘지사) : 바위구멍 띠 풀 지붕 아래 사는 선비.
   즉 한미한 집안의 선비. 茆는 띠 묘.

23 非科目進身(비과목진신) : 과거(科擧)를 통해 벼슬자리에 나아가지 않
   으면. 科目은 과거.

24 躡(섭) : 오르다.

25 茂著者(무저자) : 뛰어나게 나타난 사람. 茂는 뛰어날 무.

26 躋(제) : 오르다.

27 爾(이) : 같이.

28 病(병) : 동사로서 병으로 여기다.

29 乏(핍) : 부족하다.

30 孽(얼) : 서자(庶子).

31 母賤與改適者之子孫 俱不齒仕路(모천여개적자지자손 구불치사로) : 어
   머니의 신분이 천하든가 개가한 여자의 자손은 모두 벼슬길에 나아갈
   수 없다. 齒는 동렬에 서다. 仕路는 벼슬길.

32 以區區之國 介於兩虜之間 猶恐才之不爲我用 或不卜其濟事(이구구지국
   개어양로지간 유공재지불위아용 혹불복기제사) : 변변찮은 나라로 두
   오랑캐 사이에 끼어 있으니 인재가 우리를 위해 쓰이지 못할 것을 두
   려워해도 그 일이 이루어지기를 점칠 수 없다.

33 何異適越北轅(하이적월북원) : 월(越)로 가면서 수레를 북쪽으로 돌리
   는 것과 무엇이 다른가. 월나라는 춘추전국시대 중국의 남부(절강성
   일대)에 있던 나라. 轅은 수레 원.

34 含寃(함원) : 원한을 품다.

35 矧怨夫曠女半其國 而欲致和氣者 其亦難矣(신원부광녀반기국 이욕치화

기자 기역난의) : 하물며 원망하는 남자들과 홀어미가 나라의 반을 차
지하고 있는데도 화평한 기운을 이루기는 또한 어려운 일이다. 矧은
하물며 신. 曠女는 과부.

36 側微(측미) : 미천한 사람.

37 范文正(범문정) : 송나라 때의 정치가이자 문인인 범중엄(范仲淹). 文正
은 시호. 당대 이름난 재상이었는데 2세 때 부친을 여의었고 어머니
는 개가를 하였음.

38 相業(상업) : 정승의 업(業).

39 陳瓘潘良貴(진관반양귀) : 陳瓘과 潘良貴는 모두 송나라 때 정치가이
며 간관(諫官)으로 이름이 높던 사람들임.

40 司馬穰苴(사마양저) : 춘추시대 제(齊)나라 사람. 본래 미천한 출신으
로 성(姓)이 전(田)씨였으나 병법에 밝아 대사마(大司馬)에 올라 사마
양저(司馬穰苴)로 불리게 되었음.

41 衛靑(위청) : 한(漢)나라 때의 장군. 본래 정(鄭)씨였는데 어머니가 개
가하여 위(衛)씨가 되었음.

42 王符(왕부) : 한(漢)나라 때의 이름난 학자. 잠부론(潛夫論)을 지었음.

43 爲國者 其奉天而行之 則景命亦可以迓續也(위국자 기봉천이행지 즉경명
역가이아속야) : 나라를 경영하는 자가 하늘을 받들어 행하면 큰 명
수(命數)도 또한 맞이할 수 있을 것이다. 景命은 하늘의 큰 명수(命數).
迓는 마중할 아.

9. 豪民論

許筠

天下之所可畏者　唯民而已. 民可畏有甚於水火虎豹　在上者方且狎馴而虐使之　抑獨何哉[1]?

夫可與樂成　而拘於所常見者　循循然奉法　役於上者恒民也[2]. 恒民不足畏也. 厲取之而剝膚椎髓　竭其廬入地出　以拱無窮之求　愁嘆咄嗟　咎其上者怨民也[3]. 怨民不必畏也. 潛蹤屠敗之中　陰蓄異心　僻倪天地間幸時之有故　欲售其願者豪民也[4]. 夫豪民者大可畏也. 豪民伺[5]國之釁[6] 覘[7]事機之可乘　奮臂[8]一呼於壟畝[9]之上　則彼怨民者　聞聲而集　不謀而同唱. 彼恒民者　亦求其所以生　不得不鋤耰棘矜往從之　以誅無道也[10].

秦之亡也以勝廣[11] 而漢氏之亂亦因黃巾[12]. 唐之所以王仙芝黃巢[13]乘之　卒以此亡人國而後已. 是皆厲民自養之咎　而豪民得以乘其隙也[14]. 夫天之立司牧　爲養民也　非欲使一人　恣睢於上　以逞溪壑之慾矣[15]. 彼秦漢以下之禍宜矣　非不幸也.

今我國不然. 地陜陋而人少　民且皆愿麗齪　無奇節俠氣[16]. 故平居[17]雖無鉅人[18]雋才[19]出爲世用　而臨亂亦無有豪民悍卒[20]唱亂　首爲國患者　其亦幸也. 雖然　今之時與王氏時[21]不同也. 前朝賦於民有限　而山澤之利　與民共之. 通商而惠工. 又能量入爲出　使國有餘儲[22] 卒有大兵大喪　不知其賦　及其季[23]也　猶患其三空[24]焉.

我則不然. 以區區之民 其事神奉上之節與中國等. 而民之出賦
五分 則利歸公家[25]者纔[26]一分 其餘狼戾[27]於姦私焉. 且有無餘儲
有事則一年或再賦 而守宰[28]之憑[29] 以箕歛[30]亦罔有[31]紀極[32]. 故民
之愁怨 有甚王氏之季. 上之人恬[33]不知畏 爲[34]我國無豪民也. 不
幸而如甄萱弓裔者出 奮其白梃則愁怨之民安保其不往從 而蘄梁
六合之變 可蹻足須也[35]. 爲民牧者 灼知[36]可畏之形與更[37]其弦轍[38]
則猶可及已.

《悍所覆瓴藁》

1 民可畏有甚於水火虎豹 在上者方且狎馴而虐使之抑獨何哉(민가외유심어
수화호표 재상자방차압순이학사지억독하재) : 백성은 물·불·호랑이·
표범보다도 두렵기가 더한데 위에 있는 자가 이제 한창 업신여기며 길
들이고 모질게 부리는 것은 도대체 무엇인가? 方은 바야흐로, 이제 한
창. 且는 어세(語勢)를 강하게 하는 어조사로 음은 저. 狎은 업신여길
압. 抑은 도대체.

2 循循然奉法 役於上者恒民也(순순연봉법 역어상자항민야) : 그냥 따라
서 법을 받들고 윗사람에게 부림을 받는 자는 항민(恒民)이다. 循은
따르다. 循循然은 정연(整然)한 모양.

3 厲取之而剝膚推髓 竭其廬入地出 以拱無窮之求 愁嘆咄嗟 咎其上者怨民
也(여취지이박부추수 갈기려입지출 이공무궁지구 수탄돌차 구기상자
원민야) : 모질게 빼앗겨서 껍질이 벗겨지고 골수가 빠지며, 집에 들어
온 것과 땅에서 나온 것을 다하여 끝없는 요구에 제공하면서, 시름하
고 탄식하며 윗사람을 탓하는 자는 원민(怨民)이다. 厲는 사납다, 가
혹하다. 剝은 벗기다. 咄嗟는 혀를 차면서 애석하게 여김. 咎는 나무라
다, 책망하다.

4 潛蹤屠敗之中 陰蓄異心 僻倪天地間幸時之有故 欲售其願者豪民也(잠종
도패지중 음축이심 피예천지간행시지유고 욕수기원자호민야) : 자취를
고깃간에 숨기고 남모르게 딴 마음을 쌓아서, 후미진 곳에서 천지간
을 곁눈질하다가 행여 그 때 사고라도 있으면 그 원하는 것을 하려고
하는 자는 호민(豪民)이다. 蹤은 자취 종. 僻은 후미질 벽. 倪는 곁눈
질할 예. 售는 행할 수.

5 伺(사) : 엿보다.

6 釁(흔) : 조짐. 사단(事端).

7 覘(점) : 엿보다.

8 臂(비) : 팔뚝.

9 壟畝(롱무) : 밭두둑.

10 不得不鋤耰棘矜往從之 以誅無道也(부득불서우극근왕종지 이주무도
야) : 부득불 호미·고무래·창 자루를 가지고 그들을 따라가서 무도
(無道)한 자들을 죽이게 된다. 鋤는 호미 서. 耰는 고무래 우. 棘은 창

극. 矜은 창 자루 근. 棘矜은 한 단어로 창 자루.

11 勝廣(승광) : 진승(陳勝)과 오광(吳廣). 진(秦)나라 말기에 왕후장상(王侯將相)에 씨가 있느냐며 농민 반란을 주도한 인물.

12 黃巾(황건) : 황건적(黃巾賊). 이들이 일으킨 황건의 난은 한(漢)나라의 몰락을 재촉했다.

13 王仙芝黃巢(왕선지황소) : 왕선지(王仙芝)와 황소(黃巢). 당(唐)나라 말기에 산동지방에서 반란을 주도한 인물들. 이 난으로 당나라는 멸망의 길로 접어들었음.

14 是皆厲民自養之咎 而豪民得以乘其隙也(시개려민자양지구 이호민득이승기극야) : 이는 모두 백성을 모질게 해서 자신을 살찌운 잘못이며 호민이 그 틈을 타서 그렇게 된 것이다.

15 天之立司牧 爲養民也 非欲使一人 恣睢於上 以逞溪壑之慾矣(천지립사목 위양민야 비욕사일인 자휴어상 이령계학지욕의) : 하늘이 임금을 세운 것은 백성을 기르기 위함이지 한 사람으로 하여금 위에서 방자하게 부릅떠보다가 구렁 같은 욕심을 부리라고 한 것은 아니다. 여기서 司牧은 임금. 睢는 부릅떠볼 휴. 逞은 마음대로 할 령. 溪壑은 골짜기, 구렁.

16 地陜阨而人少 民且呰窳齷齪 無奇節俠氣(지협액이인소 민차자유악착 무기절협기) : 땅은 좁고 사람은 적으며, 백성 또한 게으르고 좀스러워서 기이한 절조(節操)와 협기(俠氣)가 없다. 陜阨은 좁다. 呰窳는 게으르다. 齷齪은 도량이 좁고 악지스럽다.

17 平居(평거) : 특별한 일이 없는 보통 때.

18 鉅人(거인) : 큰 인물. 위대한 사람.

19 雋才(준재) : 준걸(俊傑). 훌륭한 인재.

20 悍卒(한졸) : 사나운 무리. 卒은 무리 졸.

21 王氏時(왕씨시) : 고려시대.

22 餘儲(여저) : 남은 저축(儲蓄).

23 季(계) : 말(末).

24 三空(삼공) : 흉년이 들어서 사당에 제사를 못 지내고, 서당에 학생이 없게 되고, 뜰에는 개가 없게 된다는 것.

25 公家(공가) : 관청.

26 纔(재) : 겨우.

27 狼戾(낭려) : 어지럽게 흩어짐. 낭자(狼藉).

28 守宰(수재) : 수령(守令). 군수(郡守).

29 憑(빙) : 빙자하다.

30 箕斂(기렴) : 조세(租稅)를 가혹하게 받아들임.

31 罔有(망유) : 없다. 罔은 없을 망. 무유(無有).

32 紀極(기극) : 끝. 종극(終極).

33 恬(염) : 편안하다.

34 爲(위) : 말하다.

35 不幸而如甄萱弓裔者出 奮其白挺則愁怨之民安保其不往從 而蘄梁六合之
  變 可蹻足須也(불행이여견훤궁예자출 분기백정즉수원지민안보기불왕
  종 이기량육합지변 가국족수야) : 불행이도 궁예 견훤 같은 자가 나와
  몽둥이를 휘두르면 근심하고 원망하는 백성들이 가서 따르지 않을 것
  을 어찌 보장하며, 기주(蘄州)·양주(梁州)와 육합(六合)의 변을 발끝
  으로 서서 기다릴 수 있을 것이다. 蘄梁六合之變은 황소(黃巢)의 난을
  말함. 須는 기다릴 수.

36 灼知(작지) : 밝게 알다.

37 更(경) : 고치다.

38 弦轍(현철) : 활시위와 바퀴.

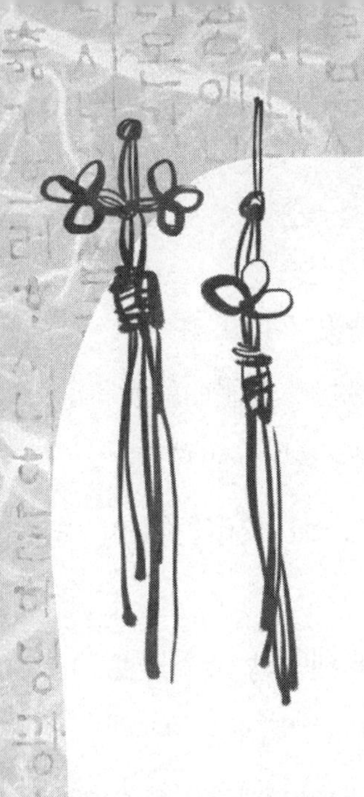

Ⅲ. 說話

1. 非烟傳

臨淮[1]武公業 咸通[2]中 任[3]河南府功曹參軍. 愛妾曰非烟 姓步氏 容止纖麗 若不勝綺羅[4]. 善秦聲 好文筆. 尤工擊甌[5] 其韻如絲竹[6] 合 公業甚嬖[7]之. 其比隣天水[8]趙氏第也 亦衣纓之族[9] 不能斥[10]言. 其子曰象 秀端有文 纔弱冠[11]矣. 時方居喪禮. 忽一日 於南垣隙中 窺見非烟 神氣俱喪 廢食忘寐.

乃厚賂[12]公業之閽[13] 以情告之 閽有難色. 復為厚利所動 乃令其妻 伺[14]非烟間處 具以象意言焉. 非烟聞之 但含笑凝睇[15]而不答. 門嫗 盡以語象 象發狂心蕩 不知所持. 乃取薛濤牋[16] 題絶句曰

一覩傾城貌[17] 　　　　塵心只自猜.

不隨蕭史去[18] 　　　　擬學阿蘭來.

以所題密緘之 祈門嫗達非烟. 烟讀畢 吁嗟良久 謂嫗曰『我亦 曾窺見趙郎 大好才貌. 此生薄福 不得當之.』蓋鄙武生麤悍 非良 配耳. 乃復酬篇 寫於金鳳牋曰

綠[19]慘雙娥不自持 　　　　只緣幽恨在新詩.

郎心應似琴心怨 　　　　脉脉春情更擬誰.

封付門嫗 令遺象. 象啟緘 吟諷數四 拊掌喜曰『吾事諧[20]矣.』

又以剡溪[21]玉葉紙 賦詩以謝曰

珍重佳人贈好音　　綵牋[22]芳翰兩情深.

薄於蟬翼[23]難供恨　　密似蠅頭[24]未寫心.

疑是落花迷碧洞　　只思輕雨灑幽襟.

百回消息千回夢　　裁作長謠寄綠琴.

詩去旬日　門媼不復來. 象憂恐事泄[25] 或非烟追悔[26]. 春夕　於前
庭獨坐　賦詩曰

綠暗紅藏起暝煙　　獨將幽恨小庭前.

沉沉[27]良夜與誰語　　星隔銀河月半天.

明日　晨起吟際　而門媼來　傳非烟語曰『勿訝旬日無信　蓋以微有
不安.』因授象以連蟬錦香囊　並碧苔牋詩曰

無力嚴杖倚繡櫳　　暗題蟬錦思難窮.

近來嬴[28]得傷春病　　柳弱花欹[29]怯曉風.

象結錦囊於懷　細讀小簡[30] 又恐烟幽思增疾. 乃剪烏絲闌[31]為回
簡曰『春日遲遲　人心悄悄[32] 自因窺覷[33] 長役夢魂. 雖羽駕塵襟　難
於會合　而丹誠皎日[34] 誓以周旋. 況又聞乘春多感　芳履違和[35]. 耗

冰雪之妍姿 鬱蕙蘭之佳氣. 憂抑之極 恨不翩飛. 企望寬情 無至
憔悴. 莫孤短韻 寧爽後期. 恍惚寸心 書豈能盡? 兼持菲什[36] 仰繼
華篇. 詩曰

見說傷情為見春　　　　想封蟬錦綠蛾顰.
叩頭為報烟卿道　　　　第一風流最損人[37].

門嫗既得回簡 徑齎詣烟閣[38]中. 武生為府掾屬 公務繁夥 或數夜
一直 或竟日不歸. 是時適值生入府曹 烟坼書 得以款曲尋繹[39] 既
而長太息曰『丈夫之志 女子之心 情契魂交 視遠如近也.』於是闔
戶垂幌[40] 為書曰

下妾不幸 垂髫而孤[41]. 中間為媒妁所欺 遂匹合於瑣類[42]. 每至清
風明月 移玉柱[43]以增懷. 秋帳冬釭 汎金徽而寄恨. 豈期公子 忽貽
好音. 發華緘而思飛 諷麗句而目斷. 所恨洛川波隔 賈午墻高[44]. 聯
雲不及于秦臺 薦夢尚遙于楚岫. 猶望天從素懇 神假微機 一拜清
光 九殞[45]無恨. 兼題短什 用寄幽懷. 詩曰

畫簷春燕須同宿　　　　洛浦雙鴛肯獨飛.
長恨桃源諸女伴　　　　等閒花裏送郎歸.

封訖 召門嫗 令達于象. 象覽書及詩 以烟意稍切 喜不自持[46]. 但

靜室焚香 虔禱以俟息. 一日將夕 門嫗促步而至 笑且拜曰『趙郎願見神仙否?』象驚 連問之. 傳烟語曰『今夜功曹直府 可謂良時. 妾家後庭 郎君之前垣也. 若不逾惠好. 專望來儀. 方寸萬重 悉俟晤語.』既曛黑 象乃躋梯而登 烟已令重榻於下[47]. 既下 見烟靚粧盛服 立於花下. 拜訖 俱以喜極不能言. 乃相携 自後門入堂中. 遂背釭解幌 盡繾綣之意焉[48]. 及曉鐘初動 復送象於垣下. 烟執象泣曰『今日相遇 乃前生因緣耳 勿謂妾無玉潔松貞之志[49]. 放蕩如斯 直以郎之風調 不能自顧 願深鑒之[50].』象曰『抱希世之貌 見出人之心 已誓幽庸 永奉歡狎[51].』言訖 象踰垣而歸.

明日 託門嫗贈烟詩曰

　　　　十洞三清[52]雖路沮　　　　有心還得傍瑤臺[53].
　　　　瑞香風引思深夜　　　　　　知是藥宮仙馭來.

烟覽詩微笑. 因復贈象詩曰

　　　　相思只怕不相識　　　　　　相見還愁却別君.
　　　　願得化為松下鶴　　　　　　一雙飛去入行雲.

封付門嫗. 仍令語象曰『賴妾有小小篇詠 不然 君作幾許大才面目.』茲不盈旬 常得一期於後庭 展微密之思 罄宿昔之心[54]. 以為鬼神不知 天人相助. 或景物寓目 歌詠寄情. 來住頻繁 不能悉載.

如是者周歲 無何 烟數以細過撻其女奴 奴陰銜之 乘間盡以告公業[55]. 公業曰『汝慎言 我當伺察之.』後至直日 乃僞陳狀請假. 迨夕 如常入直. 遂潛於里門 街鼓既作 匍伏而歸. 循墻至後庭 見烟方倚戶微吟 象則據垣斜睇[56]. 公業不勝其忿 挺前欲擒[57]. 象覺跳去業搏之 得其半襦[58]. 乃入室 呼烟詰[59]之 煙色動聲戰 而不以實告. 公業愈怒 縛[60]之大柱 鞭楚血流. 但云『生得相親 死亦何恨.』深夜 公業怠而假寐 煙呼其所愛女僕曰『與我一杯水.』水至 飲盡而絕[61]. 公業起 將復笞[62]之 已死矣. 乃解縛舉置閣中 連呼之. 聲言烟暴[63]疾致殞. 後數日 窆於北邙 而里巷間皆知其強死矣[64].

象因變服易名 遠竄[65]江浙間. 洛陽才士有崔李二生 常與武掾游處. 崔賦詩末句云『恰似傳花人飲散 空牀拋下最繁枝[66].』其夕 夢烟謝曰『妾貌雖不迨桃李 而零落過之. 捧君佳什 媿仰無已[67].』李生詩末句云『艷魄香魂如有在 還應羞見墜樓人[68].』其夕 夢烟戟[69]手而言曰『士有百行 君得全乎. 何至矜片言苦相詆斥? 當屈君於地下面證之[70].』數日 李生卒. 時人異焉.

《太平廣記》

1 臨淮(임회) : 안휘성(安徽省)에 있음.

2 咸通(함통) : 당(唐)나라 제17대 황제 의종(懿宗)의 연호. 함통년간(咸通年間)은 859년 ~ 873년.

3 任(임) : 임명되다.

4 愛妾曰非烟 姓步氏 容止纖麗 若不勝綺羅(애첩왈비연 성보씨 용지섬려 약불승기라) : 애첩은 비연(非烟)이라 하였는데 성(姓)은 보(步)씨이고, 생김새와 거지(擧止)가 가냘프고 아름다워서 비단옷을 걸치고 있는 것조차 이기지 못하는 것 같았다. 여기서 若不勝은 힘들어 보였다는 의미.

5 擊甌(격구) : 12개의 사기그릇에 각각 다른 양의 물을 담아 젓가락으로 두드려 연주하는 악기의 한 가지.

6 絲竹(사죽) : 사(絲)는 현악기, 죽(竹)은 관악기.

7 嬖(폐) : 사랑하다.

8 天水(천수) : 감숙성(甘肅省) 남동부에 있음.

9 衣纓之族(의영지족) : 귀족. 명문거족. 纓은 갓끈 영.

10 斥(척) : 물리치다.

11 纔弱冠(재약관) : 겨우 스물.

12 賂(뢰) : 뇌물을 주다. (청탁하기 위한) 선물을 주다.

13 閽(혼) : 문지기.

14 伺(사) : 엿보다.

15 凝睇(응제) : 응시(凝視).

16 薛濤牋(설도전) : 당(唐)나라 때 이름난 기녀였던 설도(薛濤)가 만년에 완화계(浣花溪)란 곳에 물러나 살면서 꽃물을 넣어 만든 붉은 색종이. 설도는 이 종이에 시를 적어서 사람들에게 보냈다는데 너무나 아름다워서 다투어 수장하려고 하여 매우 귀하게 되었다 함.

17 傾城貌(경성모) : 경성(傾城)의 미모.

18 不隨蕭史去(불수소사거) : 춘추시대 진(秦)나라 목공(穆公)에게 농옥(弄玉)이라는 딸이 있었는데 어려서부터 악기를 좋아하여 퉁소를 잘 불었다고 함. 목공은 그녀를 위해 퉁소의 명인인 소사(蕭史)라는 청년을 배필로 구해 주었는데, 어느 날 밤 소사가 멋지게 퉁소를 불자 하늘에서 봉황과 용이 내려 와 두 사람은 각각 그것을 타고 하늘로 올라갔다 함.

19 綠(녹) : 진(晉)나라 석숭(石崇)의 애첩이었던 녹주(綠珠). 매우 아름다 웠기에 석숭이 자기 집 후원에 금곡원(金谷園)이라는 별장을 지어 살게 했음. 당시 세도가인 손수(孫秀)가 녹주의 미색을 탐하여 군사를 보내 석숭을 잡아오게 하자 녹주는 금곡원의 누각에서 몸을 던져 자결하였 다 함.

20 諧(해) : 잘 되다. 이루어지다.

21 剡溪(섬계) : 지명(地名).

22 綵牋(채전) : 비단 종이.

23 蟬翼(선익) : 매미 날개.

24 蠅頭(승두) : 파리 머리.

25 事泄(사설) : 일이 누설되다.

26 追悔(추회) : 뒤늦게 뉘우치다.

27 沉沉(침침) : 침침(沈沈)과 같음. 밤이 깊어 조용한 모양.

28 羸(영) : 지나치다. 과도하다.

29 欹(의) : 기울다.

30 簡(간) : 편지.

31 烏絲闌(오사란) : 종이 이름.

32 悄悄(초초) : 조용한 모양.

33 覯(구) : 만나다.

34 皎日(교일) : 밝은 해.

35 況又聞乘春多感 芳履違和(황우문승춘다감 방리위화) : 때마침 봄을 당 하여 다감(多感)하심으로 꽃다운 몸에 조화를 잃었다는 소식을 들었습 니다. 況은 때마침.

36 菲什(비집) : 변변치 않은 시. 자기의 시에 대한 겸사(謙辭).

37 第一風流最損人(제일풍류최손인) : 제일가는 풍류가 사람 몸을 상케 한 다오. 여기서 第一風流는 시를 짓는 일.

38 閤(합) : 침실.

39 繹(역) : 궁구하다. 풀다. 뜻이 통하다. 여기서는 읽다.

40 闔戶垂幌(합호수황) : 문을 닫고 휘장을 내리다.

41 垂髫而孤(수초이고) : 어려서 고아가 되다. 垂髫는 어린아이의 늘어뜨린 머리. 전하여 어린아이.

42 瑣類(쇄류) : 천한 인물. 瑣는 천할 쇄.

43 移玉柱(이옥주) : 옥주(玉柱)를 옮긴다는 것은 거문고를 탄다는 뜻. 玉
柱는 현악기의 줄을 떠받치는 기러기 발.

44 賈午墻高(가오장고) : 가오(賈午)의 담장이 높다. 가오(賈午)는 진(晋)나
라 사람 가충(賈充)의 딸. 한수(韓壽)라는 잘생긴 청년과 은밀한 관계
를 가졌는데 한수가 가오의 집 담장을 넘나들 때에 그 담장이 높음을
한탄했다 함.

45 九殞(구운) : 아홉 번 죽다.

46 象覽書及詩 以烟意稍切 喜不自持(상람서급시 이연의초절 희불자지) :
조상은 글과 시를 읽어보고는 비연의 마음이 조금·더 절실해졌다고 생
각하여 기뻐 어쩔 줄을 몰랐다. 稍切은 조금 절실해지다.

47 既曛黑 象乃躋梯而登 烟已令重榻於下(기훈흑 상내제제이등 연이령중
탑어하) : 날이 어두워지자 조상이 사다리를 밟고 올라갔더니 비연은
이미 담장 아래에 긴 평상을 포개어 쌓아 놓고 기다리고 있었다. 重榻
은 탑(榻)을 중첩시키다.

48 遂背缸解幌 盡繾綣之意焉(수배강해황 진견권지의언) : 마침내 등잔불
을 끄고 휘장을 내리고 그리워했던 정을 다 풀었다. 缸은 등잔 강. 幌
은 휘장 황.

49 今日相遇乃前生因緣耳 勿謂妾無玉潔松貞之志(금일상우내전생인연이
물위첩무옥결송정지지) : 오늘 우리가 만난 것은 전생에 인연이 있었
기 때문입니다. 저를 옥결(玉潔)과 송정(松貞)의 절개가 없는 여자라고
말하지는 말아주십시오. 玉潔松貞之志는 옥과 같은 순결함과 소나무
외 같은 굳센 절개.

50 放蕩如斯 直以郎之風調 不能自顧 願深鑒之(방탕여사 직이랑지풍조 불
능자고 원심감지) : 이와 같이 방탕한 행동을 한 것은 낭군의 고아한
풍모에 마음을 빼앗겨 스스로를 돌아볼 수 없었기 때문이니 깊이 헤
아려 주시기를 바랍니다. 鑒은 살필 감,

51 挹希世之貌 見出人之心 已誓幽庸 永奉歡狎(읍희세지모 견출인지심 이
서유용 영봉환압) : 세상에 드문 미모에 끌렸고 뛰어난 마음씨를 보았
기에 저는 이미 당신과 영원토록 즐거움을 함께하기로 스스로 맹세하
였습니다.

52 十洞三清(십동삼청) : 십동(十洞)과 삼청(三清)은 모두 신선이 산다는 곳.

53 瑤臺(요대) : 신선이 살고 있는 누대(樓臺).

54 玆不盈旬 常得一期於後庭 展微密之思 罄宿昔之心(자불영순 상득일기
   어후정 전미밀지사 경숙석지심) : 이로부터는 열흘이 되기 전에 항상
   뒤뜰에서 한 번씩 만나 은밀한 정을 주고받았고 간직해 온 정염을 모
   두 불태웠다. 玆는 이 자. 罄은 다할 경.

55 如是者周歲 無何 烟數以細過撻其女奴 奴陰銜之 乘間盡以告公業(여시
   자주세 무하 연수이세과달기여노 노음함지 승간진이고공업) : 이렇게
   일 년을 아무 탈 없이 지내다가, 비연이 작은 잘못을 저지른 여종을
   책망하며 매질을 하였는데 그 여종이 원한을 품고 틈을 타 공업에게
   모든 사실을 다 고해 바쳐버렸다. 數는 책망하다. 銜은 마음에 품다,
   원망하다.

56 循墻至後庭 見烟方倚戶微吟 象則據垣斜睇(순장지후정 견연방의호미음
   상즉거원사제) : 공업이 집 담장을 돌아 뒤뜰 쪽으로 가 보니 비연은
   방문에 기대어 낮은 소리로 시를 읊고 있었고 조상은 담장 위에서 그
   녀를 비스듬히 내려다보고 있었다.

57 擒(금) : 사로잡다.

58 襦(유) : 속옷.

59 詰(힐) : 힐문(詰問)하다.

60 縛(박) : 묶다. 결박하다.

61 深夜 公業怠而假寐 煙呼其所愛女僕曰 與我一杯水 水至 飲盡而絕(심야
   공업태이가매 연호기소애여복왈 여아일배수 수지 음진이절) : 밤이 깊
   어 공업이 방심하여 잠깐 잠이 드니 비연은 그녀가 사랑하는 여종을
   불러 물 한 사발만 갖다 달라고 하였다. 여종이 물을 가져다주자 비연
   은 한 사발 물을 다 마시더니 숨이 끊어지고 말았다.

62 笞(태) : 매질하다.

63 暴(폭) : 갑자기.

64 後數日 窆於北邙 而里巷間皆知其強死矣(후수일 폄어북망 이리항간개지
   기강사의) : 며칠이 지나 공업은 비연을 북망산(北邙山)에다 묻었는데
   마을 사람들은 모두 그녀가 억지로 죽은 것을 알고 있었다. 窆은 묻을
   폄.

65 竄(찬) : 달아나다.

66 恰似傳花人飲散 空牀拋下最繁枝(흡사전화인음산 공상포하최번지) : 흡
   사 전화(傳花)놀이 하던 술자리 파하고 빈 상위에 버려진 가장 활짝

핀 꽃가지 같도다. 傳花놀이는 술자리에서 술 마실 사람을 정하기 위
해 꽃을 가지고 하던 놀이.

67 妾貌雖不逮桃李 而零落過之 捧君佳什 媿仰無已(첩모수불태도리 이영
락과지 봉군가집 괴앙무이) : 제 모습이 비록 복숭아꽃이나 오얏꽃에
는 미치지 못하지만 떨어질 때는 그 꽃들보다 심히 모질게 졌는데, 옥
운(玉韻)에서 칭찬해 주시니 부끄럽기 그지없습니다. 逮는 미칠 태. 佳
什은 상대의 시를 높여 부르는 말, 옥운(玉韻)으로도 씀.

68 艶魄香魂如有在 還應羞見墜樓人(염백향혼여유재 환응수견추루인) :
만약 아름답고 향기로운 혼백이 남아 있다면 누각에서 몸 던진 사람
보기가 부끄러울 것을. 墜樓人은 정조를 지키기 위해 누각에서 떨어져
죽은 석숭(石崇)의 애첩인 녹주(綠珠).

69 戟(극) : 창.

70 士有百行 君得全乎 何至矜片言苦相詆斥 當屈君於地下面證之(사유백행
군득전호 하지긍편언고상저척 당굴군어지하면증지) : 선비에게는 백행
(百行)이 있지만 당신의 행실은 모두 온전한 것이었나요? 어찌 거만한
한마디 말로 사람을 아프게 배척하십니까? 마땅히 저승에 데리고 가
서 당신을 내 앞에 무릎 꿇게 하고 말겠어요.

2. 崑崙奴

　　唐大曆[1]中　有崔生者．其父為顯僚[2]　與蓋代之勳臣[3]一品者熟．生是時為千牛[4]　其父使往省一品疾．生少年　容貌如玉　性稟孤介　舉止安詳　發言清雅．一品命妓軸簾[5]　召主人室．生拜傳父命　一品忻然愛慕　命坐與語．時三妓人　艷皆絕代　居前．以金甌[6]貯含桃而擘[7]之　沃以甘酪而進．一品遂命衣紅綃妓者　擎[8]一甌與生食．生少年敉[9]妓輩　終不食．一品命紅綃妓　以匙而進之　生不得已而食　妓哂之[10]．

　　遂告辭而去　一品曰『郎君閑暇　必須一相訪　無間老夫也．』命紅綃送　出院時生回顧　妓立三指又反三掌者　然後指胸前小鏡子云『記取．』餘更無言．生歸　達一品意　返學院　神迷意奪　語減容沮　怳然凝思　日不暇食[11]．但吟詩曰

誤到蓬山頂上游	明璫玉女動星眸．
朱扉半掩深宮月	應照璚芝雪艷愁．

　　左右莫能究其意．時家有崑崙奴磨勒　顧瞻郎君曰『心中有何事如此抱恨不已．何不報老奴[12]？』生曰『汝輩何知　而問我襟懷間事[13]？』磨勒曰『但言　當為郎君釋解．遠近必能成之[14]．』生駭其言異　遂具告知．磨勒曰『此小事耳　何不早言之　而自苦耶？』生又白其隱語．勒曰『有何難會．立三指者　一品宅中有十院歌姬　此乃第三院耳．反掌三者　數十五指　以應十五日之數．胸前小鏡子　十五夜

月圓如鏡 令郎來耳.』

　生大喜不自勝 謂磨勒曰『何計而能導我鬱結乎?』磨勒笑曰『後夜乃十五夜. 請深青絹兩疋 為郎君製束身之衣. 一品宅有猛犬 守歌妓院門 非常人不得輒入 人必噬殺之[15]. 其警如神 其猛如虎 即曹州孟海之犬也. 世間非老奴 不能斃此犬兒. 今夕當為郎君摑殺之[16].』遂宴犒[17]以酒肉 至三更 携鍊椎[18]而往. 食頃[19]而回曰『犬已斃訖 固無障塞耳.』

　是夜三更 與生衣[20]青衣 遂負而逾十重垣 乃入歌妓院內. 止第三門 繡戶不扃 金釭微明 惟聞妓長歎而坐 若有所俟[21]. 翠環初墜 紅臉[22]纔舒 玉恨無妍 珠愁轉瑩[23]. 但吟詩曰

深洞鶯啼恨玩郎[24]　　　　偷來[25]花下解珠瑯.

碧雲飄斷音書絕　　　　　　空依玉簫愁鳳凰[26].

侍衛皆寢 隣近闃[27]然 生遂緩[28]搴簾[29]而入.

　良久 驗是生 姬躍下榻 執生手曰『知郎君穎悟 必能默識 所以手語耳. 又不知郎君有何神術 而能至此』生具告磨勒之謀 負荷而至. 姬曰『磨勒何在?』曰『簾外耳.』遂召入 以金甌酌酒而飲之. 姬白生曰『某家本富居在朔方. 主人擁旄 逼為姬僕. 不能自死 尚且偷生[30]. 臉雖鉛[31]華 心頗鬱結. 縱玉筯[32]舉饌 金鑪[33]泛香[34] 雲屏而每進綺羅 繡被而常眠珠翠 皆非所願 如在桎梏[35]. 賢爪牙既有神術 何妨為脫狴牢. 所願既申 雖死不悔. 請為僕隸 願侍光容[36]. 又

不知郞君高意如何?』生愀然[37]不語. 磨勒曰『娘子既堅確如是　此
亦小事耳.』姬甚喜. 磨勒請先爲姬負其囊橐粧奩　如此三復焉[38].
然後曰『恐遲明.』遂負生與姬而飛出峻垣十餘重. 一品家之守禦
無有覺者. 遂歸學院而匿之.

　　及旦　一品家方覺　又見犬已斃. 一品大駭曰『我家門垣　從來邃密
扃鎖甚嚴　勢似飛騰　寂無形迹　此必俠士而挈之. 無更聲聞　徒爲患
禍耳[39].』姬隱崔生家二歲. 因花時　駕小車而遊曲江　爲一品家人潛
誌認. 遂白一品. 一品異之　召崔生而詰之. 事懼不敢隱　遂細言端
由　皆因奴磨勒負荷而去. 一品曰『是姬大罪過　但郞君驅使踰年
即不能問是非. 某須爲天下人除害.』

　　命甲士[40]五十人　嚴持兵仗　圍崔生院　使擒磨勒. 磨勒遂持匕首　飛
去高垣　瞥然翅翎　疾同鷹隼. 攢矢如雨　莫能中之. 頃刻之間　不知
所向[41]. 然崔家大驚愕. 後一品悔懼　每夕多以家童持劍戟自衛. 如
此周歲方止. 後十餘年　崔家有人見磨勒賣藥於洛陽市　容顔如舊.

《太平廣記》

1 대력(大曆) : 당(唐)나라 제8대 황제 대종(代宗)의 연호. 대력년간(大曆
　年間)은 766년~779년.
2 顯僚(현료) : 높은 벼슬.
3 勳臣(훈신) : 공훈이 있는 신하.

4 千牛(천우) : 천우도(千牛刀)를 잡고 군왕을 호위하는 무사. 천우위(千牛衛)의 약칭.

5 軸簾(축렴) : 발을 걷어 올리다.

6 金甌(금구) : 금 사발.

7 擘(벽) : 찢다.

8 擎(경) : 들다.

9 赧(난) : 부끄러워하다.

10 一品命紅綃妓 以匙而進之 生不得已而食 妓哂之(일품명홍초기 이시이진지 생부득이이식 기신지) : 일품이 홍초기(紅綃妓)에게 명하여 수저로 떠 넣어 주라고 하니 최생은 어쩔 수가 없어 받아먹었는데, 기녀는 살며시 미소를 지어 보였다. 匙는 수저 시. 哂은 빙그레 웃을 신.

11 生歸達一品意 返學院 神迷意奪 語減容沮 怳然凝思 日不暇食(생귀달일품의 반학원 신미의탈 어감용저 황연응사 일불가식) : 최생은 집으로 돌아와 일품의 안부를 전하고 공부방으로 돌아오니 정신이 혼미하여 아무 생각이 없고, 말수가 적어지면서 얼굴이 상하고, 멍하니 그녀 생각만 하느라 종일 밥 먹을 겨를도 없었다. 怳은 멍할 황.

12 心中有何事 如此抱恨不已 何不報老奴(심중유하사 여차포한불이 하불보로노) : 마음속에 무슨 일이 있으시기에 이처럼 한을 품고 계십니까? 왜 이 늙은 종에게 말하지 않으시나요?

13 汝輩何知 而問我襟懷間事(여배하지 이문아금회간사) : 너희들이 무얼 안다고 내 회포간의 일을 묻는 거냐?

14 但言當爲郎君釋解 遠近必能成之(단언당위랑군석해 원근필능성지) : 제게 말씀만 하시면 마땅히 도련님을 위해 무슨 일이든 해결해 이루어드리겠습니다.

15 一品宅有猛犬 守歌妓院門 非常人不得輒入 人必噬殺之(일품택유맹견 수가기원문 비상인부득첩입 인필서살지) : 일품 댁에는 사나운 개가 가기원(歌妓院)의 문을 지키고 있어 낯선 사람은 쉽게 들어갈 수가 없고 만약 들어간다면 반드시 물어 죽인답니다. 輒은 쉽게. 噬는 물 서.

16 世間非老奴 不能斃此犬兒 今夕當爲郎君撾殺之(세간비로노 불능폐차견아 금석당위랑군과살지) : 세상에 이 늙은 종이 아니면 이 개를 죽일 수가 없습니다. 오늘 저녁 도련님을 위해 이놈을 꼭 쳐 죽이겠습니다. 斃는 죽일 폐. 撾殺은 쳐 죽이다.

17 犒(호) : (음식을 보내어) 위로하다.

18 鍊椎(연추) : 쇠몽둥이.

19 食頃(식경) : 한 끼의 밥을 먹는 데에 걸리는 정도의 시간. 잠깐 동안.

20 衣(의) : 동사로서 옷을 입다.

21 繡戶不扃 金釭微明 惟聞妓長歎而坐 若有所俟(수호불경 금강미명 유문 기장탄이좌 약유소사) : 비단으로 장식된 방문은 잠겨있지 않고 금 등 잔의 등불이 희미하게 비치고 있는 가운데 기녀가 앉아서 길게 탄식 하는 소리가 들려왔는데 누군가를 기다리고 있는 것 같았다. 繡戶는 비단으로 장식한 작은 문. 扃은 잠글 경. 金釭은 금으로 만든 등잔. 俟 는 기다릴 사.

22 臉(검) : 뺨.

23 瑩(영) : 밝음.

24 玩郞(완랑) : 한(漢)나라 명제(明帝) 영평(永平) 5년에 절강성 회계군(會 稽郡) 섬현(剡縣)에 사는 유신(劉晨)과 완조(阮肇)라는 사람이 약초를 캐러 천태산(天台山)에 들어갔다가 두 아름다운 선녀를 만나 집으로 초대를 받아 가서 함께 그 집의 사위가 되었다는 고사가 있음. 완랑 (阮郞)은 완조를 가리키는 말이고 후에는 미인과 결연한 남자를 칭하 는 말로 쓰이게 되었음.

25 偸來(투래) : 몰래 오다. 살며시 오다.

26 鳳凰(봉황) : 여기서는 지위가 높고 인품이 고상한 남자를 비유하는 뜻으로 쓰였음.

27 闃(격) : 고요하다.

28 緩(완) : 부사로서 천천히.

29 搴簾(건렴) : 발을 걷어 올리다.

30 某家本富居在朔方 主人擁旌 逼為姬僕 不能自死 尙且偸生(모가본부거 재삭방 주인옹정 핍위희복 불능자사 상차투생) : 저의 집은 본래 북방 (北方)에서 부자로 살았는데, 지금 주인이 그곳을 다스릴 적에 핍박하 여 기첩을 삼았는데 스스로 죽지를 못하여 지금까지 목숨을 이어오고 있습니다. 朔方은 북방. 擁旌은 차지할 옹, 기(旗) 정으로 기를 차지하 다, 즉 다스린다는 뜻. 逼은 핍박할 핍.

31 鉛(연) : 분.

32 玉筯(옥저) : 옥 젓가락.

33 金鑪(금로) : 금향로.

34 泛香(범향) : 향을 피우다.

35 桎梏(질곡) : 질곡. 옛날 형구(刑具)인 차꼬와 수갑.

36 賢爪牙旣有神術 何妨爲脫狴牢 所願旣申 雖死不悔 請爲僕隷 願侍光容
(현조아기유신술 하방위탈폐뢰 소원기신 수사불회 청위복예 원시광
용) : 낭군을 모시고 있는 저분은 이미 신술(神術)이 있으니 저를 감옥
에서 벗어나게 하는 데 무슨 어려움이 있겠습니까? 제 소원을 이미 말
씀드렸으니 저는 죽어도 후회는 하지 않을 것입니다. 청컨대 저를 종
으로 삼아 주시고 원컨대 귀하신 몸을 모시고 싶습니다. 爪牙는 손톱
과 어금니로서 매우 쓸모 있는 사람이나 물건을 비유적으로 이르는
말. 狴牢는 감옥.

37 愀然(초연) : 근심하다.

38 磨勒請先爲姬負其囊橐粧奩 如此三復焉(마륵청선위희부기낭탁장렴 여
차삼복언) : 마륵은 먼저 그녀를 위해 그녀가 쓰던 물건들을 등에 져
서 옮겼다. 그리고 이처럼 세 차례를 반복하였다. 囊橐은 주머니와 전
대, 粧奩은 화장품 상자. 합해서 쓰던 물건들의 뜻.

39 我家門垣 從來邃密 扃鎖甚嚴 勢似飛騰 寂無形迹 此必俠士而挈之 無更
聲聞 徒爲患禍耳(아가문원 종래수밀 경쇄심엄 세사비등 적무형적 차필
협사이설지 무갱성문 도위환화이) : 우리 집의 문과 담은 깊숙하고 은
밀한데다 자물쇠도 심히 튼튼하건만, 형세가 마치 날아올라간 듯 고
요하고 흔적도 없으니 이는 반드시 협사(俠士)가 끌고 간 것일 것이다.
더구나 아무 들리는 이야기도 없으니 참으로 낭패로다. 邃密은 깊숙하
고 은밀하다. 扃鎖는 자물쇠. 挈은 끌 설.

40 甲士(갑사) : 갑옷 입은 병사.

41 磨勒遂持匕首 飛去高垣 瞥然翅翎 疾同鷹隼 攢矢如雨 莫能中之 頃刻之
間 不知所向(마륵수지비수 비거고원 별연시령 질동응준 찬시여우 막
능중지 경각지간 부지소향) : 마륵은 단검 한 자루만 지닌 채 높은 담
을 뛰어올라 순식간에 날아가 버렸는데 그 빠르기가 매와 같았다. 화
살을 비 오듯이 쏘아댔지만 맞힐 수가 없었고 잠깐 사이에 간 곳을 모
르게 되었다. 匕首는 날이 매우 날카로운 짧은 칼. 瞥然은 잠깐 사이
에. 翅翎은 날아가다.

3. 裵航

　　唐長慶[1]中　有裵航秀才. 因下第[2]　遊于鄂渚[3]　謁故友人崔相國.
值相國[4]贈錢二十萬　遠挈歸于京. 因傭巨舟　載于湘漢. 同載有樊夫
人　乃國色也. 言詞間接　帷幄昵洽. 航雖親切　無計道達而會面焉.
因賂侍妾裊烟　而求達詩一章曰

同爲胡越猶懷想　　　　況遇天仙隔錦屏[5].
儻若玉京朝會去　　　　願隨鸞鶴入靑雲[6].

　　詩往　久而無答. 航數詰裊烟　烟曰『娘子見詩若不聞　如何?』航
無計因在道求名醞[7]珍果而獻之. 夫人乃使裊烟　召航相識. 及褰
帷[8]而玉瑩光寒　花明麗景. 雲底鬟鬌　月淡修眉. 擧止煙霞外人　肯
與塵俗爲偶. 航再拜揖　愕眙[9]良久之. 夫人曰『妾有夫在漢南　將
欲棄官　而幽棲巖谷　召某一訣耳. 甚哀草擾　慮不及期　豈更有情留
盼[10]他人　的不然耶? 但喜與郎君同舟共濟　無以諧謔爲意耳.』航曰
『不敢.』飮訖而歸. 操比冰霜　不可干冒.
　　夫人後使裊烟持詩一章曰

一飮瓊漿百感生　　　　玄霜搗盡見雲英[11].
藍橋便是神仙窟　　　　何必崎嶇上玉淸[12].

航覽之 空愧佩而已. 然亦不能洞達[13]詩之旨趣. 後更不復見 但使裊烟達寒暄[14]而已. 遂抵襄漢 與使婢挈粧奩 不告辭而去. 人亦不能知其所造 航遍求訪之 滅跡匿形 竟無蹤兆[15].

遂飾粧歸輦[16]下 經藍橋側近 因渴甚 遂下道求漿[17]而飲. 見茅屋三四間低而復隘[18]. 有老嫗緝[19]麻苧 航揖之求漿. 嫗咄曰『雲英擎一甌漿來 郎君要飲.』航訝之 憶樊夫人詩有雲英之句 深不自會[20]. 俄於葦箔[21]之下 出雙玉手捧瓷. 航接飲之 眞玉夜也. 但覺異香氤鬱 透于戶外. 因還甌 遽揭箔 覩一女子 露裛瓊英 春融雪彩 臉欺膩玉 鬢若濃雲. 嬌而掩面蔽身雖紅蘭之隱幽谷 不足比其芳麗也[22].

航驚怛 植足而不能去[23]. 因白[24]嫗曰『某僕馬甚饑 願憩於此 當厚答謝幸無見阻.』嫗曰『任郎君自便.』且遂飯僕秣馬[25]. 良久 謂嫗曰『向覩小娘子 艷麗驚人 姿容擢世[26] 所以躊躕[27]而不能適. 願納厚禮而娶之 可乎?』嫗曰『渠已許嫁一人 但時未就已. 我今老病 只有此女孫 昨有神仙 遺靈丹一刀圭 但須玉杵臼 擣之百日 方可就吞 當得後天而老[28]. 君若娶此女者 得玉杵臼 吾當與之也. 其餘金帛 無用處耳.』航拜謝曰『願以百日爲期 必携杵臼而至 更無許他人.』嫗曰『然.』航恨恨[29]而去.

及至京國 殊不以舉事爲念 但於坊曲鬧市喧衢 而高聲訪其玉杵臼 曾無影響[30]. 或遇朋友 若不相識 衆言爲狂人. 數月餘日 或遇一貨玉老翁[31]曰『近得虢州藥舖卞老書云 有玉杵臼貨之. 郎君懇求

如此 此君吾當爲書導達.』航媿荷珍重 果獲玉杵臼. 卞老曰『非
二百緡[32]不可得.』航乃瀉囊 兼貨僕貨馬 方及其數. 逐步驟獨挈
而抵[33]藍橋.

昔日嫗大笑曰『有如是信士乎? 吾豈愛惜女子 而不酬其勞哉.』
女亦微笑曰『雖然 更爲吾藥百日 方議姻好.』嫗於襟帶間解藥[34]
航卽擣之. 晝爲而夜息 夜則嫗收藥臼於內室. 航又聞擣藥聲 因窺
之 有玉兎持杵臼而雪光輝室. 可鑒毫芒[35]. 於是 航之意愈堅 如此
日足. 嫗持而吞之曰『吾當入洞 而告姻戚 爲裵郎具帳幃.』逐挈女
入山 爲航曰『但少留此.』

浚巡 車馬僕隷 迎航而往. 別見一大第連雲 珠扉晃日. 內有帳幄
屛幃珠翠珍琓莫不臻至 愈如貴戚家焉[36]. 仙童侍女 引航入帳 就
禮訖. 航拜嫗 悲泣感荷. 嫗曰『裵郎自是淸冷 裵眞人子孫 業當出
世 不足深愧老嫗也[37].』及引見諸賓 多神仙中人也. 後有仙女 鬟髻
霓衣 云是妻之姊耳. 航拜訖 女曰『裵郎不相識耶?』航曰『昔非
姻好 不醒拜侍.』女曰『不憶鄂渚同舟 回而抵襄漢乎?』航深驚怛
懇悃陳謝. 後聞左右 曰『是小娘子之姊 雲翹夫人 劉綱仙君之妻
也. 已是高眞 爲玉皇之女吏[38].』嫗逐遣航 將妻入玉峰洞中 瓊樓
珠室而居之. 餌以絳雪瓊英之丹 體性淸虛毛髮紺綠 神化自在 超
爲上仙[39].

至太和中 友人盧顥 遇之於藍橋驛之西 因說得道之事. 逐贈藍
田[40]美玉十斤 紫府雲丹一粒 敍話永日 使達書于親愛. 盧顥稽顙
曰『兄旣得道如何乞一言而敎授?』航曰『老子曰 虛其心 實其腹.

今之人 心愈實 何由得道之理[41].」盧子憮[42]然 而語之曰『心多妄想
腹漏精溢 卽虛實可之矣. 凡人自有不死之術 還丹之方. 但子未便
可教 異日言之.」盧子知不可請 但終宴而去. 後世人莫有遇者.

《太平廣記》

1　長慶(장경) : 당(唐)나라 제12대 황제 목종(穆宗)의 연호. 장경년간(長慶年間)은 821년~824년.

2　下第(하제) : 과거에 낙방하다.

3　鄂渚(악저) : 지금의 호북성(湖北省) 무창(武昌).

4　相國(상국) : 재상(宰相)의 총칭.

5　同爲胡越猶懷想 況遇天仙隔錦屛(동위호월유회상 황우천선격금병) : 호월(胡越)에 떨어져 있어도 가슴엔 그리움뿐이요, 천선(天仙)을 만났건만 비단 병풍에 가로막혀 있네. 호(胡)는 북쪽 끝, 월(越)은 남쪽 끝에 있는 나라. 즉 두 사람의 사이가 호월처럼 멀다는 뜻.

6　儻若玉京朝會去 願隨鸞鶴入靑雲(당약옥경조회거 원수난학입청운) : 만일 옥경(玉京)에 조회(朝會)하러 가신다면, 난학(鸞鶴) 따라 같이 푸른 구름에 들고 싶네. 玉京은 도가(道家)에서 말하는 천제(天帝)의 거소(居所).

7　名醖(명온) : 명주(名酒).

8　褰帷(건유) : 휘장을 걷다. 褰은 걷을 건.

9　愕眙(악치) : 놀란 눈으로 바라보다. 愕은 놀랄 악. 眙는 눈여겨 볼 치.

10　盼(반) : 보다. 돌아보다.

11　一飮瓊漿百感生 玄霜搗盡見雲英(일음경장백감생 현상도진견운영) : 경장(瓊漿) 한 번 마시면 백감(百感)이 생겨나고, 신선 약 다 찧으면 운영(雲英)을 볼 수 있다네. 瓊漿은 옥액(玉液)과 같은 뜻으로 신선이 마시는 음료수. 좋은 술을 나타낼 때도 있음.

12　藍橋便是神仙窟 何必崎嶇上玉淸(남교편시신선굴 하필기구상옥청) : 남교(藍橋)가 곧 신선굴(神仙窟)이거늘 어찌 반드시 고생하며 옥청(玉淸)에 오르리오. 玉淸은 도교에서 신선이 산다는 세 궁(玉淸, 上淸, 太淸) 중 하나.

13　洞達(통달) : 꿰뚫음. 달통(達通)함.

14　寒喧(한훤) : 한온(寒溫). 일기의 춥고 따뜻함을 말하여 서로 인사함.

15　人亦不能知其所造 航遍求訪之 滅跡匿形 竟無蹤兆(인역불능지기소조 항편구방지 멸적익형 경무종조) : 부인이 간 곳을 아는 사람은 아무도 없었다. 배항은 그녀의 행방을 두루 찾아다녀 보았지만 종적을 감추고

사라져버린 까닭에 끝내 그 자취를 찾을 수가 없었다. 造는 갈 조.

16 輦(연) : 수레. 가마.

17 漿(장) : 마실 것. 음료.

18 隘(애) : 좁다. 작다.

19 績(집) : 길쌈하다.

20 航訝之 憶樊夫人詩有雲英之句 深不自會(항아지 억번부인시유운영지구 심불자회) : 배항이 의아하게 생각하던 차 번부인의 시에 운영이란 구절이 있었던 것이 떠올랐지만 그 깊은 뜻을 이해할 수가 없었다. 訝는 의심할 아. 會는 깨달을 회.

21 葦箔(위박) : 갈대발.

22 嬌而掩面蔽身雖紅蘭之隱幽谷 不足比其芳麗也(교이엄면폐신수홍란지은 유곡 부족비기방려야) : 교태를 보이며 얼굴을 가리고 몸을 감추는데 비록 붉은 난초가 그윽한 골짜기에 숨어있다 해도 그녀의 아름다움에 비하기는 부족할 듯 보였다.

23 航驚怛 植足而不能去(항경달 식족이불능거) : 배항은 놀라서 발이 땅에 붙은 듯 걸음을 옮길 수가 없었다. 怛은 놀랄 달. 植足은 발을 땅에 심은 듯, 또는 꽂은 듯.

24 白(백) : 말하다.

25 飯僕秣馬(반복말마) : 하인에게 밥을 주고 말에게 먹이를 주었다. 秣은 말먹일 말.

26 擢世(탁세) : 세상에서 빼어나다. 擢은 빼어날 탁.

27 躊躕(주주) : 머뭇거리다.

28 昨有神仙 遺靈丹一刀圭 但須玉杵臼 擣之百日 方可就吞 當得後天而老(작유신선 유영단일도규 단수옥저구 도지백일 방가취탄 당득후천이로) : 어제 신선이 와서 영단(靈丹) 한 숟가락을 주고 갔습니다. 반드시 옥저구(玉杵臼)로 백일동안 찧어야만 삼킬 수가 있고, 마땅히 그것을 먹어야만 늙도록 오래오래 살 수가 있답니다. 靈丹은 도교에서 신선이 되기 위하여 먹는 영약(靈藥). 刀圭는 예전에 가루약의 양을 잴 수 있게 만든 숟가락. 擣는 찧을 도. 吞은 삼킬 탄.

29 恨恨(한한) : 늘 마음속에 원한을 품은 모양. 그러나 여기에서는 마음을 모질게 먹고의 뜻.

30 及至京國 殊不以擧事爲念 但於坊曲鬧市喧衢 而高聲訪其玉杵臼 曾無影

響(급지경국 수불이거사위념 단어방곡료시훤구 이고성방기옥저구 증무영향) : 장안에 도착한 이래 배항은 어떤 일에도 관심이 없고 사람들로 붐비는 시장이나 거리들을 구석구석 다니면서 큰 소리로 옥저구를 찾았지만 끝내 어디에도 없었다. 曾은 끝내.

31 貨玉老翁(화옥로옹) : 옥을 파는 노인. 貨는 팔 화.

32 緡(민) : 꿰미에 꿴 돈.

33 抵(저) : 다다르다.

34 嫗於襟帶間解藥 航卽搗之 晝爲而夜息 夜則嫗收藥臼於內室(구어금대간해약 항즉도지 주위이야식 야즉구수약구어내실) : 노파가 옷깃 사이에서 약을 내어 주니 배항은 그것을 즉시 찧기 시작했다. 낮에는 일을 하고 밤에는 쉬었는데 밤이 되면 노파가 약과 옥저구를 거두어 내실로 가지고 들어갔다.

35 航又聞搗藥聲 因窺之 有玉兔持杵臼而雪光輝室 可鑒毫芒(항우문도약성 인규지 유옥토지저구이설광휘실 가감호망) : 배항은 또 약을 찧는 소리가 들리는지라 안을 몰래 들여다보았더니 한 옥토끼가 약을 찧고 있었는데 눈처럼 하얀 밝은 빛이 방안을 비추고 있어 털 한 오라기라도 분간할 수 있는 정도였다. 毫芒은 털끝.

36 別見一大第連雲 珠扉晃日 內有帳幄屛幃珠翠珍琬 莫不臻至 愈如貴戚家焉(별견일대제련운 주비황일 내유장악병위주취진완 막불진지 유여귀척가언) : 구름에 연하여 구슬로 된 대문이 휘황한 큰 집이 나타났는데, 안에는 휘장이며 병풍이며 구슬과 보석으로 꾸며진 것들이 없는 것이 없어 화려하기가 귀족의 집보다도 훨씬 더하였다. 臻은 모일 진. 愈는 나을 유.

37 裵郞自是淸冷 裵眞人子孫 業當出世 不足深愧老嫗也(배랑자시청랭 배진인자손 업당출세 부족심괴노구야) : 배랑(裵郞)은 원래부터 청랭(淸冷)한 배진인(裵眞人)의 자손이라 마땅히 신선이 될 운명이었으니 이 늙은이에게 그렇게 고마워할 것은 없다오. 眞人은 도교에서 도를 통하여 신선이 된 사람. 남자 신선.

38 是小娘子之姊 雲翹夫人 劉綱仙君之妻也 已是高眞 爲玉皇之女吏(시소낭자지자 운교부인 유강선군지처야 이시고진 위옥황지여리) : 그녀는 운영의 언니인 운교부인(雲翹夫人)으로 유강(劉綱) 선군(仙君)의 아내인데 이미 높은 선녀로 옥황상제의 여리(女吏)가 되어 있다고 하였다.

39 餌以絳雪瓊英之丹 體性淸虛毛髮紺綠 神化自在 超爲上仙(이이강설경영
지단 체성청허모발감록 신화자재 초위상선) : 강설경영단(絳雪瓊英丹)
을 먹으니 체성(體性)이 청허(淸虛)해지고 모발이 감록(紺綠)색으로 변
하면서 저절로 신선이 되어 상선(上仙)의 자리에까지 올랐다. 감색(紺
色)은 검은빛을 띤 깊은 남색.

40 藍田(남전) : 섬서성(陝西省)에 있는 산 이름으로 아름다운 옥이 나기
로 유명함.

41 老子曰 虛其心 實其腹 今之人 心愈實 何由得道之理(노자왈 허기심 실
기복 금지인 심유실 하유득도지리) : 노자(老子)가 말하기를 그 마음
은 비우고 그 배는 채우라 하였는데 지금 사람들은 오히려 그 마음을
채우고 있으니 어찌 득도하는 이치를 깨달을 수 있겠는가?

42 懵(몽) : 흐릿한 모양. 어두운 모양.

4. 駙馬說話

　隴西辛道度者　遊學至雍州城四五里　比[1]見一大宅　有靑衣女子在門. 度詣[2]門下求飱[3] 女子入告秦女　女命召入. 度趨[4]入閣中　秦女于西榻[5]而坐. 度稱姓名叙起居旣畢　命東榻而坐. 卽治飮饌食訖　女謂度曰『我秦閔王女　出聘[6]曹國　不幸無夫而亡. 亡來已二十三年獨居此宅　今日君來願爲夫婦　經三宿.』三日後　女郎自言曰『君是生人　我鬼也. 共君宿契[7]此會可三宵[8] 不可久居　當有禍矣. 然茲[9]信宿未悉　綢繆[10]旣已分飛　將何表信于郎?』卽命取床後盒子[11] 開之取金枕[12]一枚　與度爲信乃分袂泣別　卽遣靑衣送出門外[13]. 未逾[14]數步　不見舍宇[15] 惟有一塚. 度當時荒忙出走　視其金枕在懷　乃無異變. 尋[16]至秦國　以枕于市貨之　恰遇秦妃[17]親見度賣金枕疑　而索看結度　何處得來. 度具以告　妃聞悲泣　不能自勝. 然尙疑耳　乃遣人發塚啓[18]柩視之　原葬悉在　唯不見枕. 解體看之　交情宛若[19]. 秦妃始信之歎曰『我女大聖　死經二十三年　猶[20]能與生人交往　此是我眞女婿也.』遂封度爲駙馬都尉　賜金帛車馬　令還本國. 因此以來　後人名女婿爲駙馬　今之國婿　亦爲駙馬矣.

《搜神記》

1 比(비) : 가깝다.

2 詣(예) : 이르다(至).

3 飱(손) : 저녁밥.

4 趨(추) : 빨리 걷다.

5 榻(탑) : 평상 . 긴 의자.

6 聘(빙) : 시집가다.

7 宿契(숙계) : 전에 한 약속.

8 宵(소) : 밤.

9 茲(자) : 이. 이곳. 지금.

10 綢繆(주무) : 얽힘. 남녀의 정.

11 盒子(합자) : 함.

12 枕(침) : 베개.

13 與度爲信乃分袂泣別 卽遣靑衣送出門外(여도위신내분메읍별 즉견청의
   송출문외) : 신도도(辛道度)에게 주어 신표로 삼게 하고는 소매를 나
   누고 울며 헤어졌다. 그리고는 바로 청의여자(靑衣女子)를 보내어 문밖
   까지 배웅하게 했다. 爲는 삼다. 袂는 소매.

14 逾(유) : 가다.

15 舍宇(사우) : 집.

16 尋(심) : 찾다.

17 以枕于市貨之 恰遇秦妃(이침우시화지 흡우진비) : 베개를 시장에서 팔
   려다가 마침 진왕비(秦王妃)를 만났다. 貨는 팔다. 恰은 마침.

18 啓(계) : 열다.

19 解體看之 交情宛若(해체간지 교정완약) : 몸을 벗겨 보니 정을 나눈 흔
   적이 완연했다.

20 猶(유) : 오히려.

5. 瑠璃王

瑠璃明王立 諱類利 或云孺留. 朱蒙元子母禮氏. 初朱蒙在扶餘 娶禮氏女有娠. 朱蒙歸後乃生 是爲類利. 幼年出遊陌上[1] 彈雀誤破汲水婦人瓦器 婦人罵曰『此兒無父 故頑[2]如此!』類利慙歸問母氏『我父何人 今在何處?』母曰『汝父非常人也. 不見容於國[3] 逃歸南地 開國稱王. 歸時謂予[4]曰「汝若生男子則言我有遺物 藏在七稜[5]石上松下. 若能得此者 乃吾子也.」』類利聞之 乃往山谷 索之不得倦而還. 一旦[6]在堂上 聞柱礎[7]間若有聲. 就而見之 礎石有七稜 乃搜於柱下 得斷劍一段. 遂持之與屋智·句鄒·都祖等三人 行至卒本 見父王以斷劍奉之. 王出己所有斷劍合之 連爲一劍. 王悅之 立爲太子 至是繼位. 二年 秋七月 納多勿侯松讓之女爲妃. 九月西狩[8]獲白獐[9]. 冬十月 神雀[10]集王庭. 百濟始祖溫祚立.

三年 秋七月 作離宮[11]於鶻川. 冬十月 王妃松氏薨[12]. 王更娶二女以繼室 一曰禾姬 鶻川人之女也 一曰雉姬 漢人之女也. 二女爭寵不相和 王於凉谷造東西二宮各置之. 後王田[13]於箕山 七日不返 二女爭鬪 禾姬罵[14]雉姬曰『汝漢家婢妾 何無禮之甚乎?』雉姬慙恨亡歸. 王聞之 策馬追之 雉姬怒不還. 王嘗息樹下 見黃鳥[15]飛集 乃感而歌曰『翩翩[16]黃鳥 雌雄相依. 念我之獨 誰其與歸?』

《三國史記》

1 陌上(맥상) : 밭두둑.
2 頑(완) : 완악(頑惡)하다. 성질이 흉악하다.
3 不見容於國(불견용어국) : 나라에서 용납 받지 못하고. 見은 당할 견.
4 予(여) : 나.
5 稜(릉) : 모.
6 旦(단) : 아침.
7 柱礎(주초) : 주춧돌.
8 狩(수) : 사냥하다.
9 白獐(백장) : 흰 노루.
10 神雀(신작) : 봉황.
11 離宮(이궁) : 임금이 궁중 밖으로 나들이할 때 머무는 곳.
12 薨(홍) : 죽다. 흔히 제후의 죽음에 대하여 사용하였음.
13 田(전) : 사냥하다.
14 罵(매) : 욕하다.
15 黃鳥(황조) : 꾀꼬리.
16 翩翩(편편) : 가볍게 훨훨 나는 모양.

6. 好童

夏四月 王子好童遊於沃沮[1] 樂浪[2]王崔理出行因見之 問曰『觀君顏色 非常人 豈[3]非北國神王[4]之子乎?』遂同歸以女妻之[5]. 後好童還國潛遣人 告崔氏女曰『若能入而[6]國武庫 割破鼓角 則我以禮迎 不然則否.』先是 樂浪有鼓角 若有敵兵 則自鳴故令破之. 於是 崔女將[7]利刀[8] 潛入庫中 割鼓面角口 以報好童 好童勸王襲[9]樂浪 崔理以鼓角不鳴不備 我兵掩至城下 然後知鼓角皆破 遂殺女子出降[10]. (或云 欲滅樂浪遂請婚 娶其女 爲子妻 後使歸本國 壞[11]其兵物.) 冬十一月 王子好童自殺. 好童王之次妃曷思王孫女所生也. 顏容美麗 王甚愛之 故名好童. 元妃恐奪嫡[12]爲[13]太子 乃讒[14]於王曰『好童不以禮待妾 殆[15]欲亂乎.』王曰『若以他兒憎疾乎?』妃知王不信 恐禍將及 乃涕泣而告曰『請大王密候[16] 若無此事 妾自伏[17]罪.』於是 大王不能不疑 將罪之[18] 或謂好童曰『子何不自釋[19]乎?』答曰『我若釋之 是顯母之惡 貽王之憂 可謂孝乎[20]?』乃伏劍而死.

論曰 今王信讒言 殺無辜[21]之愛子 其不仁不足道[22]矣. 而好童不得無罪. 何則 子之見責於其父也 宜若舜之於瞽瞍[23] 小杖則受 大杖則走 期[24]不陷[25]父於不義. 好童不知出於此 而死非其所 可謂執於小謹而昧於大義 其公子申生[26]之譬[27]耶?

《三國史記》

1 沃沮(옥저) : 지금의 함흥 일대.

2 樂浪(낙랑) : 청천강 이남 황해도 자비령 이북 일대에 두었던 한사군의
하나.

3 豈(기) : 어찌.

4 北國神王(북국신왕) : 고구려 대무신왕(大武神王).

5 遂同歸以女妻之(수동귀이녀처지) : 마침내 함께 돌아가 딸로써 아내를
삼게 하였다. 妻는 동사로서 아내로 삼다.

6 而(이) : 너. 이인칭 대명사.

7 將(장) : 가지고.　　　**8** 利刀(이도) : 날카로운 칼.

9 襲(습) : 습격하다.　**10** 降(항) : 항복하다.

11 壞(괴) : 파괴하다.　**12** 嫡(적) : 맏아들. 정실 소생의 장남.

13 爲(위) : 삼다.　**14** 讒(참) : 참소하다. 거짓말하다.

15 殆(태) : 아마도.　**16** 候(후) : 살피다. 염탐하다.

17 伏(복) : 엎드리다.

18 大王不能不疑 將罪之(대왕불능불의 장죄지) : 대왕이 의심하지 않을
수 없어 죄를 주려 하니. 여기서 罪는 동사로서 죄주다, 벌주다.

19 釋(석) : 해명하다.

20 我若釋之 是顯母之惡 貽王之憂 可謂孝乎(아약석지 시현모지악 이왕지
우 가위효호) : 내가 만약 해명한다면 이는 어머니의 악행을 드러내는
것이고 왕께 걱정을 끼치는 것이니 기히 효리고 할 수 있겠소? 顯은 드
러내다. 貽는 끼치다.

21 辜(고) : 허물.　　　**22** 道(도) : 말하다.

23 瞽瞍(고수) : 순임금의 아버지.

24 期(기) : 목적으로 삼다. 기하다.

25 陷(함) : 빠지다.

26 申生(신생) : 춘추시대 진헌공(晉獻公)의 태자. 헌공이 여희(驪姬)란 부
인을 총애하여 그 소생인 해제(奚齊)를 세우려고 태자 신생을 곡옥
(曲沃)이란 땅에 가 살게 했었는데 여희의 참소로 신생은 자결하고
말았음.

27 譬(비) : 비유.

7. 龜兎說話

　　麻木峴[1]與竹嶺本我國地　若不我還則不得歸. 春秋答曰『國家土地　非臣子所專[2]　臣不敢聞命.』王怒因之　欲戮未果[3]. 春秋以青布三百步　密贈王之寵臣先道解　道解以饌具來相飮　酒酣[4]戲語曰『子亦嘗聞龜兎之說乎? 昔東海龍女病心　醫言「得兎肝合藥[5]則可療也.」然海中無兎　不奈之何. 有一龜白[6]龍王言「吾能得之.」遂登陸見兎言「海中有一島　清泉白石　茂林佳菓　寒暑不能到　鷹隼不能侵爾若得至　可以安居無患[7].」因負兎背上　游行二三里許[8]　龜顧謂兎曰「今龍女被病　須兎肝爲[9]藥　故不憚[10]勞　負爾來耳.」兎曰「噫! 吾神明之後[11]　能出五藏　洗而納之　日者[12]小覺心煩　遂出肝心洗之　暫[13]置巖石之底　聞爾甘言徑[14]來. 肝尙在彼　何不廻歸取肝? 則汝得所求　吾雖無肝尙活　豈不兩相宜哉?」龜信之而還　纔[15]上岸兎脫入草中謂龜曰「愚哉汝也! 豈有無肝而生者乎?」龜憫黙而退.』春秋聞其言喩[16]其意　移書於王曰『二嶺本大國地　令臣歸國　請吾王還之.』

《三國史記》

1 麻木峴(마목현) : 지금의 조령(鳥嶺).

2 專(전) : 마음대로 하다.

3 王怒囚之 欲戮未果(왕노수지 욕육미과) : 왕이 화가 나 그를 가두고 죽이고자 하였으나 죽이지는 않았다. 囚는 가두다. 戮은 죽이다.

4 酒酣(주감) : 술이 거나해졌을 때에.

5 合藥(합약) : 약을 짓다.

6 白(백) : 말하다.

7 海中有一島 淸泉白石 茂林佳菓 寒暑不能到 鷹隼不能侵 爾若得至 可以安居無患(해중유일도 청천백석 무림가과 한서불능도 응준불능침 이약득지 가이안거무환) : 바다 가운데 한 섬이 있는데 맑은 샘과 흰 돌에 무성한 숲과 맛있는 과실이 있으며, 추위와 더위가 이르지 못하고 매와 새매도 침범하지 못하니 네가 가면 가히 편안히 살면서 근심이 없을 것이다. 鷹은 매. 隼은 새매.

8 許(허) : 거리를 나타내는 말 뒤에 붙어, '그쯤 되는 곳'의 뜻으로 쓰임.

9 爲(위) : 되다.

10 憚(탄) : 꺼리다.

11 後(후) : 후예(後裔).

12 日者(일자) : 며칠 전.

13 暫(잠) : 잠시.

14 徑(경) : 바로. 곧바로.

15 纔(재) : 겨우. ~하자마자.

16 喩(유) : 깨치다.

9. 溫達

溫達高句麗平岡王時人也. 容貌龍鐘可笑 中心則睟然[1]. 家甚貧 常乞食以養母 破衫弊履[2]往來於市井間 時人目之爲愚溫達. 平岡王少女兒好啼[3] 王戲曰『汝常啼聒[4]我耳 長必不得爲士大夫妻 當歸之愚溫達.』王每言之. 及女年二八[5] 欲下嫁於上部高氏 公主對曰『大王常語 汝必爲溫達之婦 今何故改前言乎? 匹夫猶不欲食言 況至尊乎. 故曰「王者無戲言.」今大王之命謬[6]矣 妾不敢祗承[7].』王怒曰『汝不從我敎 則固不得爲吾女也 安用同居[8]? 宜從汝所適矣.』

於是 公主以寶釧[9]數十枚繫[10]肘[11]後 出宮獨行 路遇一人 問溫達之家 乃行至其家 見盲老母 近前拜 問其子所在 老母對曰『吾子貧且陋[12] 非貴人之所可近. 今聞[13]子之臭 芬馥[14]異常 接子之手 柔滑如綿 必天下之貴人也. 因誰之俯[15]以至於此乎? 惟[16]我息不忍饑[17] 取楡皮[18]於山林久而未還.』

公主出行至山下 見溫達負楡皮而來 公主與之言懷[19] 溫達悖然[20]曰『此非幼女子所宜[21]行 必非人也 狐鬼也 勿迫我也!』遂行不顧. 公主獨歸 宿柴門下 明朝更入 與母子備言之 溫達依違[22]未決 其母曰『吾息至陋 不足爲貴人匹 吾家至窶[23] 固不宜貴人居.』公主對曰『古人言「一斗粟[24]猶可舂[25] 一尺布猶可縫.」則苟[26]爲同心何必富貴然後 可共乎?』乃賣金釧 買得田宅奴婢牛馬器物 資用完具. 初買馬公主語溫達曰『愼勿買市人馬 須擇國馬病瘦而見放者 而後換之[27].』溫達如其言公主養飼甚勤 馬日肥且壯.

高句麗常以春三月三日 會獵[28]樂浪之丘 以所獲猪鹿 祭天及山川神 至其日王出獵 群臣及五部兵士皆從. 於是 溫達以所養之馬隨行 其馳騁常在前 所獲亦多 他無若者[29]. 王召來問姓名 驚且異之.

時後周武帝出師伐遼東 王領[30]軍逆戰於拜山之野. 溫達爲先鋒 疾鬪斬數十餘級 諸軍乘勝奮擊大克. 及論功無不以溫達爲第一[31]. 王嘉歎之曰『是吾女壻也!』備禮迎之 賜爵爲大兄. 由此寵榮尤渥 威權日盛[32]. 及嬰陽王卽位 溫達奏曰『惟[33]新羅割我漢北之地爲郡縣 百姓痛恨 未嘗[34]忘父母之國. 願大王不以愚不肖 授之以兵一往必還吾地[35].』王許焉. 臨行誓曰『鷄立峴[36]竹嶺已西不歸於我 則不返也.』遂行與羅軍戰於阿旦城之下 爲流矢所中 路而死. 欲葬柩不肯動. 公主來撫[37]棺曰『死生決矣 於乎歸矣.』遂擧而窆[38]. 大王聞之悲慟.

《三國史記》

1 容貌龍鐘可笑　中心則睟然(용모용종가소 중심즉수연) : 용모는 초라하여 우습게 생겼지만 마음은 맑았다. 龍鍾은 초라한 모습. 睟然은 맑다.

2 破衫弊履(파삼폐리) : 떨어진 옷과 해어진 신. 衫은 적삼 또는 옷.

3 啼(제) : 울다.

4 聒(괄) : 시끄럽게 하다.

5 二八(이팔) : 16세.

6 謬(류) : 그릇되다. 잘못되다.

7 祗承(지승) : 받들어 좇음.

8 汝不從我敎　則固不得爲吾女也　安用同居(여부종아교 즉고부득위오녀야 안용동거) : 네가 내 가르침을 따르지 않는다면 진실로 내 딸이 될 수 없으니 어찌 같이 살 수 있겠느냐? 爲는 되다. 安은 어찌.

9 釧(천) : 팔찌.

10 繫(계) : 매다.

11 肘(주) : 팔꿈치.

12 陋(루) : 비루(鄙陋)하다.

13 聞(문) : 냄새를 맡다.

14 芬馥(분복) : 향내.

15 侜(주) : 속이다.

16 惟(유) : 생각하건대.

17 饑(기) : 굶주림.

18 楡皮(유피) : 느릅나무 껍질.

19 懷(회) : 소회. 속에 품은 생각.

20 淳然(발연) : 발끈 화를 내는 모습.

21 宜(의) : 옳다. 마땅하다.

22 依違(의위) : 우물쭈물.

23 窶(구) : 가난하다.

24 粟(속) : 곡식.

25 舂(용) : 방아를 찧다.

26 苟(구) : 진실로.

27 愼勿買市人馬 須擇國馬病瘦而見放者 而後換之(신물매시인마 수택국마
병수이견방자 이후환지) : 반드시 시장 사람의 말을 사지 말고 모름지
기 국마(國馬)를 택하되 병들고 말라서 내놓은 것을 사서, 후에 그 말
을 훌륭하게 바꾸십시오.

28 獵(렵) : 사냥하다.

29 溫達以所養之馬隨行 其馳騁常在前 所獲亦多 他無若者(온달이소양지마
수행 기치빙상재전 소획역다 타무약자) : 온달은 기른 말을 타고 따라
갔는데 그 달림이 항상 앞에서였고 잡은 것도 또한 많아 다른 사람들
은 아무도 그만한 이가 없었다. 馳騁은 말을 타고 달림. 若은 같을 약.

30 領(영) : 거느리다.

31 及論功無不以溫達爲第一(급논공무불이온달위제일) : 논공을 함에 이르
러 온달로 제일을 삼지 않는 자가 없었다. 無不은 이중부정으로 ~하지
않는 사람이 없다.

32 由此寵榮尤渥 威權日盛(유차총영우악 위권일성) : 이로 말미암아 은총
과 영예는 더욱 두터워지고 위엄과 권세는 날로 성해갔다. 尤는 더욱.
渥은 두텁다.

33 惟(유) : 생각하건대.

34 未嘗(미상) : 일찍이 ~한 적이 없다.

35 願大王不以愚不肖 授之以兵 一往必還吾地(원대왕불이우불초 수지이병
일왕필환오지) : 원컨대 대왕께서 저를 어리석다 하지 않으시고 군사
를 주신다면 한 번 가서 반드시 우리 땅을 찾아오겠나이다. 愚는 자기
의 겸칭. 不肖는 못나고 어리석다.

36 鷄立峴(계립현) : 지금의 조령(鳥嶺).

37 撫(무) : 어루만지다.

38 窆(폄) : 하관(下棺)하다.

9. 都彌

　　都彌百濟人也. 雖編戶小民　而頗知義理[1]. 其妻美麗　亦有節行
爲時人所稱. 蓋婁王聞之　召都彌與語曰『凡婦人之德　雖以貞潔爲
先[2]　若在幽昏無人之處　誘之以巧言　則能不動心者鮮[3]矣乎.』對曰
『人之情不可測也　而若臣之妻者　雖死無貳者也[4].』王欲試之　留都
彌以事　使一近臣　假[5]王衣服馬從[6]　夜抵[7]其家　使人先報王來　謂其
婦曰『我久聞爾好　與都彌博[8]得之. 來日入爾爲[9]宮人　自此後　爾
身吾所有也.』遂將亂[10]之. 婦曰『國王無妄語　吾敢不順? 請大王
先入室. 吾更衣乃進.』退而雜飾一婢子薦[11]之. 王後知見欺[12]　大怒
誣都彌以罪　矐其兩眸子　使人牽出之　置小船泛之河上[13]. 遂引其
婦　强欲淫[14]之　婦曰『今良人[15]已失　單獨一身　不能自持. 況爲王御
[16]　豈敢相違. 今以月經　渾身汚穢[17]　請俟[18]他日　薰浴而後來.』王信
而許之. 婦便[19]逃至江口　不能渡　呼天慟哭　忽見孤舟隨波而至　乘
至泉城島　遇其夫未死掘草根以喫　遂與同舟　至高句麗蒜山[20]之下.
麗人哀之　丐[21]以衣食　遂苟[22]活　終於羇旅[23].

《三國史記》

1 雖編戶小民 而頗知義理(수편호소민 이파지의리) : 비록 소민(小民)에 속했지만 자못 의리를 알았다. 編戶는 호적에 끼어들어가다.

2 凡婦人之德 雖以貞潔爲先(범부인지덕 수이정결위선) : 무릇 부인의 덕은 비록 정결을 우선으로 삼지만. 여기서 爲는 삼다.

3 鮮(선) : 드물다.

4 人之情不可測也 而若臣之妻者 雖死無貳者也(인지정불가측야 이약신지처자 수사무이자야) : 사람의 뜻은 헤아릴 수 없습니다, 하지만 저의 아내라면 비록 죽어도 두 마음은 없을 것입니다. 여기서 貳者는 두 마음.

5 假(가) : 빌려주다.

6 從(종) : 종자(從者).

7 抵(저) : 가다. 이르다.

8 博(박) : 내기하다. 도박하다.

9 爲(위) : 삼다.

10 亂(난) : 난행(亂行)하다. 겁탈하다.

11 薦(천) : 바치다.

12 見欺(견기) : 속임을 당하다. 見은 당할 견.

13 誣都彌以罪 矐其兩眸子 使人牽出之 置小船泛之河上(무도미이죄 확기양모자 사인견출지 치소선범지하상) : 도미를 죄로써 무고하여 두 눈동자를 빼고 사람을 시켜 끌고 나가 작은 배에 두고 물에 띄워 보냈다. 矐은 눈 뺄 확. 眸子는 눈동자. 泛은 띄우다.

14 淫(음) : 음행(淫行)을 하다.

15 良人(양인) : 남편.

16 御(어) : 모시다.

17 汚穢(오예) : 더럽다.

18 俟(사) : 기다리다.

19 便(편) : 바로. 곧.

20 蒜山(산산) : 지명. 蒜은 마늘 산.

21 丐(개) : 빌려주다.

22 苟活(구활) : 겨우 먹고 살다.

23 羈旅(기려) : 타향.

10. 花王戒

薛聰

　昔花王[1]之始來也　植之以香園　護之以翠幕[2]　當三春[3]而發艷　凌百花而獨出. 於是　自邇及遐　艷艷之靈　夭夭之英　無不奔走上謁[4]. 忽有一佳人[5]　朱顏玉齒　鮮粧靚服[6]而來　綽約而前曰[7]『妾履[8]雪白之沙汀　對鏡清之海　沐春雨以去垢[9]　快清風而自適　其名曰薔薇. 聞王之令德　期薦枕於香帷[10]　王其容我乎[11]?』

　又有一丈夫　布衣韋帶　戴白持杖　龍鐘而步　傴僂[12]而來曰『僕[13]在京城之外　居大道之旁　下臨蒼茫之野景　上倚嵯峨之山色[14]　其名曰白頭翁. 竊謂[15]左右供給雖足　膏粱[16]以充腸　茶酒以淸神　巾衍[17]儲藏　須有良藥以補氣　惡石[18]以蠲[19]毒　故曰「雖有絲麻[20]　無棄菅蒯[21]　凡百君子　無不代匱[22].」不識王亦有意乎?』

　或曰『二者之來　何取何捨?』花王曰『丈夫之言　亦有道理　而佳人難得　將如之何?』丈夫進而言曰『吾謂王聰明識理義　故來焉耳　今則非也. 凡爲君者　鮮[23]不親近邪佞　疏遠正直　是以孟軻[24]不遇以終身　馮唐[25]郎潛而皓首[26]. 自古如此　吾其奈何?』花王曰『吾過矣　吾過矣.』

《三國史記》

1 花王(화왕) : 모란(牡丹)의 다른 이름.

2 翠幕(취막) : 푸른 장막.

3 三春(삼춘) : 봄의 석 달, 맹춘(孟春), 중춘(仲春), 계춘(季春)을 말함.

4 於是 自邇及遐 艶艶之靈 夭夭之英 無不奔走上謁(어시 자이급하 염염지령 요요지영 무불분주상알) : 이때 가까운 곳으로부터 먼 곳에 이르기까지 예쁘고 아리따운 꽃들이 바삐 달려와 화왕을 뵈려 하지 않는 자가 없었습니다. 邇는 가까울 이. 遐는 멀 하. 無不은 ~하지 않는 것이 없다.

5 佳人(가인) : 미인.

6 靚服(정복) : 아름다운 옷.

7 綽約而前曰(작약이전왈) : 얌전하게 앞에 와서 말하기를. 綽約은 얌전하다.

8 履(리) : 밟다.

9 去垢(거구) : 때를 씻다. 垢는 때 구.

10 香帷(향유) : 향기로운 휘장. 즉 침실.

11 王其容我乎(왕기용아호) : 왕께서는 저를 용납하시겠습니까? 여기서 其는 토씨 기로서 주격조사로 쓰였음. 龜旨歌에서 '龜何龜何 首其現也'는 목적격으로 쓰인 예임.

12 傴僂(구루) : 구부러진 허리.

13 僕(복) : 남자가 상대에 대하여 자신을 낮출 때 쓰는 말. 여자는 첩(妾)이라고 함.

14 下臨蒼茫之野景 上倚嵯峨之山色(하림창망지야경 상의차아지산색) : 아래로는 푸르고 넓은 야경(野景)을 내려다보고 위로는 높고 높은 산색(山色)을 의지하고 사는데.

15 竊謂(절위) : 가만히 생각하건대. 竊은 몰래. 謂는 생각하다.

16 膏粱(고량) : 고량진미.

17 巾衍(건연) : 상자.

18 惡石(악석) : 극약(劇藥).

19 蠲(견) : 제거하다. 없애다.

20 絲麻(사마) : 생사(生絲)와 삼베.

21 菅蒯(관괴) : 왕골과 띠 풀.

22 代匱(대궤) : 대신할 함.

23 鮮(선) : 드물다.

24 孟軻(맹가) : 맹자.

25 馮唐(풍당) : 한(漢)의 안릉(安陵) 사람. 문제(文帝)때에 국방대책에 대하여 좋은 안을 진언(進言)하였지만 관직은 올라가지 않았고, 무제(武帝)때에 현량(賢良)으로 천거되었지만 이미 나이가 구십 세라 아들 수(邃)가 대신 낭관(郎官)에 임명되었음.

26 晧首(호수) : 흰 머리. 즉 늙었다.

11. 金現感虎

　　新羅俗　每當仲春[1]　初八至十五日　都人士女　競遶[2]興輪寺之殿塔　爲福會. 元聖王代　有郎君金現者　夜深獨遶不息　有一處女　念佛隨遶　相感而目送之. 遶畢　引入屛處[3]通焉. 女將還　現從之　女辭拒而强隨之. 行至西山之麓[4]　入一茅店[5]　有老嫗[6]問女曰『附率者何人?』女陳[7]其情　嫗曰『雖好事　不如無也. 然邃事　不可諫[8]也. 且[9]藏於密. 恐汝弟兄之惡也.』把郎而匿[10]之奧[11]小選[12]有三虎　咆哮[13]而至作人語曰『家有腥膻之氣　療飢何幸[14]?』嫗與女叱曰『爾鼻之爽[15]乎? 何言之狂也?』時有天唱『爾輩嗜害物命尤多　宜誅一以徵惡[16].』三獸聞之　皆有憂色　女謂曰『三兄若能遠避而自懲[17]　我能代受其罰.』皆喜俛首妥尾而遁去[18].

　　女入謂郎曰『始吾恥君子之辱臨弊族　故辭禁爾[19]. 今旣無隱　敢布腹心. 且賤妾之於郎君　雖曰非類　得陪一夕之歡　義重結褵[20]之好. 三兄之惡　天旣厭[21]之　一家之殃　予欲當之　與其死於等閑人之手　曷若伏於郎君刃下　以報之德乎[22]? 妾以明日入市爲害劇　則國人無如我何　大王必募以重爵而捉[23]我矣. 君其無怯[24]　追我乎城北林中　吾將待之.』現曰『人交人　彝倫之道[25]異類而交　蓋非常[26]也. 旣得從容[27]　固多天幸. 何可忍賣於伉儷之死　僥倖一世之爵祿乎[28]?』女曰『郎君無有此言[29]. 今妾之壽夭[30]　蓋天命也　亦吾願也　郎君之慶也　予族之福也　國人之喜也. 一死而五利備　其可違乎? 但爲妾創寺　講眞詮[31]　資勝報　則郎君之惠莫大焉.』遂相泣而別.

次日果有猛虎入城中 剽³²甚無敢當 元聖王聞之 申令曰『戡³³虎者爵二級.』現詣闕奏曰『小臣能之.』乃先賜爵以激³⁴之. 現持短兵 入林中 虎變爲³⁵娘子 熙怡³⁶而笑曰『昨夜共郞君繾綣之事 惟君無忽³⁷. 今日被爪³⁸傷者 皆塗³⁹興輪寺醬 聆⁴⁰其寺之螺鉢聲則可治.』乃取現所佩刀 自頸而仆 乃虎也⁴¹. 現出林而詑⁴²曰『今玆虎易搏⁴³矣.』匿其由不洩 但依諭而治之 其瘡皆效. 今俗亦用其方. 現旣登庸 創寺於西川邊 號虎願寺 常講梵網經 以導虎之冥遊 亦報其殺身成己之恩⁴⁴. 現臨卒 深感前事之異 乃筆成傳 俗始聞知 因名論虎林 稱于今.

《三國遺事》

1 仲春(중춘) : 음력 2월.

2 競遶(경요) : 다투어 돌다. 遶는 돌 요.

3 屛處(병처) : 가려진 곳. 으슥한 곳.

4 麓(록) : 산기슭.

5 茅店(모점) : 띠 집. 초가(草家).

6 老嫗(노구) : 할머니. 노파.   **7** 陳(진) : 말하다. 진술하다.

8 諫(간) : 탓하다.   **9** 且(차) : 잠시.

10 匿(익) : 숨기다.   **11** 奧(오) : 깊숙한 곳.

12 小選(소선) : 조금 있다가.   **13** 咆哮(포효) : 으르렁대다.

14 家有腥膻之氣 療飢何幸(가유성단지기 요기하행) : 집안에 노린내(사람 냄새)가 나니 요기하게 되어 얼마나 다행인가.

15 爽(상) : 상하다. 잘못되다.

16 爾輩嗜害物命尤多 宜誅一以懲惡(이배기해물명우다 의주일이징악) : 너희들이 물(物)의 생명을 해치기를 좋아함이 더욱 크니 마땅히 한 놈을 죽임으로써 악을 징계하겠노라. 嗜는 좋아하다, 즐기다. 誅는 죽이다.

17 懲(징) : 징계하다.

18 皆喜俛首妥尾而遁去(개희부수타미이둔거) : 모두 기뻐서 머리를 숙이고 꼬리를 늘어뜨리고 달아나버렸다. 俛는 숙일 부. 妥는 늘어뜨릴 타. 遁은 달아날 둔.

19 始吾恥君子之辱臨弊族 故辭禁爾(시오치군자지욕림폐족 고사금이) : 처음에 저는 낭군께서 저희 족속에 욕되게 임하심이 부끄러워서 사양하고 금했던 것입니다. 여기서 之는 주격으로 해석해야 함. 辱臨은 욕되게 임하다.

20 結褵(결리) : 여자가 시집갈 때 어머니가 향주머니를 띠에 묶어주며 경계한 것에서 부부의 관계를 맺는 것을 의미함. 褵는 향주머니 리.

21 厭(염) : 미워하다.

22 與其死於等閑人之手 曷若伏於郞君刃下以報之德乎(여기사어등한인지수 갈약복어낭군인하이보지덕호) : 아무 관계없는 사람의 손에 죽는 것과 낭군의 칼날 아래 죽어 그 은덕에 보답하는 것과 어찌 같겠습니까? 等閑人은 관계없는 사람. 曷은 어찌. 若은 같다.

23 捉(착) : 잡다.

24 君其無怯(군기무겁) : 낭군께서는 겁내지 마시고. 其는 토씨 기로서 주격으로 해석. 怯은 겁낼 겁.

25 彛倫之道(이륜지도) : 떳떳한 도리.

26 常(상) : 사람으로서 행해야 할 도리. 정도(正道).

27 從容(종용) : 따르고 용납함.

28 何可忍賣於伉儷之死 僥倖一世之爵祿乎(하가인매어항려지사 요행일세지작록호) : 어찌 가히 차마 배우자의 죽음을 팔아 한 세상의 작록(爵祿)을 바랄 수 있겠소. 忍은 차마. 伉儷는 배우자.

29 郎君無有此言(낭군무유차언) : 낭군은 이런 말씀 하지 마십시오.

30 夭(요) : 요절하다. 일찍 죽다.

31 眞詮(진전) : 불경.　　　　**32** 剽(표) : 사납다.

33 戡(감) : 죽이다.　　　　**34** 激(격) : 격려하다.

35 爲(위) : 되다.　　　　**36** 熙怡(희이) : 기쁜 표정.

37 昨夜共郎君繾綣之事 惟君無忽(작야공낭군견권지사 유군무홀) : 어젯밤 낭군과 함께했던 못내 잊을 수 없는 일을 생각건대 낭군께서는 잊지 말아 주십시오. 共은 함께하다. 繾綣之事는 못내 잊을 수 없는 일. 즉 사랑을 나눈 일. 繾은 곡진할 견. 綣은 정다울 권.

38 爪(조) : 할퀴다.

39 塗(도) : 바르다. 칠하다.

40 聆(영) : 듣다.

41 乃取現所佩刀 自頸而仆 乃虎也(내취현소패도 자경이부 내호야) : 이에 김현이 차고 있던 칼을 취하여 스스로 목을 찌르고 죽으니 이에 호랑이였다. 佩는 찰 패. 頸은 목찌를 경.

42 詑(타) : 속이다.

43 搏(단) : 잡다.

44 常講梵網經 以導虎之冥遊 亦報其殺身成己之恩(상강범강경 이도호지명유 역보기살신성기지은) : 항상 범강경을 강론하여 호랑이의 저승길을 인도하고, 또한 자신을 죽여 자기를 성공시킨 은혜에 보답했다.

12. 桃花女 鼻荊郎

第二十五舍輪王 諡[1]眞智大王 姓金氏 妃起鳥公之女 知刀夫人. 大建八年[2]丙申卽位 御[3]國四年 政亂荒婬 國人廢之. 前此 沙梁部之庶女 姿容艷美 時號桃花娘 王聞而召致宮中 欲幸[4]之 女曰『女之所守 不事二夫 有夫而適他 雖萬乘之威 終不奪也[5].』王曰『殺之何?』女曰『寧斬于市 有願靡他[6].』王戲曰『無夫則可乎?』曰『可.』王放而遣之.

是年王見廢而崩[7] 後三年其夫亦死 浹[8]旬忽夜中 王如平昔[9] 來於女房曰『汝昔有諾[10] 今無汝夫可乎?』女不輕諾 告於父母 父母曰『君王之敎 何以避之?』以其女入於房 留御七日 常有五色雲覆[11]屋 香氣滿室 七日後忽然無蹤[12]. 女因而有娠 月滿將産 天地振動 産得一男 名曰鼻荊.

眞平大王聞其殊異[13] 收養宮中 年至十五 授差[14]執事. 每夜逃去遠遊 王使勇士五十人守之 每飛過月城 西去荒川岸上(在京城西.) 率鬼衆遊. 勇士伏林中窺伺 鬼衆聞諸寺曉鐘各散 郎亦歸矣 軍士以事來奏[15]. 王召鼻荊曰『汝領鬼遊 信乎[16]?』郎曰『然.』王曰『然則汝使鬼衆 成橋於神元寺北渠[17].(一作神衆寺 誤. 一云荒川東深渠.) 荊奉勅[18] 使其徒鍊[19]石 成大橋於一夜. 故名鬼橋. 王又問. 『鬼衆之中 有出現人間 輔[20]朝政者乎?』曰『有吉達者 可輔國政.』王曰『與來.』翌日荊與俱見[21] 賜爵執事 果忠直無雙.

時角干[22]林宗無子　王勅爲嗣子[23]. 林宗命吉達　創樓門[24]於興輪
寺南　每夜去宿其門上　故名吉達門. 一日吉達變狐而遁去　莉使鬼
捉而殺之　故其衆聞鼻莉之名　怖畏而走. 時人作詞曰『聖帝魂生子
鼻莉郞室亭. 飛馳諸鬼衆　此處莫留停.』鄉俗帖[25]此詞以辟[26]鬼.

《三國遺事》

1 諡(시) : 시호(諡號). 죽은 뒤의 칭호.

2 大建八年(대건팔년) : 576년.

3 御(어) : 다스리다.

4 幸(행) : 사랑하다. 즐기다. 그러나 여기에서는 겁탈하다로 봐야 함.

5 女之所守 不事二夫 有夫而適他 雖萬乘之威 終不奪也(여지소수 불사이부 유부이적타 수만승지위 종불탈야) : 여자가 지켜야 할 바는 두 남편을 섬기지 않는 것이요, 남편이 있으면서 다른 사람에게 가는 것은 비록 만승(萬乘)의 위엄으로도 끝내 빼앗을 수 없습니다. 適은 가다. 또는 시집을 가다. 萬乘은 천자(天子).

6 寧斬于市 有願靡他(영참우시 유원미타) : 차라리 시장에서 목이 베일지언정 원하는 것은 그것뿐 다른 것은 없습니다. 寧은 차라리 영. 靡는 없을 미.

7 見廢而崩(견폐이붕) : 폐함을 당하여 죽다. 여기서 見은 당하다.

8 浹(협) : 지나다. 경과하다.

9 平昔(평석) : 옛날. 즉 살아있을 때. 昔은 옛 석.

10 諾(락) : 허락하다. 승락하다.

11 覆(복) : 덮다.

12 蹤(종) : 자취.

13 殊異(수이) : 아주 기이한 이야기. 殊는 아주.

14 差(차) : 벼슬.

15 勇士伏林中窺伺 鬼衆聞諸寺曉鐘各散 郎亦歸矣 軍士以事來奏(용사복림중규사 귀중문제사효종각산 낭역귀의 군사이사래주) : 용사들이 숲속에 엎드려 엿보니 귀신들은 여러 절의 새벽종소리를 듣더니 각기 흩어졌고 비형랑 또한 돌아갔다. 군사들은 이 사실을 와서 왕께 아뢰었다. 窺伺는 엿보다. 奏는 임금께 아뢰다.

16 汝領鬼遊 信乎(여령귀유 신호) : 네가 귀신을 거느리고 논다는데 사실이냐? 信은 참 신.

17 渠(거) : 도랑.

18 勅(칙) : 칙명. 임금의 명(命.)

19 錬(연) : 다듬다.

20 輔(보) : 돕다.

21 俱見(구현) : 함께 뵙다.

22 角干(각간) : 신라 관직의 제1위인 이벌찬(伊伐湌)의 별칭.

23 嗣子(사자) : 대(代)를 잇는 아들. 嗣는 이을 사.

24 樓門(누문) : 문 위에 누각이 있는 문. 성문이나 대궐의 문에 누문이 많음.

25 帖(첩) : 붙이다.

26 辟(벽) : 물리치다.

13. 調信

　昔新羅爲京師[1]時　有世逵寺(今興敎寺也.)之莊舍[2]　在溟州捺李郡.(按地理志　溟州無捺李郡　唯有捺城郡　本捺生郡　今寧越. 又牛首州領縣有捺靈郡　本捺已郡　今剛州. 牛首州今春州　今言捺李郡未知孰是.) 本寺遣僧調信爲知莊[3]. 信到莊上　悅太守金昕公之女惑之深　屢就洛山大悲前　潛祈得幸[4]. 方數年間　其女已有[5]配矣. 又往堂前怨大悲之不遂已[6].

　哀泣至日暮　情思倦憊　俄成假寢[7] 忽夢金氏娘容豫[8]入門　粲然啓齒[9]而謂曰『兒早識上人於半面　心乎愛矣. 未嘗暫忘　迫於父母之命　强從人矣. 今願爲同穴之友　故來爾[10].』信乃顚喜　同歸鄉里　計活四十餘霜[11] 有兒息五. 家徒四壁　藜藿不給　遂乃落魄　扶携　糊其口於四方[12]. 如是十年　周流草野　懸鶉百結[13] 亦不掩體.

　適過溟州蟹縣嶺大兒十五歲者忽餒死[14] 痛哭收瘞[15]於道. 從率餘四口　到羽曲縣(今羽縣也.) 結茅於路傍而舍. 夫婦老且病　飢不能興[16] 十歲女兒巡乞　乃爲里獒所噬[17] 號痛臥於前　父母爲之歔欷[18]. 泣下數行　婦乃皺澁拭涕　倉卒而語曰[19]『予之始遇君也　色美年芳　衣袴稠鮮　一味之甘　得與子分之　數尺之煖　得與子共之. 出處[20]五十年　情鍾莫逆　恩愛綢繆　可謂厚緣[21]. 自比年[22]來　衰病歲益深　飢寒日益迫　傍舍壺漿[23] 人不容乞　千門之恥　重似丘山. 兒寒兒飢　未遑計補　何暇有愛悅夫婦之心哉[24]? 紅顏巧笑　草上之露　約束芝蘭柳絮飄風. 君有我而爲累　我爲君而足憂. 細思昔日之歡　適爲憂患所

階. 君乎予乎! 奚至此極? 與其衆鳥之同餒　焉知如隻鸞之有鏡[25]? 寒棄炎附　情所不堪　然而行止非人　離合有數　請從此辭[26]. 信聞之大喜　各分二兒將行　女曰『我向桑梓　君其南矣[27].』

　方分手進途而形開　殘燈翳吐　夜色將闌[28]. 及旦鬚髮盡白　惘惘然[29]殊無人世意　已厭勞生　如飫[30]百年辛苦　貪染之心　洒然氷釋[31]. 於是　慚對聖容　懺滌無已. 歸撥蟹峴所埋兒塚　乃石彌勒也. 灌洗奉安于隣寺　還京師　免莊任　傾私財　創淨土寺　懃修白業[32] 後莫知所終.

《三國遺事》

1 京師(경사) : 서울. 임금의 궁성이 있는 곳.

2 莊舍(장사) : 봉건제도하에서 귀족과 사원이 소유하던 토지. 장원(莊園)과 같음.

3 本寺遺僧調信爲知莊(본사유승조신위지장) : 본사(本寺)에서는 승(僧) 조신을 보내어 장원을 맡아보게 하였다. 知는 맡을 지.

4 屢就洛山大悲前 潛祈得幸(누취낙산대비전 잠기득행) : 여러 차례 낙산 사 천수대비 앞에 가서 행운을 얻게 해달라고 몰래 빌었다.

5 有(유) : 생기다.

6 又往堂前怨大悲之不遂已(우왕당전원대비지불수이) : 또 법당 앞에 가 서 천수대비가 이루어주지 않고 만 것을 원망했다. 여기서 之는 주격 으로 해석.

7 情思倦憊 俄成假寢(정사권비 아성가침) : 뜻과 생각이 노곤해져서 이윽 고 잠깐 잠이 들었는데. 倦憊는 노곤하다. 假는 잠깐.

8 容豫(용예) : 기쁜 얼굴. 豫는 기뻐할 예.

9 啓齒(계치) : 입을 열다. 啓는 열 계.

10 今願爲同穴之友 故來爾(금원위동혈지우 고래이) : 이제 부부가 되기를 원하여 온 것입니다. 爲는 되다. 同穴之友는 죽어서 한 구덩이에 묻히 는 친구라는 뜻에서 부부를 말함.

11 霜(상) : 해. 년(年).

12 家徒四壁 藜藿不給 遂乃落魄 扶携 糊其口於四方(가도사벽 여곽불급 수내낙백 부휴 호기구어사방) : 집은 다만 네 벽뿐이고 좋지 못한 음 식조차 댈 수가 없어 마침내 넋을 잃고 식구들을 데리고 사방으로 다 니며 입에 풀칠하고 살았다. 藜藿은 명아주 잎과 콩 잎. 落魄은 넋을 잃다. 糊는 풀칠하다.

13 懸鶉百結(현순백결) : 메추라기가 매달린 듯 백 군데나 꿰맨 누더기 옷.

14 餒死(뇌사) : 굶어 죽다.

15 收瘞(수예) : 거두어 묻다.

16 夫婦老且病 飢不能興(부부노차병 기불능흥) : 부부는 늙고 병든 데다 굶주림에 일어날 수조차 없게 되었다.

17 爲里獒所嚙(위리오소서) : 마을의 사나운 개에게 물린 바 되어. 獒는

사나운 개 오. 噬는 물 서.

18 父母爲之歔欷(부모위지허희) : 부모는 그녀 때문에 흐느껴 울었다. 여기서 爲는 때문에. 歔欷는 흐느껴 울다.

19 泣下數行 婦乃皺澀拭涕 倉卒而語曰(읍하수행 부내추삽식체 창졸이어왈) : 몇차례 울다가 부인은 주름진 얼굴의 눈물을 훔치면서 갑자기 말했다. 皺澀은 주름진 얼굴. 拭涕는 눈물을 훔치다.

20 出處(출처) : 출가(出家).

21 情鍾莫逆 恩愛綢繆 可謂厚緣(정종막역 은애주무 가위후연) : 정은 모여서 막역해졌고 은혜와 사랑은 얽히고설키어 가히 두터운 인연이라고 할 수 있습니다. 鍾은 모이다. 綢繆는 서로 얽히다.

22 比年(비년) : 요 몇 년. 比는 가까울 비.

23 傍舍壺漿(방사호장) : 곁방살이와 병 속의 얼마 안 되는 음식. 傍은 옆방. 漿은 미음 장.

24 兒寒兒飢 未遑計補 何暇有愛悅夫婦之心哉(아한아기 미황계보 하가유애열부부지심재) : 아이들이 추워하고 굶주려도 미처 돌봐주지도 못하는데 무슨 겨를에 사랑이 있어 부부간의 애정을 즐길 수 있겠습니까? 未遑은 미처 ~할 겨를이 없다.

25 與其衆鳥之同餒焉知如隻鸞之有鏡(여기중조지동뇌언지여척란지유경) : 뭇 새가 함께 주리는 것이 외로운 난조(鸞鳥)가 거울을 보며 혼자 지내는 것과 같은지를 어찌 알겠습니까? 같이 있으면서 굶는 것보다는 차라리 외롭더라도 각자 지내는 편이 낫다는 말. 焉知는 어찌 알겠는가.

26 寒棄炎附 情所不堪 然而行止非人 離合有數 請從此辭(한기염부 정소불감 연이행지비인 이합유수 청종차사) : 추우면 버리고 더우면 붙는 것은 인정으로는 견디기 어려운 것이지만 가고 머무는 것은 사람이 하는 것이 아니요 헤어지고 합해짐에는 수(數)가 있다하니 청컨대 이 말을 따르도록 합시다.

27 我向桑梓 君其南矣(아향상자 군기남의) : 나는 고향으로 갈 것이니 당신은 남쪽으로 가시오. 桑梓는 뽕나무와 가래나무. 울 밑에 흔히 양잠(養蠶)에 쓰이는 뽕나무와 기구(器具)를 만드는데 쓰이는 가래나무를 심었었기에 고향이나 고향집을 가리키는 말로 쓰이게 되었음.

28 方分手進途而形開 殘燈翳吐 夜色將闌(방분수진도이형개 잔등예토 야

색장란) : 바야흐로 손을 나누고 길을 나서려할 때 형체가 열렸다. 잔
등은 흐린 빛을 토하고 있었고 밤빛은 밝아오려 하고 있었다. 형체가
열렸다는 것은 꿈에서 깨어 현실세계가 보이기 시작했다는 말. 殘燈은
꺼져가는 희미한 불빛. 翳는 흐릴 예. 闌은 밝을 란.

29 惘惘然(망망연) : 정신을 놓고 멍한 모습.

30 飫(어) : 먹다.

31 貪染之心 洒然氷釋(탐염지심 쇄연빙석) : 탐욕스럽고 더러운 마음이
시원하게 얼음 녹듯 사라졌다. 洒然은 시원하게.

32 白業(백업) : 선업(善業).

14. 居陁知

居陁愁立島嶼[1] 忽有老人 從池而出謂曰『我是西海若[2]. 每一沙彌 日出之時 從天而降 誦陁羅尼[3] 三繞[4]此池 我之夫婦子孫皆浮水上 沙彌取吾子孫肝腸 食之盡矣. 唯存吾夫婦與一女爾. 來朝又必來 請君射之.』居陁曰『弓矢之事 吾所長也 聞命矣.』老人謝之而沒. 居陁隱伏而待 明日扶桑[5]旣暾[6] 沙彌果來. 誦呪如前 欲取老龍肝 時居陁射之 中[7]沙彌 卽變老狐 墜地而斃[8]. 於是 老人出而謝曰『受公之賜 全我性命 請以女子妻之.』居陁曰『見賜不遺 固所願也.』老人以其女 變作一枝花 納之懷中 仍命二龍 捧居陁趁[9]及使舡[10]. 仍護其舡 入於唐境 唐人見新羅舡有二龍負之. 具事上聞 帝曰『新羅之使 必非常人.』賜宴坐於群臣之上 厚以金帛遺之. 旣還國 居陁出花枝 變女同居焉.

《三國遺事》

1 島嶼(도서) : 섬.
2 西海若(서해약) : 서해 신(神).
3 陁羅尼(다라니) : 범문(梵文)을 번역하지 않고 음 그대로 외는 일.
4 繞(요) : 돌다.
5 扶桑(부상) : 해가 돋는 동쪽 바다.
6 暾(돈) : 아침 해.
7 中(중) : 맞히다.
8 斃(폐) : 죽다.
9 趁(진) : 좇다.
10 舡(강) : 배.

15. 貧女養母

孝宗郎遊南山鮑石亭(或云三花述) 門客星馳[1] 有二客獨後. 郎問其故 曰『芬皇寺之東里有女 年二十左右. 抱盲母相號而哭 問同里 曰 此女家貧 乞啜[2]而反哺[3]有年矣. 適歲荒[4] 倚門難以藉手 贖賃他家 得穀三十石 寄置大家服役. 日暮槖[5]米而來家炊餉伴宿 晨則歸役大家. 如是者數日矣 母曰「昔日之糠粃[6] 心和且平 近日之香秔[7] 膈[8]肝若刺[9]而心未安 何哉?」女言其實 母痛哭 女嘆己之但能口腹之養 而失於色難也[10] 故相持而泣. 見此而遲留爾.』郎聞之潸然[11] 送穀一百斛[12]. 郎之二親亦送衣袴一襲 郎之千徒 斂[13]租一千石遺之. 事達宸聰[14] 時眞聖王賜穀五百石 幷宅一廛[15] 遣卒徒衛其家 以儆[16]劫掠. 旌[17]其坊爲孝養之里 後捨其家爲寺 名兩尊寺.

《三國遺事》

1 星馳(성치) : 별똥이 떨어지는 것처럼 매우 급히 달림.

2 乞啜(걸철) : 구걸하여 먹다.

3 反哺(반포) : 자식이 부모를 봉양하는 것. 본래는 까마귀 새끼가 자라
　서 늙은 어미에게 먹이를 물어다 준다는 말에서 비롯됨.

4 歲荒(세황) : 흉년이 들다.

5 橐(탁) : 전대.

6 糠粃(강비) : 거친 음식. 겨와 죽정이.

7 秔(갱) : 벼.

8 膈(격) : 가슴.

9 刺(자) : 찌르다.

10 女嘆己之但能口腹之養 而失於色難也(여탄기지단능구복지양 이실어색
　난야) : 여자는 자기가 다만 구복(口腹)의 봉양만 했지 색난(色難)은
　하지 못한 것을 탄식했다. 색난은 자식이 부모의 얼굴빛을 보고 그 뜻
　에 맞게 봉양하기가 어려움을 이르는 말.

11 潸然(산연) : 눈물을 줄줄 흘리다.

12 斛(곡) : 10말.

13 斂(렴) : 거두다.

14 宸聰(신총) : 궁궐.

15 廛(전) : 집 터. 宅一廛은 집 한 채.

16 儆(경) : 경계하다.

17 旌(정) : 표창하다.

16. 竹筒美女

　金庾信自西州還京　路有異客先行　頭上有非常氣. 憩[1]于樹下　庾信亦憩伴寢　客伺[2]絶行人　探懷間出一竹筒拂[3]之　二美女從竹筒出. 共坐語　還入筒中　藏懷間起行. 庾信追訊[4]之　言語溫雅. 同行入京　庾信與客携至南山松下設宴　二美女亦出參. 客曰『我在西海　娶女於東海　與妻歸寧[5]父母.』已而風雲冥暗忽失不見.

《大東韻府郡玉》

1 憩(게) : 쉬다.
2 伺(사) : 엿보다.
3 拂(불) : 흔들다.
4 訊(신) : 묻다.
5 歸寧(귀녕) : 시집간 딸이 친정부모를 찾아뵙는 것.

17. 天官

天官寺在五陵[1]東 金庾信爲兒時 母夫人日加嚴訓不妄交遊. 一日
偶宿女隷家母面敎之曰『我已老. 日夜望汝成長 立功名爲君親榮
今乃爾與屠沽小兒[2] 遊戲淫房酒肆[3]耶?』呼泣不已. 庾信卽於母前
自誓不復過其門. 一日被酒還家 馬遵舊路 誤至娼家. 娼且欣[4]且怨
垂泣出迎 庾信旣悟 斬所乘馬 棄鞍[5]而返. 女作怨詞一曲傳之. 寺
卽其家也 天官其女號也.

《東國輿地勝覽》

1 五陵(오릉) : 경주 탑동에 있는 능묘.
2 屠沽小兒(도고소아) : 천한 아이. 屠는 도살하다. 沽는 술을 팔다.
3 酒肆(주사) : 술집.
4 欣(흔) : 기뻐하다.
5 鞍(안) : 말안장.

18. 首挿石枏

　　新羅崔伉字石枏. 有愛妾　父母禁止不得見數月伉暴[1]死. 經八日
夜中伉往妾家　妾不知其死也　顚喜[2]迎接. 伉首挿石枏[3]枝　分與妾
曰『父母許與汝同居故來耳.』遂與妾遷到其家　伉踰垣[4]而入　夜將
曉久無消息. 家人出見之　問來由　妾且說　家人曰『伉死八日　今日
欲葬　何說怪事?』妾曰『良人與我分挿石枏枝　可以此爲驗[5].』於是
開棺視之　屍首挿石枏　露濕衣裳　履[6]已穿[7]矣. 妾知其死　痛哭欲絶
伉乃還蘇　偕老三十年而終.

《大東韻府郡玉》

1 暴(폭) : 갑자기.
2 顚喜(전희) : 매우 기뻐서.
3 石枏(석남) : 나무 이름.
4 垣(원) : 담장.
5 良人與我分挿石枏枝 可以此爲驗(양인여아분삽석남지 가이차위험) : 남
　편이 저와 더불어 석남 가지를 나누어 꽂았으니 가히 이것이 증거가
　됩니다. 驗은 증거.
6 履(리) : 신. 신발.
7 穿(천) : 구멍이 나다.

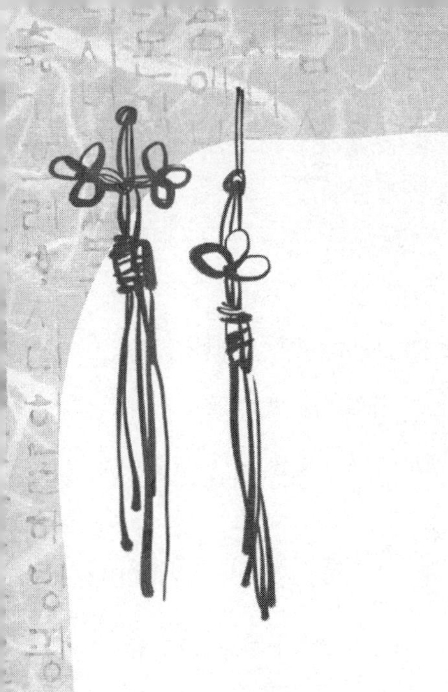

IV. 野談

1. 借鷄騎還

金先生善談笑[1]. 嘗訪友人家 主人設酌[2] 只佐蔬菜[3] 先謝曰『家
貧市遠 絶無兼味惟淡泊是愧耳[4].』適[5]有群鷄 亂啄[6]庭除. 金曰
『大丈夫不惜[7]千金 當斬吾馬佐酒.』主人曰『斬馬騎何物而還[8]?』
金曰『借[9]鷄騎還.』主人大笑 殺鷄餉[10]之.

《太平閑話滑稽傳》

1 善談笑(선담소) : 우스갯소리를 잘했다.
2 設酌(설작) : 술상을 차리다.
3 只佐蔬菜(지좌소채) : 단지 야채만 곁들이고는(차리고는). 佐는 곁들이다.
4 絶無兼味 惟淡泊是愧耳(절무겸미 유담박시괴이) : 맛있는 음식은 다 떨
  어지고 오직 담백한 것밖에 없어 부끄러울 뿐입니다. 兼味는 맛있는
  음식. 淡泊은 담백한 것, 맛없는 것.
5 適(적) : 마침.
6 亂啄(난탁) : 어지러이 쪼다.
7 惜(석) : 아끼다. 아까워하다.
8 斬馬騎何物而還(참마기하물이환) : 말을 베면 무엇을 타고 돌아가려 하
  시오? 斬은 베다. 騎는 타다.
9 借(차) : 빌리다.
10 餉(향) : 먹이다. 먹여주다.

2. 最忌落字

近世書生 場圍日[1]逼[2] 忌落字[3] 駱駝曰 立駝 海漁有落池曰 立池 如犯落字 必罰之[4]. 有一書生 新自[5]嶺南還 祥而黜之[6]. 生將入棘 圍[7] 衆中忽墮[8]名紙於地 一生從後言曰『汝之名紙立矣.』生不悟[9]而 遂失.

《太平閑話滑稽傳》

1 場圍日(장위일) : 과거(科擧)날.
2 逼(핍) : 닥치다. 가까워오다.
3 忌落字(기락자) : 落字를 꺼려서(떨어진다는 뜻이기 때문). 忌는 꺼릴 기.
4 如犯落字·必罰之(여범락자필벌지) : 만약 落字를 범하면 반드시 벌을 주 었다. 여기서 如는 만약에.
5 自(자) : ~로부터.
6 祥而黜之(상이출지) : 재수가 없다고 내쫓았다. 祥은 보통 상서롭다는 뜻이지만 반대로 재앙, 조짐의 뜻도 있는데 여기서는 후자. 黜은 내치 다, 축출하다.
7 棘圍(극위) : 시험장.
8 墮(타) : 떨어뜨리다.
9 悟(오) : 깨닫다.

3. 勿喜此戲

有貴家少傷酒色　老發腰酸[1] 百藥不效. 日本醫　平元海　初到國
藥術頗効[2]. 貴家邀[3]以千金　元海按脈[4]笑曰『藥不可施　灸不稍驗
但點穴異常　恐干尊嚴[5].』貴家曰『疾可得愈　萬事唯命.』元海令
衆妾　設褥枕於堂中　東首[6] 語貴家曰『一如吾言.』令貴家　裸伏其
上　俾之蹲席心　搖脊梁爲屈伸之狀[7]. 貴家如其言　元海　卻立良久曰
『勿[8]喜[9]作此戲　疾當自愈[10].』

《太平閑話滑稽傳》

1 有貴家少傷酒色 老發腰酸(유귀가소상주색 노발요산) : 어느 귀족이 젊어서 주색에 몸이 상하여 늙어 허리가 아픈 병이 생겼는데. 貴家는 귀족. 酸은 시다, 괴롭다.

2 藥術頗効(약술파효) : 약술이 자못 효험이 있어. 頗는 꽤, 자못.

3 邀(요) : 맞이하다. 초대하다.

4 按脈(안맥) : 맥을 짚다.

5 藥不可施 灸不稍驗 但點穴異常 恐干尊嚴(약불가시 구불초험 단점혈이상 공간존엄) : 약은 쓸 수 없고 뜸은 조금도 효험이 없지만 다만 점혈이 이상하니 존엄하심을 해칠까봐 두렵습니다. 施는 베풀다, 쓰다. 灸는 뜸. 稍는 조금. 干은 범하다.

6 設褥枕於堂中 東首(설욕침어당중 동수) : 마루가운데 요를 깔게 하고 동쪽으로 머리를 두게 하였다. 褥은 요. 堂은 마루, 대청.

7 俾之蹲席心 搖脊梁爲屈伸之狀(비지준석심 요척량위굴신지상) : 그로 하여금 자리 가운데 무릎 꿇고 등뼈를 흔들어 굽혔다 폈다 하는 모습을 하도록 시켰다. 俾는 하여금 비. 蹲은 무릎 꿇을 준. 脊梁은 등뼈, 척추.

8 勿(물) : 말 물. ~하지마라는 금지사.

9 喜(희) : 여기서는 동사로 즐기다.

10 愈(유) : 병 나을 유.

4. 可一不再

文士姓李者 除[1]咸吉道[2]評事[3] 將之任[4] 使酒[5]失禮於宰相 逐黜
之. 權評事代行 之任三日 死於李施愛之亂 閭里共賀李曰『德哉
子之使酒也! 微[6]使酒 子亦殆[7]爾.』權福川愷曰『此可一不可再也.
昔有貴家夫人 疽發背間勢劇[8] 請醫診之. 醫砭[9]之 夫人驚恐 忽放
氣 不勝慙赧[10]. 慰藉[11]曰「此於方文[12]美之.」夫人稍自慰解. 醫再
砭之連發放氣. 醫笑曰「方文美其一 至於再三則不美也.」夫人大
慙. 今子之使酒 正如[13]夫人之放氣 可一不可再也.』滿座絕倒[14].

《太平閑話滑稽傳》

1 除(제) : 제수(除授)되다.
2 咸吉道(함길도) : 함경도의 옛 이름.
3 評事(평사) : 정육품(正六品)의 무신.
4 之任(지임) : 임지(任地)로 감. 부임(赴任)과 같다.
5 使酒(사주) : 술주정.
6 微(미) : 만약 ~이 없었다면. 가정의 뜻이 있음.
7 殆(태) : 위태로울 태.
8 疽發背間勢劇(저발배간세극) : 악창이 등 가운데에 났는데 형세가 심하
  였다. 疽는 악창 저. 劇은 심할 극.
9 砭(폄) : 침을 놓다.
10 慙赧(참난) : 부끄러움.
11 慰藉(위자) : 위로하다.
12 方文(방문) : 약방문(藥方文).
13 正如(정여) : 똑같다.
14 絶倒(절도) : 포복절도(抱腹絶倒)와 같음.

5. 陰不抗陽

一郡守妻悍妬[1]. 一日坐衙軒[2] 聽訟[3] 民有告婦傷夫面 罪當治之[4].
守徵其婦曰『陰不可抗陽 妻不可抗夫 汝何敗俗如是?』夫從[5]傍[6]
辯曰『吾婦非傷吾面 適吾家門扉[7]倒[8]了耳.』言訖[9] 守妻手白梃[10] 亂
擊門板 大吼[11]曰『薄[12]夫 薄夫. 汝爲一邑之長 欲爲公事 有盜賊焉
有田土焉 有殺傷焉. 豈[13]一兒女之事而汝敢勇決耶?』守麾[14]村夫退
之曰『吾之門扉 亦將倒了 汝宜速去.』

《太平閑話滑稽傳》

1 悍妬(한투) : 투기(妬忌)가 심하다. 悍은 사나울 한.
2 衙軒(아헌) : 군수가 직무를 보는 건물. 동헌(東軒).
3 聽訟(청송) : 재판을 하기 위해 송사(訟事)를 듣는 것.
4 民有告婦傷夫面 罪當治之(민유고부상부면 죄당치지) : 아내가 남편의
  얼굴을 상하게 했으니 그 죄를 다스려달라고 고발해 온 백성이 있었다.
5 從(종) : ~로부터.
6 傍(방) : 옆.
7 門扉(문비) : 문. 문짝. 扉는 문 비.
8 倒(도) : 넘어지다.
9 訖(글) : 마치다.
10 白梃(백정) : 몽둥이.
11 吼(후) : 울 후. 으르렁거리다.
12 薄(박) : 야박하다.
13 豈(기) : 어찌.
14 麾(휘) : 가리키다.

6. 戶長誇妻

宋判書言愼性好色 自言平生必欲滿千數[1]. 雖瘼母[2]宿瘤[3] 無所擇故 賈女[4]採婦[5] 不敢入其洞. 嘗按[6]關東 巡抵[7]原州興原倉 時公館灰[8]於兵火 宿戶長家.(俗以邑中首使 謂戶長.) 戶長有少女 公注意流眄而不應[9]. 是夜公潛察[10]其母女之所臥處 少女慧者也 亦知公注目之意 與母換臥. 及夜深 公攬衣而入[11] 狎[12]其母則 母意謂盜發聲公掩[13]其口曰『我乃方伯[14]也 非盜也.』其母怯威而應之[15]. 後戶長與隣人相爭 隣人叱曰『汝之人事如此 宜乎汝妻爲方伯之所狎[16].』戶長曰『我之妻美故 方伯近之 若女妻之醜惡 方伯必唾[17]之矣.』聞者拍掌.

《續禦眠楯》

1 自言平生必欲滿千數(자언평생필만천수) : 스스로 평생에 반드시 천명을 채우겠다고 말하였다.

2 瘼母(막모) : 병든 여자. 瘼은 병들 막.

3 宿瘤(숙류) : 혹 달린 사람. 瘤는 혹 류.

4 賈女(고녀) : 장사하는 여자. 賈는 장사 고.

5 採婦(채부) : 나물 캐는 아낙. 採는 캘 채.

6 按(안) : 살피다.

7 抵(저) : 이르다. 다다르다.

8 灰(회) : 재.

9 公注意流眄而不應(공주의류면이불응) : 공(公)이 뜻을 기울여 눈길을 주었지만 응하지 않았다. 注는 기울일 주. 眄은 곁눈질할 면.

10 潛察(잠찰) : 몰래 살피다.

11 攬衣而入(람의이입) : 옷을 잡고 들어가. 소리가 나지 않도록 바짓가랑이를 손으로 붙잡고 들어가는 모습. 攬은 잡을 람.

12 狎(압) : 가까이하다. 친압(親狎)하다.

13 掩(엄) : 가리다.

14 方伯(방백) : 관찰사. 오늘날의 도지사.

15 其母怯威而應之(기모겁위이응지) : 그 어미는 위엄에 겁을 먹고 응하였다.

16 汝之人事如此 宜乎汝妻爲方伯之所狎(여지인사여차 의호여처위방백지소압) : 네 하는 일이 이와 같으니 의당 네 처가 방백이 가까이한 바가 되었잖아. 爲~所는 ~한 바가 되다.

17 唾(타) : 침 뱉을 타.

7. 改畫立鹿

一村氓[1]得美婦惑之. 一日臨出　慮或有奸　畫臥鹿於女之陰岸而標之[2]. 隣少瞰[3]氓出欲私之[4]　女曰『吾夫畫鹿以標奈何[5]?』隣少曰『此不難　吾當改畫.』遂與交歡[6]誤[7]畫立鹿而出. 及夫還審[8]其畫　怒曰『吾畫臥鹿　而此畫立鹿何也?』女曰『君不知物理　人亦有臥起　鹿爲能長臥?』氓曰『吾鹿角臥而　此鹿角立何也[9]?』女曰『鹿臥則角臥　鹿立則角立　此是常理.』氓然之　撫[10]其背曰『吾婦可謂達理者[11].』

《續禦眠楯》

1 村氓(촌맹) : 시골 사람. 氓은 백성 맹.

2 畵臥鹿於女之陰岸而標之(화와록어여지음안이표지) : 여자의 음부 언덕
에 누운 사슴을 그려 표시하였다. 畵는 동사로 그림 그릴 화.

3 瞰(감) : 볼 감.

4 欲私之(욕사지) : 그녀와 사통(私通)하고자 하니.

5 奈何(내하) : 어찌하지? 奈는 어찌 내. 何도 어찌 하.

6 交歡(교환) : 즐거움을 나누다. 정을 통하다.

7 誤(오) : 그릇되다. 잘못하다.

8 審(심) : 알아차리다.

9 君不知物理 人亦有臥起 鹿爲能長臥(군부지물리 인역유와기 록위능장
와) : 당신은 세상 이치를 모르는군요. 사람도 눕기도 하고 일어나기도
하고 하는데 사슴이라고 길게 누워만 있겠어요? 物理는 사물의 이치.

10 撫(무) : 어루만질 무.

11 達理者(달리자) : 이치에 통달한 사람.

8. 菁父毒果

忠州野寺 主僧[1]貪嗇無比[2]. 畜[3]一沙彌[4] 而不給食餘[5] 常稱山家無漏[6]難以知支[7] 畜鷄數隻[8] 取卵烹[9]之 俟其沙彌睡熟後 獨食之[10]. 沙彌佯若不知而問[11]『師所餤[12]何物也?』答曰『蔓菁[13]根也.』一日僧寢覺 呼沙彌曰『夜如何?』其時曉鷄拊翼而嘐嘐鳴之[14] 沙彌欠伸[15]而對曰『今夜已闌[16] 蔓菁根父已叫矣.』

且園柿[17]爛熟 僧摘之而藏于杻籠 置之樑上 每喉渴則 吮之[18]. 沙彌問何物 僧曰『是乃毒果 兒曹[19]食之 舌爛[20]死矣.』以事出他 令沙彌看護丈[21]室. 沙彌以竹竿[22] 釣[23]下樑上籠 恣意喫之[24]. 以茶碾擊碎蜜瓮後[25] 卽上樹 而待其僧還則 僧還視 蜜汁滿室 柿籠委地[26]. 僧大怒 荷[27]杖傍樹曰『急下 急下.』沙彌曰『小子不敏 適運茶碾 誤破蜜甕 遑懼[28]願死 欲縊[29]則無繩[30] 欲刎[31]則無刃故 一籠毒果 喫之已盡 頑性[32]不滅 來上本樹 而待其一死.』僧笑而釋之.

《村談解頤》

어구풀이

---

1 主僧(주승) : 주지 스님.

2 貪嗇無比(탐색무비) : 욕심 많고 인색하기가 비할 데 없었다.

3 畜(축) : 기르다. 거느리다.

4 沙彌(사미) : 나이 어린 남자아이 중.

5 食餘(식여) : 남은 음식. 음식 찌꺼기.

6 漏(루) : 물시계 루.   7 支(지) : 시각.

8 隻(척) : 생물이나 배를 세는 단위. 여기서는 마리.

9 烹(팽) : 삶을 팽.

10 俟其沙彌睡熟後 獨食之(사기사미숙수후 독식지) : 그 사미가 깊이 잠든 뒤를 기다려 혼자 그것을 먹었다. 俟는 기다릴 사.

11 沙彌佯若不知而問(사미양약부지이문) : 사미는 거짓 모르는 척 물었다. 佯은 거짓 양.

12 餤(담) : 먹을 담.

13 蔓菁(만청) : 무.

14 拊翼而嘐嘐鳴之(부익이교교명지) : 날개를 치며 꼬끼오하고 울었다. 拊는 칠 부. 嘐嘐는 의성어.

15 欠伸(흠신) : 하품과 기지개.

16 闌(란) : 지날 란.

17 柿(시) : 감.

18 僧摘之而藏于杻籠 置之樑上 每喉渴則 吮之(승적지이장우뉴롱 치지량상 매후갈즉 연지) : 중은 그것을 따서 감탕나무 광주리에 감추어 들보 위에 두고는 매번 목이 마를 때마다 그것을 빨았다. 摘은 따다. 杻(뉴)는 감탕나무. 喉는 목구멍. 吮(연)은 빨다.

19 兒曹(아조) : 아이들.

20 爛(란) : 문드러질 란.

21 丈(장) : 어른. 그러므로 丈室은 주지스님의 방.

22 竹竿(죽간) : 대나무 막대기.

23 釣(조) : 낚시.

24 恣意喫之(자의끽지) : 마음대로 그것을 먹었다. 喫은 먹다.

25 以茶碾擊碎蜜瓮後(이다연격쇄밀옹후) : 다연으로 쳐서 꿀 항아리를 부순 뒤. 茶碾은 찻잎을 가는 맷돌.

26 蜜汁滿室 柿籠委地(밀즙만실 시롱위지) : 꿀 즙은 방에 가득하고 감 광주리는 땅에 버려져 있었다. 委는 버릴 위.

27 荷(하) : 멜 하.

28 惶懼(황구) : 황송하고 두렵다.

29 縊(의) : 목맬 의.　　　30 繩(승) : 끈 승.

31 刎(문) : 목벨 문.　　　32 頑性(완성) : 질긴 목숨.

9. 以牛視人

　一村翁愛其女　爲之擇配. 造櫨木[1]櫃[2]　貯[3]米五十五斗後　募人而有能明言此櫃木名　與米斗數則　當以女妻之[4]. 遍問諸人　莫有知其木而中其數者[5]. 故荏苒歲月[6]　迨過芳年[7]. 女悶其年光易邁[8]　應募無人　遂私語一痴賈[9]曰『彼櫃乃櫨木也　藏米五十五斗. 子若的言　可爲吾配.』賈依其言而對之　翁喜得智郎　卜日醮之[10]　若事有可疑　必咨[11]於婿. 有人賣雌牛[12]　翁請婿相之[13]　婿目其牛曰『櫨木櫃.』且曰『可容五十五斗.』翁曰『朗妄矣. 何指牛爲木耶?』妻潛責其夫曰『何不舉[14]其脣[15]曰「齒少.」舉其尾曰「能多産云爾.」』會[16]翌日[17]　妻之母有病　請婿看症　婿就床下　舉脣曰『齒少.』又捲[18]衾視其後曰『能多産者也.』翁與母皆怒曰『木視牛　牛視人　眞狂漢也[19].』聞者大噱[20].

《蓂葉志諧》

1 櫨木(로목) : 옻나무.

2 櫃(궤) : 궤.

3 貯(저) : 두다. 쌓다.

4 以女妻之(이녀처지) : 딸을 아내로 삼게 하다. 여기서 妻는 동사.

5 遍問諸人 莫有知其木而中其數者(편문제인 막유지기목이중기수자) : 두루 사람들에게 물었지만 그 나무와 그 말 수를 맞추는 사람은 아무도 없었다. 遍은 두루. 여기서 諸는 之於와 같음. 莫有는 없었다. 中은 맞추다.

6 荏苒歲月(임염세월) : 어느덧 세월이 흘러.

7 迨過芳年(태과방년) : 꽃다운 나이가 지남에 이르렀다. 迨는 이르다, 미치다.

8 年光易邁(연광이매) : 세월이 쉽게 지나감. 邁는 지날 매.

9 痴賈(치고) : 바보 상인.

10 卜日醮之(복일초지) : 날을 가려 혼례를 올렸다. 醮는 초례, 혼례. 여기서는 동사로 쓰였음.

11 咨(자) : 묻다.

12 雌牛(자우) : 암소.

13 相之(상지) : 관상을 보다. 여기서는 좋은 소인지 어떤지 평가한다는 뜻.

14 擧(거) : 들다.

15 脣(순) : 입술.

16 會(회) : 마침.

17 翌日(익일) : 이튿날.

18 捲(권) : 말다.

19 木視牛 牛視人 眞狂漢也(목시우 우시인 진광한야) : 나무로써 소를 보고 소로써 사람을 보다니 참으로 미친 놈이로군. 여기서 木視牛 牛視人은 以木視牛, 以牛視人에서 以가 생략된 형태이다.

20 噱(갹) : 껄껄 웃을 갹.

10. 誤我者鷄

高陽縣有一士族[1]婦女　年蹜[2]知命[3]　再適[4]人. 顏已皺[5]　髮已白　壻往之夕　內懷慙赧. 家有雄鷄　善早鳴　計鷄鳴入內　可以掩匿醜老[6]　適僮僕　殺鷄爲羹[7]. 講歡之餘　東窓候[8]白　顚倒衣裳[9]. 新壻就視　晣晣然[10]一老婆也　頗不悅. 婦極憤杖家僮曰『誤[11]我者鷄也　誤鷄者汝也.』

《太平閑話滑稽傳》

1 士族(사족) : 문벌이 좋은 선비집안.

2 踰(유) : 넘을 유.

3 知命(지명) : 오십 세.

4 適(적) : 시집가다.

5 皺(추) : 주름질 추.

6 計鷄鳴入內 可以掩匿醜老(계계명입내 가이엄익추로) : 닭이 울 때에 안(내실)으로 들어가면 가히 추하고 늙은 모습을 감출 수 있으리라 생각했다. 掩匿은 가리고 숨기다.

7 適僮僕 殺鷄爲羹(적동복 살계위갱) : 마침 집의 하인이 닭을 죽여 국을 만들었다. 羹은 국 갱.

8 倏(숙) : 빠를 숙.

9 顚倒衣裳(전도의상) : 넘어질듯 치마를 입는데. 여기서 衣는 입는다는 동사. 裳(치마)은 목적어.

10 皤皤然(파파연) : (머리가) 희고 흰. 皤는 흴 파.

11 誤(오) : 그르치다.

11. 索還板齒

鷄林[1]有一官娼美而艷 有長安一少年 情頗珍重. 娼給[2]曰『妾本班閥 沒入爲婢時未經[3]男子.』少年尤[4]惑之. 娼臨別 善哭 少年傾行槖而贈之[5]則 娼謝曰『願得切身之物 不願財賄[6].』少年卽斷髮與之 娼曰『毛髮猶[7]外也 願得尤切者.』少年斫[8]板齒[9]而與之. 及還京忽忽不樂[10] 人有自[11]鄉來者 少年兼問 娼纔[12]別後 就他處. 怒之而遣蒼頭[13] 索[14]還板齒 娼撫掌[15]大笑曰『痴孩子[16]. 屠門戒殺 娼家責禮 非愚則妄[17]. 可揀[18]兼痴孩子齒去.』擲[19]一布袋 乃平生所得男齒也.

《太平閑話滑稽傳》

1 鷄林(계림) : 경주.

2 紿(태) : 속이다.

3 經(경) : 겪다. 경험하다.

4 尤(우) : 더욱.

5 傾行橐而贈之(경행탁이증지) : 행탁을 기울여 주었더니. 行橐은 여행용 전대나 자루.

6 願得切身之物 不願財賄(원득절신지물 불원재회) : 몸에서 끊어낸 것을 원하지 재물을 원하지는 않습니다. 財賄는 재물.

7 猶(유) : 같다.

8 斫(작) : 찍다.

9 板齒(판치) : 앞니.

10 忽忽不樂(홀홀불락) : 실의(失意)하여 즐겁지 않았다. 忽忽은 실의한 모습.

11 自(자) : ~로부터.

12 纔(재) : 겨우 재.

13 蒼頭(창두) : 하인.

14 索(색) : 찾다.

15 撫掌(무장) : 손뼉을 치다. 撫는 칠 무.

16 痴孩子(치해자) : 바보 녀석.

17 屠門戒殺 娼家責禮 非愚則妄(도문계살 창가책례 비우즉망) : 백정의 집에서 살생을 경계하고 창녀의 집에서 예를 책하다니 어리석은 것이 아니면 망령되도다.

18 揀(간) : 가리다.

19 擲(척) : 던지다.

12. 墮賊術中

　　有吏[1]姓周者　美風姿. 覲省[2]還鄉　投宿一村舍　適主家醮女[3]. 周冀
沾餘瀝[4]　更衣徘徊於門屛間則　主家果設宴　周亦間坐其席. 夜已深
衆賓皆散　新婿被酒而便尿於積稻間　仍仆不起[5]. 周獨在賓席　主家
人　誤認爲新婿　秉燭者捲帳　掌禮者揖導之[6]. 周遂入室　仍納婦　燭
出講歡. 比曉[7]　新婿方醒　欲入則　重門鎖之　閴[8]無人聲. 剝啄[9]大叫
曰『我新婿也. 新婿也.』聞者曰『婿郎業已[10]嘉禮矣　何物狂奴　敢
爾新婿.』憤恚[11]語從行六親曰『吾事去矣! 吾事去矣!』於是　內外
喧鬨[12]　的知[13]在外者　實新婿也. 主翁蒼黃語於周曰『汝是何如人
乎.』周曰『寄宿客也.』翁曰『何故亂吾之家門耶?』曰『掌禮者引
之故也.』翁無如何　欲逐周而　納新婿　周從容[14]冠帶　出拜庭下曰
『願一言而出. 某[15]聞則　女子之道　一與之齊[16]　終身不改　一失其節
士恥其爲夫　鄉黨羞稱其名　爲父母者　固願女節之全乎　抑其虧乎
[17]? 翁之女　在我　爲全節　適彼　爲虧行　今不勝悁悁之憤　奪我全節
之人　爲彼虧行之婦　其爲計　不亦左乎[18]? 我本無良佐[19]　執子婿之
禮　豈後[20]於人? 翁三思之.』翁唶[21]良久曰『已墮老賊術中　爲之奈
何.』遂定爲甥舅[22]. 其後　周立其門戶　子孫昌盛矣.

《太平閑話滑稽傳》

1 吏(리) : 아전.

2 覲省(근성) : 뵐 근(覲). 살필 성(省). 부모를 찾아뵙는 일.

3 適主家醮女(적주가초녀) : 마침 주인집에서는 딸의 혼례를 올리고 있었다.

4 周冀沾餘瀝(주기첨여력) : 주(周)는 남은 술이나 목에 적시기를 바라고. 冀는 바랄 기. 沾은 적실 첨. 瀝은 거른 술 력.

5 新婿被酒而便尿於積稻間 仍仆不起(신서피주이변뇨어적도간 잉부불기) : 새신랑은 술에 취해 노적가리 사이에서 소변을 보다가 넘어져 일어나지를 못하였다. 仆는 넘어질 부.

6 秉燭者捲帳 掌禮者揖導之(병촉자권장 장례자읍도지) : 초(燭)를 잡은 사람은 휘장을 걷고 혼례절차를 맡은 사람은 읍하며 인도했다. 秉은 잡을 병. 捲은 말 권. 掌은 맡을 장. 揖은 읍할 읍.

7 比曉(비효) : 새벽이 가까워지자. 比는 가까울 비.

8 闃(격) : 고요할 격.   **9** 剝啄(박탁) : 두드리다.

10 業已(업이) : 이미. 業은 이미 업.

11 憤恚(분에) : 분하고 성이 나서. 恚는 성낼 에.

12 內外喧鬨(내외훤홍) : 안팎이 떠들썩하여.

13 的知(적지) : 확실히 알게 되었다.   **14** 從容(종용) : 조용히.

15 某(모) : 저. 자기의 겸칭.   **16** 齊(제) : 같이하다.

17 爲父母者 固願女節之全乎 抑其虧乎(위부모자 고원여절지전호 억기휴호) : 부모된 사람은 진실로 딸의 절개가 온전하기를 바라서 잘못되는 것을 막으려 하지 않습니까? 全은 온전할 전. 抑은 막을 억. 虧는 이지러질 휴.

18 今不勝悁悁之憤 奪我全節之人 爲彼虧行之婦 其爲計 不亦左乎(금불승연연지분 탈아전절지인 위피휴행지부 기위계 불역좌호) : 이제 분함을 이기지 못하여 저에게서 전절지인(全節之人)을 빼앗아 가시면 저 휴행지부(虧行之婦)가 될 것이니 그 계략이 또한 그르지 않겠습니까? 전절지인(全節之人)은 절개가 온전한 사람. 휴행지부(虧行之婦)는 잘못된 행실을 한 여자. 左는 그를 좌.

19 良佐(양좌) : 좋은 배필.   **20** 後(후) : 뒤지다.

21 嗟(차) : 탄식하다.   **22** 甥舅(생구) : 사위와 장인.

13. 假醫採膿

　　京中有一浮浪[1]年小者　行旅於山峽[2]村中　適喉乾故　入於路邊一
田家[3]　請一器飲水　而察見其內則　只有一當嫁之娘子[4]　姿容頗美
外無他人也. 元來其娘　不知陰陽之事　天性淳眞也. 年少先飲水後
向娘言曰『娘之顏色　何其恠[5]耶? 必有深病矣.』娘曰『別無他病.』
年少曰『娘已稱無病　我知其有異病之症　見診脈可也.』假[6]稱醫
而執娘手言曰『娘之體內　有膿[7]滿腹　不治則必危生命矣.』娘驚懼
曰『然則速治救我.』年少以甘言誘[8]娘　雲雨方濃[9]後　流其精液而
入於皿[10]　示其娘曰『如許膿　充入娘體　差晚則[11]　大危矣.』出其家
登程矣. 薄暝[12]娘之兩親歸家　娘出迎後示其膿皿以告前事. 其親
細見　男之精流也. 大責其女　投皿庭下　適有隣婆來　至拾[13]其皿曰
『惜哉! 惜哉! 米飲皿　何棄[14]於庭乎?』

《村談解頤》

1 浮浪(부랑) : 일정한 거처나 하는 일 없이 떠돌아다님.
2 山峽(산협) : 산골짜기.
3 田家(전가) : 농가.
4 當嫁之娘子(당가지낭자) : 혼기가 찬 낭자. 嫁는 시집가다.
5 恠(괴) : 怪(괴)와 같은 글자.
6 假(가) : 거짓.
7 膿(농) : 농. 고름.
8 誘(유) : 유혹하다.
9 濃(농) : 무르익다.
10 皿(명) : 그릇.
11 差晩則(치만즉) : 조금만 늦었으면. 差(치)는 조금. 차이(差異)라고 할
   때는 음(音)이 차.
12 薄暝(박명) : 어둘 녘. 薄은 가까울 박. 暝은 어두울 명.
13 拾(습) : 주을 습.
14 棄(기) : 버릴 기.

14. 土室環行

嶺南一軍士 立番于京 准朔還鄉[1]. 行到忠州 日已向黑 欲寄宿一村家 其家方設神祀[2] 牢拒不納[3]. 軍士適見籬[4]外 有廢棄土宇[5]. 暫入坐小頃[6] 有一女子 多以餅食魚果 暗投曰[7]『石乙介叔來否?』軍士心認其有所私[8] 乃低聲應曰『來待久矣.』女曰『先喫此療飢後 且待之.』軍士受而飽喫後 仍念 石乙介者若來 必不相客[9]. 仍屏息而潛伏於土室一隅[10] 果有一男來 細聲問曰『娘出來乎?』仍入坐而獨語曰『今夜將闌 何不出來?』俄而其女 又到餽[11]以略干果物 其人責之曰『汝家神祀 酒饌必盛 所餽何其薄略 而出來又何遲遲也[12]?』女曰『乃者[13]厚投酒肉魚果 今又餽之 何云薄且遲也?』其人曰『我纔到此 汝所與者誰也?』相詰[14]數語 其人曰『此間必有他人 而汝誤認我則 我當與汝共搜[15]之.』遂遍搜土室中 軍士亦起而隨後 三人環回數次 而終不相遇[16]. 其男子遂與講歡 鷄鳴其男先出 女欲隨出 而恐或人見 倚[17]門覘[18]外 軍士仍自後執之曰『娘與私人期會 見捉[19]於我 我當播[20]於四隣 若聽吾言 當不言矣.』女遂從之 軍士極歡而去矣.

《續禦眠楯》

1 立番于京 准朔還鄉(입번우경 준삭환향) : 서울에서 번(番)을 서고 달수
  가 차서 고향으로 돌아가게 되었다. 立番은 관리가 관청에 들어가 근
  무하는 일. 准朔은 정해진 달수가 참.

2 神祀(신사) : 제사(祭祀).

3 牢拒不納(뢰거불납) : 굳이 거절하며 들이지 않았다. 牢는 굳을 뢰.

4 籬(리) : 울타리.

5 土宇(토우) : 흙집.

6 小頃(소경) : 조금 있다가.

7 多以餠食魚果 暗投曰(다이병사어과 암투왈) : 떡과 밥과 생선과 과실
  을 잔뜩 몰래 던져주며 말하기를.

8 軍士心認其有所私(군사심인기유소사) : 군사는 마음속으로 그녀에게
  사통하는 사람이 있음을 알고. 私는 사통하다.

9 不相客(불상객) : 손님으로 대해주지 않다. 좋게 대해주지 않다.

10 仍屛息 而潛伏於土室一隅(잉병식 이잠복어토실일우) : 이에 숨을 죽이
   고 토실 한 구석에 몰래 엎드려 있었더니. 屛息은 숨을 죽이다. 隅는
   구석.

11 饋(궤) : 먹일 궤.

12 所饋何其薄略 而出來又何遲遲也(소궤하기박략 이출래우하지지야) : 먹
   여주는 것은 어찌 그리 박하며 나오는 것은 어찌하여 늦었는가? 饋는
   먹일 궤. 遲는 늦을 지.

13 乃者(내자) : 아까.

14 詰(힐) : 따지다. 힐난하다.

15 搜(수) : 찾다.

16 遇(우) : 만나다.

17 倚(의) : 기대다.

18 覘(점) : 엿보다.

19 見捉(견착) : 들키다. 見은 ~을 당하다의 뜻.

20 播(파) : 퍼뜨리다.

15. 不避逢辱

海平尹駙馬 使酒[1]難近. 嘗遊嶺南 諸郡守令 頗遭欺罵[2]. 行到高
靈縣 太守崔先生淵 將開筵[3] 密語縣人曰『今日我先使酒 汝輩勿
怪也.』酒旣半 崔欺醉 取大鍾滿酌 遽前曰[4]『令[5]公宜[6]飲之.』海平
稍商量[7] 崔瞋目[8]怒視曰『令公胡[9]不飲我酒乎?』揮大鍾 擲地碎之
更命小吏 取大鍾滿酌來. 吏遲回 崔按[10]劍叱視 欺殺之海平變色
突入房 閉門自固. 崔狂叫自若 俄而醉倒 海平曰『此虜使酒 大勝
於我[11] 我若不避 必遭窘辱[12].』遂遁去.

《太平閑話滑稽傳》

1 使酒(사주) : 술주정.
2 欺罵(기매) : 욕을 당하다.
3 筵(연) : 잔치. 연회.
4 崔欺醉取大鍾滿酌 遽前曰(최기취취대종만작 거전왈) : 최(崔)는 거짓 취한척하며 큰 술잔을 가져다 술을 가득 따라가지고는 갑자기 앞으로 나오며 말했다. 欺는 속이다. 鍾은 술잔. 遽는 갑자기.
5 令(영) : 영부인(令夫人), 영애(令愛), 영식(令息)처럼 상대를 높이기 위하여 붙이는 말.
6 宜(의) : 의당.
7 商量(상량) : 생각하다.
8 瞋目(진목) : 눈을 부릅뜨다.
9 胡(호) : 어찌.
10 按(안) : 어루만지다.
11 此虜使酒 大勝於我(차로사주 대승어아) : 이놈의 주정은 나보다 크게 더하군. 虜는 사내종, 오랑캐. 여기서 於는 비교격조사.
12 我若不避 必遭窘辱(아약불피 필조군욕) : 내가 만약 피하지 않으면 반드시 곤욕을 치를 거야. 遭는 만나다, 당하다. 窘辱은 곤욕(困辱).

16. 牛毛方父

一達官[1]有兩兒 長性拙直 季喜權詐[2] 翁奇[3]愛之. 翁髥[4]長且紫 嘗語兩兒曰『吾之髥 胡爲乎紫?』季率爾[5]對曰『大人之髥 長蘸[6]於酒 酒味香烈 所以紫也.』長曰『汝言非是. 今夫黃雌牛陰毛盡紫 亦何酒所蘸乎? 物性然也.』翁大怒曰『汝豈敢以老畜 比方父親乎[7]?』

《太平閑話滑稽傳》

1 達官(달관) : 직위가 높은 관리. 고관(高官).

2 長性拙直 季喜權詐(장성졸직 계희권사) : 장남은 고지식하여 융통성이 없는 성격인데 막내는 임기응변에 능하고 간사하여. 拙直은 고지식하고 융통성이 없음. 季는 막내. 權詐는 임기응변에 능하고 남을 잘 속임.

3 奇(기) : 심히. 매우.

4 髥(염) : 구레 나룻.

5 率爾(솔이) : 재빨리.

6 蘸(잠) : 담그다.

7 汝豈敢以老畜 比方父親乎(여기감이로축 비방부친호) : 너는 어찌 감히 늙은 짐승으로 애비를 비교하는 것이냐? 比方은 비교하다.

17. 妻不欲尊

一士子善狎[1]妓 室人語士子曰『男兒薄[2]於室人 溺[3]娼兒何故?』
士子曰『室人有相敬相別之義 可尊而不可狎 至於娼兒 逞情從欲
淫戲昵玩 無所不至[4]. 敬則疎昵則親 理之然也.』室人勃然[5]曰『吾
欲尊乎? 吾欲別乎?』亂擊不已.

《禦眠楯》

1 狎(압) : 친압(親狎)하다. 가까이하다.
2 薄(박) : 박하게 하다.
3 溺(익) : 빠지다. 탐닉(耽溺)하다.
4 逞情從欲 淫戲昵玩 無所不至(령정종욕 음희닐완 무소부지) : 정(情)을
　다하여 하고 싶은 대로 따르고, 음탕하게 희롱하여 친하게 놀아 이르
　지 못할 바가 없다. 逞은 다하다.
5 勃然(발연) : 왈칵 성을 내다.

18. 新婦多福

一新婦初謁舅姑[1] 濃粧盛飾 親戚傍觀者 嘖嘖[2]稱歎. 新婦斂容[3]
改坐 不覺放氣 姑氏不欲愧之 遽曰『福哉 吾婦! 老身初謁時亦如
是 幸今子女滿堂 抵老無恙[4] 此眞是福徵也.』新婦喜而答曰『若
爾[5]下轎[6]時亦放氣.』姑曰『可謂疊[7]福也.』婦又曰『襌[8]底小沾[9]不
潔.』姑曰『這[10]是添添[11]福也.』滿座掩口.

《禦眠楯》

1 舅姑(구고) : 시아버지와 시어머니.
2 嘖嘖(책책) : 칭찬하여 마지않는 모양. 떠들썩한 모양.
3 斂容(염용) : 낯빛을 가다듬다.
4 抵老無恙(저로무양) : 늙도록 병이 없다. 抵는 이르다. 恙은 병(病).
5 若爾(약이) : 그밖에 또.
6 轎(교) : 가마.
7 疊(첩) : 겹치다.
8 襌(단) : 속옷.
9 沾(첨) : 젖다.
10 這(저) : 이것.
11 添(첨) : 더하다.

19. 僧換押吏

古一僧被罪遠配[1] 吏押去[2]至中道　僧沽[3]得秋露[4]　飮[5]押吏　吏泥醉[6]倒也. 僧乘其醉隙[7] 而削[8]吏鬚髥[9]　脫弁着之　解衲衣之後[10]　僧仍着吏冠服而自稱押吏　督[11]醉吏而去. 吏酒醒後　環顧其身曰『僧則在是　吾身何去?』竟[12]替[13]僧而去. 聞者胡盧.

《蓂葉志諧》

1 配(배) : 유배가다.
2 押去(압거) : 압송해 가다.
3 沽(고) : 사다.
4 秋露(추로) : 술 이름.
5 飮(음) : 마시게 하나.
6 泥醉(니취) : 몹시 취함.
7 隙(극) : 틈.
8 削(삭) : 깎다.
9 鬚髥(수염) : 수염.
10 脫弁着之 解衲衣之後(탈변착지 해납의지후) : 고깔을 벗겨서 그것을 쓰고, 납의(衲衣)를 벗겨 그것을 입은 후. 脫과 解는 동사, 弁과 衲衣는 목적어. 弁은 고깔. 衲衣는 중 옷.
11 督(독) : 감독하다.
12 竟(경) : 마침내. 끝내.
13 替(체) : 바꾸다.

20. 無妹哭訃

一痴倅[1]坐衙 刑吏在前 一陪童[2]言于吏曰『吾妹逝[3]矣.』倅錯認[4]
己妹之訃 不覺[5]大聲一哭. 哭訖 問曰『屬纊[6]是何日 殞命緣[7]何疾
耶?』童進對曰『兇訃非告令監(令監 俗語 官吏稱倅之辭也.) 乃
通於刑吏也.』倅收淚徐言曰『更[8]思之 吾果然無妹也.』諸吏掩
口而笑.

《蓂葉志諧》

1 倅(쉬) : 고을 원. 군수.
2 陪童(배동) : 가까이에서 심부름하는 아이.
3 逝(서) : 가다. 죽다.
4 錯認(착인) : 잘못 알다.
5 不覺(불각) : 자기도 모르게. 깨닫지 못하고.
6 屬纊(속광) : 운명(殞命).
7 緣(연) : 연유하다.
8 更(갱) : 다시.

21. 放屁爭賞

一新婦初謁舅姑 六親咸集 濃粧盛飾 出於廳上 觀者嘖嘖稱歎. 婦詣舅姑前 方奉酌而追忽放屁 親族皆藏笑相顧[1]. 乳母赧然而欲自當之[2] 遽起謝曰『小的[3]年老 尻[4]軟[5]失禮 不勝惶恐』舅姑善之[6]而賞乳母一疋[7]緞[8] 新婦奪其緞曰『吾之放屁 爾何受賞耶?』一坐掩口而笑.

《蓂葉志諧》

1 方奉酌而追忽放屁 親族皆藏笑相顧(방봉작이추홀방비 친족개상소상고)
: 바야흐로 술잔을 바치다가 이어 홀연히 방귀를 뀌니 친족들이 모두 웃음을 감추고 서로 돌아보았다.
2 乳母赧然而欲自當之(유모난연이욕자당지) : 유모가 부끄러워 자기가 당하려고.
3 小的(소적) : 소인(小人). 자기를 낮추어 부르는 말.
4 尻(구) : 꽁무니.
5 軟(연) : 연약하다.
6 善之(선지) : 착하다고 여겨.
7 疋(필) : 옷감을 재는 단위.
8 緞(단) : 비단.

22. 三次爲之

　　邐方[1]方言 飮食之謙辭曰劣物[2](方言) 食之曰爲之[3](方言)矣. 一媼[4]
於嫁女之翌朝問於新郎曰『昨夜入送劣物 善爲之否[5]?』此指夜饌而
言矣. 新郎則 認以指新婦低頭而答曰『三次爲之矣.』媼愧其失言
赧然默坐. 媼之幼子於思 非新郎之誤答[6] 獨語曰『妹夫人事[7] 還[8]不
及論金.』論金其家迷劣之奴也. 新郎聞之大怒曰『兒乎! 兒乎! 數
日程驅馳之餘[9] 何以加爲乎? 十餘次爲之則 快於汝心乎?』聞者莫
不駭愕[10].

《破睡錄》

1 遐方(하방) : 먼 지방. 遐는 멀 하.

2 劣物(열물) : 우리말에서 대접하는 음식을 겸손하게 표현하는 말이니까 '변변치 않은 것'이라고 해석할 수 있다.

3 爲之(위지) : 먹는 것을 다른 말로 '한다'라고도 한다는 말.

4 媼(온) : 어미.

5 昨夜入送劣物 善爲之否(작야입송열물 선위지부) : 어젯밤 들여보낸 변변치 않은 것은 잘하였는가?

6 媼之幼子於思 非新郎之誤答(온지유자어사 비신랑지오답) : 어머니의 어린 아들이 자기 생각에 신랑의 틀린 대답이 잘못이라 여겨.

7 人事(인사) : 언행.

8 還(환) : 오히려.

9 驅馳之餘(구치지여) : 말 타고 달린 나머지.

10 莫不駭愕(막불해악) : 놀라지 않는 자가 없었다. 駭愕은 놀라다.

23. 疑婦無脚

一新郎合졸[1]之初夜 將與妻交歡 衾[2]下手撫[3] 女無兩脚[4]. 乃大驚
曰『吾得無脚之妻矣 將焉用哉[5]!』急呼聘翁 告其緣由 翁怪之而
詰問於女 女曰『郎將行事 吾先已擧脚故也.』

《蓂葉志諧》

1 합졸(합근) : 신랑 신부가 혼례를 치르면서 술잔을 주고받는 것. 혼례
  를 의미하는 말로도 쓰임. 졸은 합환주잔 근.
2 衾(금) : 이불.
3 撫(무) : 어루만지다.
4 兩脚(양각) : 두 다리.
5 將焉用哉(장언용재) : 장차 어디에 쓰리오. 여기서 焉은 어디.

24. 豈知人事

夫婦行房事於春晝 雲雨方濃之際　卑到窓外問曰『夕飯當用幾升米乎[1]?』婦答曰『五升五升五五升.』婢乃炊[2]三斗[3]五升. 婦見而責多婢對曰『五升五升非一斗乎? 五五升非二斗五升乎?』婦笑曰『汝何不斟酌[4]聽之耶? 當其時吾豈知人事[5]乎?』

《破睡錄》

어구풀이

1 夕飯當用幾升米乎(석반당용기승미호) : 저녁밥에는 쌀 몇 되를 할까요? 升은 되.
2 炊(취) : 밥하다.
3 斗(두) : 말.
4 斟酌(짐작) : 짐작하다.
5 人事(인사) : 사람들 사이에서 지켜야 할 예의, 도리.

25. 取婿性急

一人嘗曰『性品燥急者 多有速達[1] 柔緩者[2] 多有貧窮之類.』擇婿
必以性急者 未嘗逢着也. 一日見一總角則 入人厠[3]將欲解帶[4] 帶子
緊結不解故 總角拔刀斫絕而放糞 盖是性急者也[5]. 翁待其出來 欣
然[6]執手 問其姓名地處後 以約婚之意 通及其兒則 兒曰『今夕爲
好 何待日後也[7]?』翁盆愛之 遂携兒到其家 不卜日而以女許嫁焉.
夜未五更[8] 忽然房中 有毆打之聲狼藉 故女兒呼哭之聲大作. 翁大
驚而 呼出女兒問之則 女曰『新郎所言「內旣娶之後 生男生女 自
是次第事也. 汝何不生男乎?」無數亂打云耳.』盖翁之癖[9] 好求其
性燥急者故 反爲狼狽矣[10].

《禦睡新話》

1 速達(속달) : 속히 성공하다.

2 柔緩者(유완자) : 부드럽고 느린 사람.

3 人厠(인측) : 남의 집 측간.

4 解帶(해대) : 허리띠를 풀다.

5 拔刀斫絶而放糞 盖是性急者也(발도작절이방분 개시성급자야) : 칼을 빼어 찍어 끊고 변을 보는데 대개(추측컨대) 성미가 급한 사람이었다.

6 欣然(흔연) : 흔연히. 기뻐서.

7 今夕爲好 何待日後也(금석위호 하대일후야) : 오늘 저녁이면 좋겠네요. 어찌 날을 기다려 뒤로 미루겠습니까? 後는 동사로 쓰였음.

8 五更(오경) : 날이 샐 무렵에 해당하는 시각.

9 癖(벽) : 성벽(性癖).

10 反爲狼狽矣(반위낭패의) : 반대로 낭패가 되었던 것이다.

26. 此眞吾子

　　一人奉安三代　亦有子三人. 適當親忌日　使其長子移安神主[1] 長子依敎[2]奉安而來. 其父替奉[3]其神主　開櫝[4]而見之則　卽是曾祖考神主也. 仍責之曰『狗子也.』卽令還安. 更使次子移安　次子亦依敎奉安而來. 其父又爲替奉　而開櫝見之則　又是祖考神主也. 又責之曰『此亦狗子[5]也.』卽令還安. 又使三子移安　亦依敎奉安而來. 其父不爲替奉　而開櫝見之則　乃是其考神主也. 卽讚之曰『此眞吾子也.』

《陳談錄》

1 適當親忌日 使其長子移安神主(적당친기일 사기장자이안신주) : 마침 아버지의 기일(忌日)을 당하여 그 장자(長子)로 하여금 신주를 모셔오게 하였다.

2 依敎(의교) : 가르침에 의하여. 가르쳐준 대로.

3 替奉(체봉) : 바꾸어 들다.

4 櫝(독) : 함.

5 狗子(구자) : 개자식.

27. 大梨落糞

翁鍾愛[1]其孫兒 一日孫兒遊於後園 拾得風落梨[2]二個而來. 祖望而笑曰『吾孫兒持梨而來 必將遺我也[3].』兒旣至 大一箇獻[4]于其祖 小一箇獻于其父 其祖喜之 其父亦喜之. 其父謂兒子曰『汝何爲以小賜我耶[5]?』其兒卽近前 附耳而語曰[6]『大梨則 落於糞上[7]者也.』

《陳談錄》

1 鍾愛(종애) : 매우 사랑함. 총애.

2 風落梨(풍락리) : 바람에 떨어진 배. 梨는 배.

3 必將遺我也(필장유아야) : 반드시 나에게 줄 것이다.

4 獻(헌) : 드리다.

5 汝何爲以小賜我耶(여하위이소사아야) : 너는 어째서 작은 걸 나에게 주는 거냐? 賜는 주다.

6 附耳而語曰(부이이어왈) : 귀에 가까이 대고 말하기를. 附는 가까이 대다, 붙이다.

7 糞上(분상) : 똥 위.

28. 二洞里半

子婦[1]與越家[2]金總角 戲謔爛漫之狀[3] 現於嫁母[4] 嫁母誚[5]之曰
『汝以何事 與金總角爛漫戲謔乎? 當言于汝夫受罪.』終不言于其
夫 而日日誚之 難堪[6]其苦. 一日嫁母又誚而出他 子婦以滿面愁
心 獨在家之際[7] 隣里老婆來見其愁面 問曰『汝以何事 如是[8]憂愁
乎?』婦曰『吾於某日[9]與金總角相語矣 嫁母見其相語 日日誚之 不
堪其苦 是以愁之.』老婆曰『汝之嫁母 有何彬彬之事[10] 能誚汝乎?
渠[11]之少時 與越峴金風憲 晝夜相狂 奸狀綻露[12] 負[13]大鼓 回三洞
里之事 思之則 有何責人之事乎? 若更誚則言此也.』婦聞而大悅.
其翌日又誚矣 子婦曰『嫁母有何彬彬之事 如是長誚人乎?』嫁母
曰『吾有何不彬彬之事乎?』婦曰『與金風憲晝夜相狂 負大鼓 回
三洞里之事 思之焉.』母曰『此事誰[14]言於汝乎? 他人之事 空然添
語也. 誰負大鼓乎? 如麴[15]小鼓. 誰回三洞里乎? 二洞里半而止矣.』

《醒睡稗說》

  1 子婦(자부) : 며느리.
  2 越家(월가) : 건넛집.
  3 戲謔爛漫之狀(희학난만지상) : 희학난만한 모습. 농담을 흐드러지게 하는 모습.
  4 現於嫁母(현어가모) : 시어머니에게 들켰다. 嫁母는 시어머니.
  5 誚(초) : 꾸짖다.
  6 堪(감) : 감당하다.
  7 際(제) : 때.
  8 如是(여시) : 이처럼. 如는 같을 여. 是는 이 시.
  9 某日(모일) : 아무 날.
 10 彬彬之事(빈빈지사) : 빛나는 일. 彬은 빛날 빈.
 11 渠(거) : 그 사람.
 12 綻露(탄로) : 탄로나다. 드러나다.
 13 負(부) : 등에 지다.
 14 誰(수) : 누구.
 15 麴(국) : 누룩.

29. 南山之歌

初婚夜 新婦觀新郎之爲人[1] 極爲庸劣[2]. 新婦謂新郎曰『明日隣里賓客齊會[3] 呼新郎請歌 知歌否?』『不知.』曰『然則[4]吾當教之依教爲之也.』新郎曰『當如教矣.』新婦乃低聲而詠[5]其歌曰『南山.』新郎高聲大呼曰『南山.』新婦曰『擾亂哉[6].』新郎又高聲大呼曰『擾亂哉.』新婦曰『聽越房矣.』新郎又高聲大呼曰『聽越房[7]矣.』新婦氣塞可笑 回臥曰[8]『眞犬子也!』翌日 衆賓齊會 呼新郎曰『新郎能歌乎?』新郎曰『不善也[9].』曰『雖不善何妨[10] 第[11]唱之也.』新郎乃厲聲[12]而詠其歌曰『南山.』座中皆曰『善唱哉.』新郎曰『擾亂哉.』客曰『不擾亂 連唱也.』新郎曰『越房聽之乎.』聘父在越房答曰『吾聽速速善唱也.』新郎曰『眞犬子也!』座中皆拍掌大笑 聘父[13]則仰天無語.

《醒睡稗說》

1 爲人(위인) : 사람 됨됨이.
2 庸劣(용렬) : 변변치 못하고 좀스럽다.
3 齊會(제회) : 같이 모이다. 齊는 다같이.
4 然則(연즉) : 그렇다면.
5 詠(영) : 노래하다. 시를 읊다.
6 擾亂哉(요란재) : 요란해요. 시끄러워요.
7 越房(월방) : 건넌방.
8 新婦氣塞可笑 回臥曰(신부기색가소 회와왈) : 신부가 기가 막히고 가
  소로워서 돌아누우며 말하기를.
9 不善也(불선야) : 잘하지 못합니다.
10 妨(방) : 장애. 거리낌.
11 第(제) : 다만.
12 厲聲(려성) : 목청을 돋우어. 厲는 사나울 려.
13 聘父(빙부) : 빙부. 장인.

30. 其夫在近

盲漢[1]之妻有間夫[2] 而厥女[3]出他回還之路 逢間夫 間夫問曰『汝夫在家乎?』曰『在耳.』間夫曰『吾當如此如此矣 女須勿出語音也.』厥女曰『諾.』間夫入盲家 見盲漢問曰『其間平安否?』盲曰『何其久覓[4]也?』間夫曰『汝之室人去何?』盲曰『出他.』間夫曰『吾有舊情人[5]而適逢於此 無從容處[6]. 汝房暫借也.』盲弄[7]曰『借房不難 而第房賃出其許耶?』間夫曰『房賃當多多出之矣暫避也.』卽携[8]厥女 方張作事之際 盲漢避在門占之則 卦[9]出. 卽入謂間夫曰『吾今占之則 其夫在近 速速出送也!』

《醒睡稗說》

1 盲漢(맹한) : 맹인 남자. 漢은 남자를 낮추어 부르는 말, 사나이.
2 間夫(간부) : 샛서방. 간부(姦夫).
3 厥女(궐녀) : 그녀. 厥은 그 궐.
4 覓(멱) : 찾다. 구하다.
5 情人(정인) : 정인. 애인.
6 從容處(종용처) : 조용한 곳.
7 弄(농) : 농담하다.
8 携(휴) : 잡다. 끌다.
9 卦(괘) : 점괘.

31. 手遮妹目

一淫婦本夫出他時 與間夫同宿於越房 不知東方之旣白.內房則
舅姑嫁妹[1]宿之 而舅姑雖未起 嫁妹已出庭下故 間夫出送無路. 淫
婦謂間夫曰『吾當如此如此矣 卽出去也.』厥女潛步於嫁妹之後
以手遮[2]嫁妹之兩目 問曰『吾誰也 能知之否?』妹曰『吾善知也.
卽兄也.』如斯之際[3] 間夫逃走.

《醒睡稗說》

1 嫁妹(가매) : 시누이.
2 遮(차) : 가리다.
3 如斯之際(여사지제) : 이와 같은 때에. 이렇게 하는 동안. 斯는 이 사.

32. 他物善典

一漢之妻 織[1]一場[2]之間 每織一疋布 使其夫賣來則 輒盡飮無餘
其妻每以此事恒責之矣[3]. 其後又織一疋給之曰『今日勿[4]飮酒 善賣
以來也. 每每如是則 何資生[5]乎? 愼[6]勿飮酒也.』厥者持布往市場
布則善賣 酒則外上飮之後 錢則佩腰 以繩繫腎回後結之而歸[7]. 厥
子雖不大醉 佯若大醉 虛唾[8]散步而入 其妻見而責曰『今又醉歸
必也賣布錢盡飮無餘矣.』厥者乃於腰間 出賣布錢而大言曰『何許
漢[9]以賣布錢飮酒乎? 賣布錢緊緊[10]持來矣.』妻曰『然則以何錢 如
是大醉?』厥者曰『見酒則有慾 錢則難用故 拔腎典當而飮耳.』妻
曰『是何言也 速出示之也.』乃拔袴[11]示之則 果無腎矣. 妻大驚曰
『此何變故也? 然則幾許典當乎?』曰『二兩矣.』妻曰『以此二兩
速速推[12]來也.』厥者受二兩 往酒家而外上錢還報 加飮幾盃後 以
松烟塗腎而歸[13] 妻急問曰『推來乎?』曰『推來則推來 而酒商女爲
火杖 煙黑矣[14].』曰『速速示之.』示之則果黑矣. 妻以裳幅[15]洗之
曰『此何貌樣! 他矣物件典當則 善置還送可也. 此何貌樣也!』

《醒睡稗說》

1 織(직) : 베를 짜다.

2 一場(일장) : 한 번.

3 輒盡飮無餘 其妻每以此事 恒責之矣(첩진음무여 기처매이차사 항책지의) : 문득 다 마셔버리고 남는 돈이 없어 그 아내는 매번 이 일로 항상 그를 책망하였다. 輒은 문득.

4 勿(물) : ~하지 마라. 금지사.

5 資生(자생) : 어떤 직업을 가지고 생활을 꾸려 나감.

6 愼(신) : 삼가다. 조심하다.

7 錢則佩腰 以繩繫腎回後結之而歸(전즉패요 이승계신회후결지이귀) : 돈은 허리에 차고 끈으로 남근을 잡아매어 뒤로 돌려 묶고는 돌아갔다. 佩는 몸에 차다. 繩은 끈. 繫는 매다. 腎은 남근(男根).

8 虛唾(허타) : 헛침을 뱉다.

9 何許漢(하허한) : 어떤 놈.

10 緊緊(긴긴) : 단단히. 굳게.

11 袴(고) : 바지.

12 推(퇴) : 물리다.

13 以松烟塗腎而歸(이송연도신이귀) : 송연을 남근에 바르고 돌아오니. 松烟은 소나무 그을음.

14 推來則推來 而酒商女爲火杖 煙黑矣(퇴래즉퇴래 이주상녀위화장 연흑의) : 물러오기는 물러왔지만 술집 여자가 부지깽이로 써서 연기로 검어졌소. 火杖은 부지깽이.

15 裳幅(상폭) : 치마폭.

33. 炭女發汗

古有一鄉族士人[1] 爲人庸暗而家稍饒[2] 其父生員 頗好色. 生員室內 有一童婢而年十七. 自幼[3]生長於室內 未嘗出外 無異閨女 面貌絶美 生員欲狎之 暫不移室內左右 心生一計. 一日對隣里切親醫朴姓人 說此事 託以吾當佯病 君必如此如此爲言則 當有好個道理 醫人許諾[4].

數日後 生員自夜 忽作大痛之狀. 早朝家人告于士人曰『老爺病患猝重[5].』士人驚憂 卽問候[6]則 生員曰『渾身俱痛 寒氣最苦.』云而呻吟之聲 不絶於口 昏迷若危. 士人大憂 卽請朴醫診脈 朴醫診察而出外. 士人隨出問之則 醫人曰『數日前來拜時 未見有不安之節 何期患候之猝重 如此? 老人之脈度如彼 愚[7]見 實無可用之藥. 更求名醫而議進當劑 似好矣[8].』士人十分驚惶 執手懇請[9]曰『他醫不勝於君 且君熟知[10]家親氣品與脈度則 何不深思良方 而遽然退出乎?』醫人深思半餉[11] 乃曰『百藥無可合 只有一方 而此則得用困難. 若誤用則有害故 此爲可悶矣.』士人曰『雖極難 吾當盡力得用 第言之.』醫人曰『病患專因寒氣結於胸腹 若得十六七歲未經人炭女[12] 溫房中 以屛防風 接胸抱臥發汗則 卽快 外無他藥[13] 而第念 十六七歲女子 常賤則 經人與否 未能詳知. 閭閻女子 雖一時藥用 誰肯納之 此所謂極難也[14].』

此時 士人母 適在窓下 聞醫言 急召士人謂之曰『我聞醫言 此藥不難矣.』士人曰『何以得之?』母曰『某婢自幼養育吾之衾內 至

今未出門外 此則無異於兩班處女 年今十七 若求炭女 此婢無慮
一時藥用 豈不好耶?』士人大喜曰『果如敎意..』即以醫人之言 其
母之意 告于其父 生員曰『世上豈有如許藥物乎? 然而朴君之言如
此 第爲試之何妨耶?』其夜 以屛風防于溫房 以其童婢 解衣裳 入
于衾內 士人出門外. 其母 亦立窓外 欲察其發汗. 俄已 生員與其
婢 雲雨極淫 其母喞喞[15]回入內曰『此是接胸發汗之藥耶? 如是發
汗 何不與我發汗?』士人隨後睨視[16]止之曰『母親何出迷劣之言乎?
母親炭女耶?』聞者絶倒.

《攪睡雜史》

1 鄕族士人(향족사인) : 시골에 사는 선비.

2 爲人庸暗而家稍饒(위인용암이가초요) : 위인이 어리석어 사리에 어두웠
   지만 집은 좀 부유했고. 稍饒는 조금 부유하다.

3 自幼(자유) : 어려서부터. 自는 ~로부터.

4 託以吾當佯病 君必如此如此爲言則 當有好個道理 醫人許諾(탁이오당양
   병 군필여차여차위언즉 당유호개도리 의인허락) : 내가 마땅히 병이
   있는 척할 것이니 그대가 반드시 이러이러해야 한다고 말해주면 좋은
   방도가 있다고 부탁하니 의원이 허락하였다.

5 老爺病患猝重(노야병환졸중) : 어르신께서 병환이 갑자기 위중해지셨
   습니다. 老爺는 늙은 남자. 猝은 갑자기.

6 問候(문후) : 묻다.

7 愚(우) : 자기의 겸칭.

8 更求名醫而議進當劑 似好矣(갱구명의이의진당제 사호의) : 다시 명의를
구하여 의론하셔서 약을 짓는 것이 좋을 것 같습니다.

9 懇請(간청) : 간청하다. 간절히 청하다.

10 熟知(숙지) : 충분히 잘 알다.

11 半餉(반향) : 반식경(半食頃). 한참.

12 病患專因寒氣結於胸腹 若得十六七歲未經人炭女(병환전인한기결어흉복
약득십육칠세미경인탄녀) : 병환은 오로지 한기(寒氣)가 흉복에 맺혀
있음으로 인함이니 만약 십 육칠 세의 남자를 겪지 않은 숫처녀를 얻
어서. 炭은 뜻이 숯이기 때문에 우리말 숫처녀를 炭女라고 한 것이다.
즉 우리식 한자어라고 할 수 있다.

13 溫房中 以屛防風 接胸抱臥發汗則 卽快 外無他藥(온방중 이병방풍 접흉
포와발한즉 즉쾌 외무타약) : 따뜻한 방안에서 병풍으로 바람을 막고
가슴을 맞대고 안고 누워 땀을 내면 바로 나으려니와 그 외에 다른 약
은 없습니다.

14 閭閻女子 雖一時藥用 誰肯納之 此所謂極難也(여염여자 수일시약용 수
긍납지 차소위극난야) : 여염집 여자는 비록 한 때의 약용(藥用)으로
라도 누가 쓰라 할 지 이것이 이른바 극난(極難)인 것입니다.

15 喞喞(즉즉) : 의성어. 여기서는 쯧쯧 혀를 차는 소리.

16 睨視(예시) : 흘겨보다.

34. 狗亦冶質

一人白畫[1]與其妻行淫 而雲雨方濃之時 五六歲兒子 開窓而入 父急謂曰『速出外玩.』兒曰『父與母方作何事 不詳敎吾 不出去[2].』父苦而語曰『此是冶質[3]也.』兒頷[4]而出外遊戱 忽一客來問兒曰『汝之父親在家否?』兒答曰『方在間矣.』客曰『在內何爲[5]?』兒曰『方爲冶質矣.』客未曉[6]問兒曰『冶質何事?』此時適庭中 雄狗上雌狗背上交合. 兒急呼客曰『客主客主! 彼狗亦爲冶質矣.』客大笑兒父聞之亦大笑.

《攪睡雜史》

1 白晝(백주) : 대낮.
2 父與母方作何事 不詳敎吾 不出去(부여모방작하사 불상교오 불출거) : 아버지와 어머니가 바야흐로 무엇을 하고 있는지 나에게 자세히 가르쳐주지 않으면 나가지 않을 거예요. 詳은 자세할 상.
3 冶質(야질) : 冶는 대장장이 야. 본래 야질이라는 말은 없지만 굳이 풀이한다면 대장질이라고 할 수 있을 듯하다.
4 頷(암) : 고개를 끄덕이다.
5 在內何爲(재내하위) : 안에서 무얼 하시니? 여기서 爲는 하다.
6 未曉(미효) : 깨닫지 못하다.

35. 松都名娼眞伊

嘉靖[1]初 松都[2]有名娼眞伊者 女中之倜儻[3]任俠人[4]也. 聞花潭徐敬德高蹈不仕 學問精粹 欲試之 束紳帶挾大學往拜曰[5]『妾聞禮記男鞶[6]革女鞶絲 妾亦志學 帶鞶絲而來.』先生笑而誨[7]之. 眞伊乘夜相昵 如摩登之拊摩阿難者累 而花潭終不少撓[8].

眞伊聞金剛山爲天下名山 欲一辦淸遊 無可與偕. 時有李生員者 宰相子也. 爲人跌宕[9]淸疏[10] 可共方外之遊. 從容[11]謂李生曰『吾聞中國人「願生高麗國 一見金剛山」況我國人 生長本國 去仙山咫尺 而不見眞面目可乎[12]? 今吾偶奉仙郎正好共做仙遊. 山衣野服恣討勝賞而還 不亦樂乎[13]?』於是 使李生止僮僕勿隨布衣草笠親荷[14]粮 眞伊自戴[15]松蘿圓頂[16] 穿葛衫 帶布裙 曳芒鞋 杖竹枝而隨. 入金剛山 無深不到. 乞食諸刹 或自賣其身 取粮於僧 而李生不之尤[17]. 兩人遠涉山林飢渴困悴 非復舊時容顏. 行到一處 有村儒十餘人 會宴于溪上松林. 眞伊過拜焉. 儒曰『汝舍長亦解飮乎?』勸之酒 不辭 遂執酌而歌 歌聲淸越 響震林壑[18]. 諸儒深異之 餉以酒肴. 眞伊曰『妾有一僕飢甚 請饋餘瀝乎[19]?』與之李生以酒肴. 時兩家各失所往 不知影響者殆[20]半歲餘 一夕鶉衣黎面[21]而返 隣里見之大驚.

宣傳官李士宗善歌. 嘗出使松都 卸鞍川壽院川邊 脫冠加腹而
臥 高唱數三曲[22]. 眞伊有所如[23] 亦歇[24]馬于院側 耳聞之曰『此歌
曲甚異 必非村歌俚曲[25]. 吾聞京都有風流李士宗當代絶唱 必此人
也.』使人往探之 果士宗也. 於是 移席相近 致其款[26] 引至其家
留數日曰『當與子六年同住.』翌日盡移家産三年之資于士宗家. 其
父母妻子仰事俯育之費 皆辦自自家[27]. 親着臂韝[28] 盡妾婦禮 使士
宗家不助緇銖[29]. 旣三年 士宗餉眞伊一家 一如[30]眞伊餉士宗 以報[31]
之者適三年[32]. 眞伊曰『業已遂 約期滿矣.』辭而去. 後眞伊病且死
謂家人曰『吾生時性好紛華 死後勿葬我山谷 宜葬之大逵邊[33].』
今松道大路邊 有松都名娼眞伊墓. 林悌爲平安都事 過松都爲文
祭于其墓 卒被朝評[34].

《於于野譚》

1 嘉靖(가정) : 명(明)나라 11대 황제 가정제(嘉靖帝)의 연호. 재위는 1521
년~1566년.

2 松都(송도) : 오늘의 개성(開城).

3 倜儻(척당) : 뜻이 크고 기개가 있음.

4 任俠人(임협인) : 협기(俠氣) 있는 인물.

5 聞花潭徐敬德高蹈不仕 學問精粹 欲試之 束紹帶挾大學往拜曰(문화담서
경덕고도불사 학문정수 욕시지 속도대협대학왕배왈) : 화담(花潭) 서경
덕(徐敬德)이 은둔하여 벼슬하지 않고 지내는데 학문이 순수하고 맑
다는 말을 듣고 시험하고자 끈으로 허리띠를 하여 묶고 대학(大學)을
옆에 끼고 가서 절하고 말했다. 서경덕은 조선 중종(中宗) 때의 학자로
화담은 그의 호(號). 高蹈는 은둔하다. 精粹는 순수하고 맑다.

6 鞶(반) : 띠. 여기서는 동사로서 띠를 하다.

7 誨(회) : 가르치다.

8 眞伊乘夜相昵 如摩登之拊摩阿難者累 而花潭終不少撓(진이승야상닐 여
마등지부마아난자루 이화담종불소뇨) : 진이가 밤을 타 가까이하여
마등(摩登)이 아난(阿難)의 몸을 어루만지고 비비고 한 것처럼 여러
차례 하였지만 화담은 끝내 조금도 흔들리지 않았다. 마등과 아난의
이야기는 능엄경(楞嚴經)에 나오는데, 승려인 아난을 애모한 마등이 아
난을 집에 가두고 육체적 공세를 폈지만 아난은 그에 넘어가지 않았다
함. 拊摩는 어루만지고 비비다. 撓는 휘다, 꺾이다.

9 跌宕(질탕) : 흥겹게 놀기를 좋아하다.

10 淸疏(청소) : 맑게 트이다.

11 從容(종용) : 권유하다.

12 去仙山咫尺 而不見眞面目可乎(거선산지척 이불견진면목가호) : 선산(仙
山)을 지척에 두고도 그 진면목을 보지 못한다면 되겠습니까?

13 山衣野服 恣討勝賞而還 不亦樂乎(산의야복 자토승상이환 불역락호) :
산이나 들에 가는 옷을 입고 가서 아름다운 경치를 마음껏 구경하고
돌아온다면 또한 즐겁지 않을까요?

14 荷(하) : 메다.

15 戴(대) : (머리에) 쓰다.

16 松蘿圓頂(송라원정) : 소나무겨우살이로 만든 중이 쓰는 모자.

17 乞食諸刹 或自賣其身 取粮於僧 而李生不之尤(걸식제찰 혹자매기신 취
량어승 이이생부지우) : 여러 절에서 걸식을 하고 혹은 자기 몸을 팔
아 중에게서 양식을 얻기도 했지만 이생은 그것을 탓하지 않았다. 尤
는 탓할 우.

18 勸之酒 不辭 遂執酌而歌 歌聲淸越 響震林壑(권지주 불사 수집작이가
가성청월 향진림학) : 술을 권하니 사양치 않고 잔을 잡고 노래를 하
니 노래 소리가 맑고 뛰어나 그 소리가 숲 골짜기를 울렸다. 越은 뛰어
날 월.

19 妾有一僕飢甚 請饋餘瀝乎(첩유일복기심 청궤여력호) : 저에게 노복 하
나가 있는데 주림이 심하니 청컨대 남은 음식 좀 먹여주시겠습니까?
饋는 먹일 궤. 餘瀝은 남은 술이나 음식.

20 殆(태) : 거의.

21 鶉衣黎面(순의려면) : 누더기 옷에 시꺼먼 얼굴.

22 嘗出使松都 卸鞍川壽院川邊 脫冠加腹而臥 高唱數三曲(상출사송도 사
안천수원천변 탈관가복이와 고창수삼곡) : 일찍이 송도에 공무(公務)
로 갔을 때에 천수원 냇가에 말안장을 벗겨 놓고 관을 벗어 배에 얹고
누워 목청을 돋우어 두 세곡을 노래하였다. 卸는 벗다, 벗기다.

23 如(여) : 가다.

24 歇(헐) : 쉬다.

25 俚曲(이곡) : 상스러운 노래, 시골 노래.

26 款(관) : 정성. 사랑.

27 其父母妻子仰事俯育之費 皆辦自自家(기부모처자앙사부육지비 개판자
자가) : 부모를 받들고 처자를 부양하는 비용은 모두 자기 집에서 마
련했다. 辦은 갖추다, 준비하다. 다음 글자 自는 ~로부터.

28 臂韝(비구) : 팔찌. 여기서는 일할 때 소맷자락을 감싸는 토시 같은 것.

29 緇銖(치수) : 조금.

30 一如(일여) : 똑같이.

31 報(보) : 보답하다.

32 適三年(적삼년) : 지난 삼년.

33 吾生時性好紛華 死後勿葬我山谷 宜葬之大逵邊(오생시성호분화 사후물
  장아산곡 의장지대규변) : 나는 생시에 본성이 번화(繁華)함을 좋아하
  였으니 죽으면 산골에 묻지 말고 마땅히 큰길가에 묻어다오. 紛華는
  번화. 大逵는 큰길.

34 林悌爲平安都事 過松都 爲文祭于其墓 卒被朝評(임제위평안도사 과송
  도 위문제우기묘 졸피조평) : 임제가 평안도사(平安都事)가 되어 송도
  를 지나다가 글을 지어 그 묘에 제(祭)를 올렸다가 갑자기 조정(朝廷)
  의 비판을 받았다.

36. 善畵者金禔

善畵者金禔 年暮頭童[1]. 嘗過洪州 主倅令少妓薦枕[2]. 翌朝盥[3]面
羞其頭 謂首妓曰『吾今夜誤[4]與此少妓宿. 今聞此妓與老僧私 是
不祥[5] 爾亦聞之乎?』首妓曰『是何言也? 傳者誤也.』少妓大怒 禔
固之曰『爾等勿欺[6] 我實知之.』少妓益怒至於垂涕[7]. 於是 禔乃脫
冠盥曰『觀吾頭 吾乃僧也.』少妓大喜大笑 不覺私頭童客之可愧
也[8].

《於于野譚》

1 善畵者金禔 年暮頭童(선화자김지 연모두동) : 그림을 잘 그리는 김지
  (金禔)는 나이가 들어 대머리가 되었다. 頭童은 대머리.
2 薦枕(천침) : 잠자리를 모시다.
3 盥(관) : 씻다.
4 誤(오) : 그릇. 잘못.
5 是不祥(시불상) : 이는 상서롭지 못한 일이다. 이는 재수 없는 일이다.
6 爾等勿欺(이등물기) : 너희들은 속이지 마라. 欺는 속이다.
7 少妓益怒至於垂涕(소기익노지어수체) : 어린 기녀는 더욱 화가 나 눈
  물을 흘리기에 이르렀다. ~至於는 ~하기에 이르다.
8 不覺私頭童客之可愧也(불각사두동객지가괴야) : 대머리 손님과 잠자리
  를 한 부끄러움도 깨닫지 못하였다.

37. 老兵使酷愛小妓

有一老兵使[1] 得小妓酷愛[2]之 罷[3]兵營以需[4]妓. 瓜滿[5]而還 與妓別于郵亭[6] 把[7]妓手而泣 衫袖[8]盡濕 而妓目不淚. 妓父母從[9]兵使背後 自掩其面爲涕泣狀以敎之[10] 妓年尙少 不解矯情而泣[11]. 且無情 雖欲泣而目不淚. 父母搖[12]手而招之 妓出. 父母戒之曰『爾兵使罷兵營爲爾起家 爾爲木石耶? 何無一點淚以送之?』遂相與捽[13]而毆之 妓大泣. 使之入 妓入而泣. 兵使見其泣而益泣曰『爾勿泣. 見汝泣 吾益戚[14]矣. 爾勿泣.』

《於于野譚》

1 兵使(병사) : 종이품(從二品)의 무신. 병마절도사(兵馬節度使)의 준말.

2 酷愛(혹애) : 몹시 사랑하다.

3 罄(경) : 다하다. 바닥이 나다.

4 需(수) : 공급하다. 쓰다.

5 瓜滿(과만) : 벼슬의 임기가 다함.

6 郵亭(우정) : 역참(驛站). 역말을 갈아타던 곳.

7 把(파) : 잡다.

8 衫袖(삼수) : 적삼의 소매.

9 從(종) : ~로부터.

10 自掩其面爲涕泣狀以敎之(자엄기면위체읍상이교지) : 스스로 그 얼굴을 가리고 우는 모습을 함으로써 가르쳤지만.

11 妓年尙少 不解矯情而泣(기년상소 불해교정이읍) : 기녀의 나이가 아직 어려서 정을 속여 울 줄을 몰랐다. 尙은 아직. 矯는 속이다.

12 搖(요) : 흔들다.

13 捽(졸) : (머리를) 잡다.

14 戚(척) : 슬프다.

38. 方伯南衮

南衮爲方伯有所眄[1]妓. 一日月色如晝 客舍陪從皆退 獨與妓盤桓[2]庭除[3] 問妓曰『汝家安[4]在?』妓指之曰『彼紅門之外 一柴扉臨路岐者兒家也[5]. 兒家有酒 夜也無知 請與使道步月偕往 酣暢而來 不亦樂乎[6]?』衮許之 潛與携手往 館候者莫知之也. 妓使其母密通于主倅 盃盤[7]有若自家爲也. 相與團欒[8] 不覺醉眠. 妓使家人垂[9]席于窓 使曉色不徹[10]. 衮鼻睡如雷日已高 諸吏悉候于柴扉外[11]. 衮驚起欲出 日光已在戶外. 遂大慚謝病而歸. 旣歸 關念不忘. 主倅裝束送之京 遂納之爲[12]妾.

嘗乘醉令前卒隨後唐突而入[13] 有一男子從後門而出. 衮不就坐曰『後門之客爲誰?』妓佯垂淚而言曰『令公若欲外我[14] 棄之可也. 罪之可也. 後門之客是何言也?』遂拔小刀落于指上 一指隨刃而墜. 衮大駭[15]曰『娼物[16]之有二心 不須多責 而欲掩其跡 忍人所不忍可乎[17]?』拂衣而出 翌日馱[18]送于家.

《於于野譚》

1 眄(면) : 곁눈질하다.　　**2** 盤桓(반환) : 서성이다.

3 庭除(정제) : 뜰 가.　　**4** 安(안) : 어디.

5 彼紅門之外 一柴扉臨路岐者兒家也(피홍문지외 일시비임로기자아가야) : 저 홍문 밖에 사립문 하나가 길에 임해 우뚝 솟은 집이 제집입니다. 柴扉는 사립문. 岐는 높을 기.

6 請與使道步月偕往 酣暢而來不亦樂乎(청여사도보월해왕 감창이래불역낙호) : 청컨대 사또와 함께 달밤에 거닐어 같이 가서 술 마시고 기분 좋게 돌아오면 또한 즐겁지 않을까요? 步月은 달밤에 거닐다. 酣暢은 술을 마시고 마음이 화창함.

7 盃盤(배반) : 술상위에 차려놓은 음식.

8 團欒(단란) : 서로 즐겁게 지내다.

9 垂(수) : 드리우다.

10 徹(철) : 통하다. 달하다.

11 袞鼻睡如雷日已高 諸吏悉候于柴扉外(곤비수여뢰일이고 제리실후우시비외) : 남곤이 우레처럼 코를 골며 자는 사이 해는 이미 높이 떴는데 아전들은 모두 사립문 밖에서 기다리고 있었다. 悉은 다. 候는 기다리다.

12 爲(위) : 삼다.

13 嘗乘醉令前卒隨後唐突而入(상승취영전졸수후당돌이입) : 일찍이 취함을 타 군졸을 앞세우고 뒤를 따라 거침없이 들어갔더니. 乘醉는 취한 것을 이용하다. 唐突은 거리낌 없이 씩씩하게.

14 令公若欲外我(영공약욕외아) : 영공께서 만약 저를 내치고자 하신다면. 여기서 外는 동사로서 내치다.

15 駭(해) : 놀라다.

16 娼物(창물) : 창녀. 기녀.

17 欲掩其跡 忍人所不忍可乎(욕엄기적 인인소불인가호) : 그 흔적을 가리려고 사람으로 차마 할 수 없는 잔인한 짓을 저지른 것은 옳으냐? 앞의 忍은 잔인한 짓을 하다. 뒤의 人所不忍은 사람으로 차마 할 수 없는 일.

18 駄(타) : 짐을 싣다.

39. 南原梁生

南原有梁生者　處心疎浪　家事饒給　以風流自許[1]．聞關西多名妓　思欲一暢其懷．適有親黨[2]爲[3]定州牧使　生罄家儲結駄聯軫而往[4]．牧使擇名妓薦枕　生大愛之　三年盡輸其貨　敝衣單驢悽楚而還[5]．其妓有男弟　追送中道　抃孿而泣[6]．生不忍別　自度[7]行李[8]無餘　只有一韡在足．遂脫而與之　於驢背赤足[9]而往．行半月程　於溪上柳陰下秣[10]馬　臨溪倚樹而涕泣漣如　行路之人莫不咨嗟[11]．

有一商　亦於是　溪上午飯　支頤惆悵雪涕　濡鬚悲不自勝[12]．生問之曰『爾何人悲啼[13]若[14]我? 願與密語對討悲懷也．』生先曰『吾留定州三年　有所愛妓鍾情甚　非徒[15]我愛妓　妓亦愛我倍之．一朝捨別是以泣．』商曰『小人亦於定州得一小妓　留三年．其妓乃衙中子弟所切愛　晝夜無隙[16]每托[17]省母　一日三出　歡情方洽　一朝作別　是以泣．』遂相持痛哭　不覺日之夕矣．生始問『爾之所愛妓名爲誰?』卽生之妓也．於是　憮然[18]解携拂衣而歸　自此不復關心．

《於于野譚》

1 自許(자허) : 자부하다.

2 親黨(친당) : 친척.

3 爲(위) : 되다.

4 生罄家儲結駟聯軨而往(생경가저결사련진이왕) : 양생은 가산을 전부 큰 수레에 실어 묶고는 수레를 잇대어 갔다. 儲는 쌓다. 駟는 말 네 마리가 끄는 수레. 軨은 수레.

5 三年盡輸其貨 敝衣單驢悽楚而還(삼년진수기화 폐의단려처초이환) : 삼 년 만에 그 재물을 다 주어버리고는 해어진 옷에 홀로 당나귀를 타고 슬픈 심정으로 돌아갔다. 輸는 선물하다. 單은 홀로. 驢는 당나귀.

6 拚轡而泣(반비이읍) : 고삐를 놓고 울었다. 拚은 버리다. 轡는 고삐.

7 度(탁) : 헤아리다. 생각하다.

8 行李(행리) : 여행할 때 쓰이는 물건과 차림.

9 赤足(적족) : 맨발.

10 秣(말) : 먹이다.

11 臨溪倚樹而涕泣漣如 行路之人莫不咨嗟(임계의수이체읍연여 행로지인막불자차) : 시냇가에서 나무에 기대어 눈물을 연하여 흘리니 길가는 사람들이 탄식하지 않는 이가 없었다. 漣如는 잇대어. 莫不은 ~하지 않는 사람이 없다. 咨嗟는 탄식하다.

12 支頤惆悵雪涕 濡鬚悲不自勝(지이추창설제 유수비불자승) : 턱을 괴고 슬픔에 젖어 눈물을 닦고 있었는데 눈물로 수염을 적시며 슬픔을 이기지 못하는 것이었다. 支頤는 턱을 괴다. 惆悵은 슬퍼하다. 雪은 닦다. 濡는 적시다. 鬚는 수염.

13 啼(제) : 울다.

14 若(약) : 같다.

15 非徒(비도) : 다만 ~뿐만이 아니라.

16 隙(극) : 틈.

17 托(탁) : 핑계하다.

18 憮然(무연) : 놀라서.

40. 平壤妓武貞介

平壤妓武貞介爲柳判書辰仝所幸[1]. 携過數邑　適見前壻[2]蒼頭[3] 悲咽[4]流涕　柳奴責之曰『娘子之情　專[5]在於彼　不重吾主可知.』妓答曰『汝可謂不通事理者也. 我爲[6]汝主固當守節 不幸他適而見汝於異日　則十倍於此.』其敏於言語如此.

《於于野譚》

어구풀이

1 平壤妓武貞介爲柳判書辰仝所幸(평양기무정개위유판서진동소행) : 평양기 무정개는 유진동판서의 사랑을 받는 바 되었다. 爲 ～ 所는 ～한 바가 되다.
2 壻(서) : 남자.
3 蒼頭(창두) : 하인.
4 咽(열) : 목이 메다.
5 專(전) : 오로지.
6 爲(위) : 위하다.

41. 平壤妓無定價

　柳辰仝[1]爲監軍御史　平安監司爲御史開大宴于浮碧樓. 平壤之妓
凝粧盡態　朱翠交映[2]. 御史至顧而言曰『平壤敎坊[3]何年革罷[4]乎?』
言其妓中無人也[5]. 左右黙然　監司謂諸妓曰『御史有問　何不出對?』
有一妓名無定價出而對曰『監軍御史何時復立乎?』言其御史非其
人也[6]. 監司大喜　厚賞其妓.

《於于野譚》

1 仝(동) : 同(동)과 같은 자임.

2 平壤之妓凝粧盡態　朱翠交映(평양지기응장진태 주취교영) : 평양의 기
　녀들이 화장을 짙게 하고 맵시를 다하여 붉고 푸른빛이 서로 비치었
　다.

3 敎坊(교방) : 조선시대의 기녀 양성기관.

4 革罷(혁파) : 폐지.

5 言其妓中無人也(언기기중무인야) : 그 기녀들 중에 말할 수 있는 사람
　은 아무도 없었다. 어순이 도치된 문장임.

6 言其御史非其人也(언기어사비기인야) : 그 어사도 말할 수 있는 사람이
　아니었다. 역시 도치된 문장.

42. 京城妓加地

京城北部有第一名唱加地字可拾　玅[1]琴歌善調謔　非但色貌出凡
縉紳名官花柳筵無其人殊索然[2].　一日夕　路見件作人[3]　破衣垢面負
人屍而去.　加地掩面不視曰『長安女子有肯作這奴妻者乎[4]?』件作
人聞之含怒　他日假[5]人衣冠　假人重貨以求之.　加地不覺也　許同寢
四五夕　遂以靑褓裏一封物　納之而去[6].　加地甚喜　開視之卽死兒
屍.　加地大愕　頓地垂絶[7].　恐言出其口　盡歸[8]受之貨而絶之.

曾仍中朝人[9]也.　聞南京有一花子[10].　敝衣蓬頭揷銀五兩于巾後　入
名妓家求宿　妓大怒捧杖而歐之.　花子出門不顧而去　妓見巾後揷
銀　擧手而招之曰『來爾.　花子前面看的不好　後面看的好耳[11]!』要
與共宿　取銀而送之.　吁! 妓女之輕身重貨　天下同然　可歎也已.

《於于野譚》

1 玅(묘) : 妙(묘)와 같은 자.

2 非但色貌出凡 縉紳名官花柳筵無其人殊索然(비단색모출범 진신명관화류연무기인수삭연) : 비단 얼굴만 뛰어난 것이 아니어서 고관대작들의 화려한 잔치에 그녀가 없으면 특별히 쓸쓸할 정도였다. 縉紳은 고관(高官). 殊는 특별히. 索然은 쓸쓸한 모양.

3 仵作人(오작인) : 예전에, 지방 관아에 딸려 수령이 사건 현장에서 시체를 검사할 때에 그 시체를 직접 만지는 하인을 이르던 말.

4 長安女子有肯作這奴妻者乎(장안여자유긍작저노처자호) : 장안 여자에 이놈의 아내가 되려는 자가 있을까?

5 假(가) : 빌리다.

6 遂以靑褓裹一封物 納之而去(수이청보리일봉물 납지이거) : 마침내 푸른 보자기에 싼 한 물건을 주고 갔다. 褓는 보자기. 封物은 봉한 물건.

7 加地大愕 頓地垂絶(가지대악 돈지수절) : 가지는 크게 놀라 땅에 넘어져 거의 숨이 끊어지려 하였다. 頓은 넘어지다. 垂는 거의.

8 歸(귀) : 돌려주다.

9 中朝人(중조인) : 중국인.

10 花子(화자) : 거지.

11 花子前面看的不好 後面看的好耳(화자전면간적불호 후면간적호이) : 거지가 앞에서 보면 좋지 않지만 뒤에서 보니까 좋네! 이 문장은 백화체(白話體)임.

43. 儒生盧植

儒生六七人以科擧期迫 出銅雀江鍊業[1]. 時有友生爲禮曹佐郎
生戲之曰『吾儕出寓江榭 風景雖好 奈鰥居無悰[2]. 何可不擇名妓
爲我薦枕?』禮郎曰『諾.』翌日生坐江亭 有紅粉三十餘人喚舟[3].
至則皆禮郎所送妓也. 諸儒相與密議曰『前言戲之而[4]妓之至者如
許多也 十里步來 無一杯以勞[5]之 於我乎 甚無顔. 不如集粮米以
爲飯餉之[6].』使一僕炊飯[7] 餘無使喚人 出儕中年少者操[8]其事 卽盧
植也. 搜[9]其饌只有蘇魚[10]十餘尾[11]. 潛出廚[12]後 覆木升括其鱗 爲一
妓所覘[13]. 言于衆妓 衆妓拍手大笑聲鬨[14]一堂 植愧而走. 未幾[15]植
捷[16]壯元及第 御靑袍 揷桂花 張雙盖 列紅牌 衆工執樂 徒衆塞路
過掌樂院前路. 是日也院中試樂 衆妓觀之. 一妓諦視[17]之大驚曰
『此新來莫是向者江亭括蘇魚者耶[18]?』衆妓相顧而歎之 植愧之促
鞭而過.

《於于野譚》

1 鍊業(연업) : 학업에 힘씀.

2 吾儕出寓江榭 風景雖好 奈鰥居無悰(오제출우강사 풍경수호 내환거무종) : 우리들이 강정(江亭)에 나와 지내니 풍경은 비록 좋으나 홀아비로 거처하니 즐거움이 없는지라. 儕는 무리. 江榭는 강가의 정자. 鰥은 홀아비. 悰은 즐거움.

3 有紅粉三十餘人喚舟(유홍분삼십여인환주) : 미인 삼십여명이 배에서 불렀다. 紅粉은 미인. 喚舟는 이어지는 문장으로 보아 喚於舟에서 於가 생략된 것으로 보아야 함.

4 前言戲之而(전언희지이) : 앞의 말은 장난으로 한 것인데. 관용적인 표현임.

5 勞(로) : 위로하다.

6 不如集粮米以爲飯餉之(불여집량미이위반향지) : 쌀을 모아 밥을 지어 먹이는 것 만하지 않다. 즉 쌀을 모아 밥을 해 먹이는 것이 제일 좋겠다는 뜻.

7 炊飯(취반) : 밥을 하다.

8 操(조) : 부리다. 사역하다.

9 搜(수) : 찾다.

10 蘇魚(소어) : 밴댕이.

11 尾(미) : 마리. 생선을 세는 단위.

12 廚(주) : 주방. 부엌.

13 覆木升括其鱗 爲一妓所覘(복목승괄기린 위일기소점) : 나무 되를 엎어 놓고 그 비늘을 긁다가 한 기녀에게 들킨바 되었다. 覆은 뒤엎다. 括은 긁다. 鱗은 비늘. 覘은 엿보다. 爲 ~ 所는 ~한 바가 되다.

14 鬨(홍) : 떠들다.

15 未幾(미기) : 얼마 안 있어.

16 捷(첩) : 이기다. 여기서는 합격하다의 뜻.

17 諦視(체시) : 자세히 살펴봄.

18 此新來莫是向者江亭括蘇魚者耶(차신래막시향자강정괄소어자야) : 이 새로 온 사람은 지난번에 강정에서 밴댕이를 긁던 사람이 아니냐? 莫은 없다, 아니다와 같은 부정이나 금지의 조사(助辭).

44. 畵師黃順

畵師黃順常居數間蝸屋[1]. 口給懸河　正色而言一不齒　而使人捧
腹短氣[2]. 嘗與京上新妓私　夜欲共宿于家　憩其蝸室. 其家與太平
館相背[3]. 從後門叩其扉　高聲作虛名　連喚六七奴婢. 空館也無一人
應　陽[4]爲大怒曰『婢僕盡睡不應　明日必大杖之. 隔墻乳母家當往
宿焉.』仍携入蝸屋而宿. 妓則不識　以太平館爲順家. 畵師役苦　而
長安索畵者甚煩　不勝其苦. 有人叩門而呼　家無應門[5]　常自寢其鼻
變其聲曰『參奉氏出去.』

《於于野譚》

1 蝸屋(와옥) : 달팽이의 집이라는 뜻으로, 작고 누추한 집을 비유적으로
　이르는 말.

2 口給懸河　正色而言一不齒　而使人捧腹短氣(구급현하 정색이언일불치 이
　사인봉복단기) : 말을 청산유수처럼 잘 했는데 정색을 하고 말하면 자
　기는 전혀 웃지 않으면서도 사람들로 하여금 배꼽을 잡고 웃게 만들었
　다. 一不齒는 이가 하나도 안 보인다는 것인데 웃지 않음을 표현한 말
　임. 捧腹은 배를 움켜잡다.

3 相背(상배) : 서로 등지다.

4 陽(양) : 거짓. 佯(양)과 같은 뜻임.

5 應門(응문) : 문 앞에서 손님을 맞는 아이.

45. 金兵使妓留情武倅

仁祖戊子年間 武臣金某爲平安兵使 時有所眄妓 愛之專房[1]. 妓嘗留情於武倅鄭好信 不能忘情 因公事到營 則妓偸隙潛出 好合綢繆[2]. 而有密告兵使者 兵使詰問之 妓牢諱之 至擧刀斫指以誓之 見者莫不愍歎[3]. 好信聞而忿之曰『此妖物也 吾不可隱也!』請謁兵使悉陳事狀 治以重罪 人皆多[4]之.

《東平錄》

어구풀이

1 專房(전방) : 방을 독점하다. 사랑을 독차지하다.
2 因公事到營 則妓偸隙潛出 好合綢繆(인공사도영 즉기투극잠출 호합주무) : 공사(公事)로 감영에 오면 기녀는 틈을 훔쳐 몰래 나와 정을 통하곤 하였다. 綢繆는 서로 얽히다.
3 妓牢諱之 至擧刀斫指以誓之 見者莫不愍歎(기뢰휘지 지거도작지이서지 견자막불민탄) : 기녀는 굳게 숨기면서 칼을 들어 손가락을 찍어서 맹세함에 이르니 보는 자가 민망히 여겨 탄식하지 않는 자가 없었다. 牢는 굳게. 諱는 숨기다, 은폐하다. 莫不은 이중부정으로 無不과 같음. ~하지 않는 사람이 없다.
4 多(다) : 칭찬하다.

46. 老海伯妓潛通府使

　梅花者谷山妓也. 有姿色. 一老宰爲海伯[1] 巡到其郡　見而愛之 率置營衙　寵幸無比. 時有一名士爲谷山府使　謁伯于海營　瞥[2]見其 妓之美　心慕之. 招其母而厚遺　如是屢月[3] 歡結其心　妓母心怪之 問所以奉愛之意　府使曰『汝雖老矣　本是名妓　故欲與親也　別無 他意.』一日老妓又問其故　府使乃曰『吾於海營[4]見汝女　愛戀不能 忘　殆乎[5]生病. 汝若率來　更接一面　則死無恨矣[6].』老妓笑曰『此 甚易事　何不早敎也? 當率來矣.』歸家作書于其女曰『吾病且死 不見汝　將不得瞑目[7] 其速來面決云云.』梅花見書　泣告海伯　請暇 往省其病母　海伯許之　資送甚厚[8]. 梅花歸見其母　其母道[9]其由　偕 入府衙　府使年才三十餘　風儀俊俏　而海伯則容貌老皺　殆若仙凡 之殊[10]. 梅花一見　亦有戀慕之心　自伊日[11]遂薦枕　兩情歡洽. 過一 朔[12] 暇期已滿　梅花將還向海營　府使戀戀不能捨曰『從此一別　後 會難期　將若之何?』梅花揮淚曰『妾旣許君矣　今行有脫歸之計　匪 久更侍左右矣[13].』

　仍發行到海州　入見道伯　伯問其母病何如. 對曰『病勢委篤　幸 賴良醫　今則向差矣[14].』依前左洞房[15] 十餘日　梅花忽病　寢食俱廢 呻吟度日. 伯雜施藥物而無效. 委[16]臥近一旬[17] 忽爾突起　蓬頭垢 面　頓足[18]拍手　狂叫亂嚷　或哭或笑　斥呼伯名而罵之　人或挽[19]之 蹴之齧[20]之 使不得前　卽狂疾也. 伯驚駭送還其家　本是佯狂　安得 不愈[21]? 卽入衙　見府使　語其狀　留在夾室　情愛逾篤.

海伯聞知其事　後府使往謁海伯　伯問曰『府妓之爲我守廳者　身病還家矣　近則何如? 公亦時或招見否?』對曰『病則少愈云　而巡營守廳妓　下官何敢招見乎?』伯冷笑曰『公爲吾善守直焉.』府使知其狀　請暇上京　嗾[22]一臺官[23]劾[24]其道伯而罷之　仍畜梅花　遞館[25]率來同居. 及丙申之獄事起　前谷山府使辭連逮獄[26]. 其妻泣謂梅花曰『主公今至此境　吾則心有所決　汝尙年少　何必在此. 還歸可也.』梅花亦泣曰『賤妾久承主公之恩愛. 今當禍難　安忍背歸[27]? 有死而已!』府使受杖身斃[28]　其妻自縊[29]而死　梅花躬[30]自殯斂　及接府使屍體　又復治喪　夫婦之棺合祔[31]於先塋[32]之下　然後　亦自裁[33]於墓傍而下從[34].

《溪西野談》

1 海伯(해백) : 황해도 관찰사(觀察使).

2 瞥(별) : 잠깐.

3 屢月(누월) : 여러 달.

4 海營(해영) : 황해도 감영(監營).

5 殆乎(태호) : 거의.

6 汝若率來 更接一面 則死無恨矣(여약솔래 갱접일면 즉사무한의) : 그대 가 만약 데리고 와서 다시 한 번 얼굴을 볼 수 있게만 해 준다면 죽어 도 여한이 없으리로다. 率來는 데리고 오다.

7 不得瞑目(부득명목) : 눈을 감지 못하다. 瞑目은 눈을 감음.

8 請暇往省其病母 海伯許之 資送甚厚(청가왕성기병모 해백허지 자송심 후) : 가서 그 병든 어미를 살필 겨를을 청하니 해백이 허락하고 노자 를 매우 후하게 보내주었다.

9 道(도) : 말하다.

10 府使年才三十餘 風儀俊俏 而海伯則容貌老皺 殆若仙凡之殊(부사연재삼 십여 풍의준초 이해백즉용모노추 태약선범지수) : 부사 나이 겨우 삼십 여 세에 풍모가 준수하였으나 해백은 용모가 늙고 주름져서 거의 신선 과 범인의 다름과 같았다. 才는 겨우. 皺는 주름지다. 殊는 다르다.

11 伊日(이일) : 이날.

12 一朔(일삭) : 한 달.

13 妾旣許君矣 今行有脫歸之計 匪久更侍左右矣(첩기허군의 금행유탈귀지 계 비구갱시좌우의) : 첩은 이미 낭군에게 몸을 허락하였으니 이제 가 면 벗어나 돌아올 계책이 있어 오래잖아 다시 곁에서 모실 수 있을 것 입니다. 匪久는 非久와 같음.

14 病勢委篤 幸賴良醫 今則向差矣(병세위독 행뢰양의 금즉향차의) : 병세 위독하더니 다행히 양의(良醫)에게 의뢰하여 이제는 조금 차도가 있습 니다.

15 洞房(동방) : 침방(寢房).

16 委(위) : 쇠약해지다.

17 一旬(일순) : 열흘.

18 頓足(돈족) : 발을 구름.

19 挽(만) : 만류하다.

20 齧(설) : 깨물다.

21 本是佯狂 安得不愈(본시양광 안득불유) : 본래 미친척하는 것이었으니 어찌 낫지 않을 수 있겠는가. 佯狂은 거짓으로 미친척함.

22 嗾(주) : 부추기다.

23 臺官(대관) : 사헌부(司憲府)의 관리. 사헌부는 관리들의 잘못을 조사하여 그 책임을 탄핵하는 일을 맡아보던 관아.

24 劾(핵) : 탄핵하다.

25 遞館(체관) : 역참(驛站).

26 逮獄(체옥) : 붙잡혀 옥에 갇히다.

27 賤妾久承主公之恩愛 今當禍難 安忍背歸(천첩구승주공지은애 금당화난 안인배귀) : 천첩은 오래도록 주공의 은혜와 사랑을 받았는데 이제 화난(禍難)을 당하여 어찌 차마 등지고 돌아가겠습니까? 安忍은 어찌 차마.

28 斃(폐) : 죽다.

29 縊(의) : 목을 매다.

30 躬(궁) : 몸소.

31 合祔(합부) : 합장(合葬).

32 先塋(선영) : 선조의 무덤.

33 自裁(자재) : 자결(自決).

34 下從(하종) : 죽은 남편의 뒤를 따라 아내가 자결함.

47. 尹斯文隨妓作舞

尹斯文[1]統詼諧善話　常以誑人爲事[2].　家在嶺南　每巡州郡　至一
邑　與妓在房　有一吏往來屢目妓不止[3].　先生知其有異志　夜半假寐
而鼾[4]　妓以爲熟睡　挺身[5]而出　先生亦潛隨之.　吏適到窓外　携妓手
而行　妓曰『月色如水　房無一人　可宜舞也.』對立娑婆[6].　先生又見
一吏臥睡簷[7]下　遂取遺麥笠　冒[8]頭而往　舞於其側　吏曰『兩人爲懽[9]
汝是何人?』先生曰『我是東上房賓也.　見兩公舞袖　不勝健羨[10]　來
助歡耳.』吏惶恐謝罪.

《慵齋叢話》

1 斯文(사문) : 유학자의 경칭.
2 常以誑人爲事(상이광인위사) : 매양 사람 속이는 것으로 일을 삼았다.
　여기서 爲는 삼다.
3 有一吏往來屢目妓不止(유일리왕래루목기부지) : 한 아전이 왔다 갔다
　하면서 기녀를 누차 봄을 그치지 않았다.
4 鼾(한) : 코를 골다.
5 挺身(정신) : 몸을 빼다.
6 對立娑婆(대립사바) : 마주 서서 사바 춤을 추었다.
7 簷(첨) : 처마.
8 冒(모) : 쓰다.
9 懽(환) : 歡(환)과 같은 자. 즐기다.
10 健羨(건선) : 부러움.

48. 朴忠侃妓私愛錄事

　國家昇平時[1] 鄕吏皆著[2]濟羅笠　言百濟新羅時方笠也. 兪洵有所私女鄕吏之妻. 洵嘗潛入其房　洵妻持杖而入. 洵見壁上掛[3]濟羅笠卽著其笠　出伏于地　洵妻以爲[4]鄕吏　蒼黃而走.

　朴忠侃有所愛妓　妓與錄事[5]私. 錄事例著平頂巾　掛在壁上. 忠侃乘夜入侃家而宿　趁[6]早朝詣闕　天未明　誤換著平頂而往至闕下. 奴子仰視而疑之　忠大驚　下馬入民家. 當時好事者爲詩曰『兪洵妻畏黑方笠　忠侃奴疑平頂冠[7].』時人謂之絶唱.

《於于野譚》

어구풀이

1 昇平時(승평시) : 태평시(太平時).

2 著(착) : 쓰다.

3 掛(괘) : 걸다. 여기에서는 걸려 있는.

4 以爲(이위) : 여기다. 생각하다.

5 錄事(녹사) : 조선 시대, 의정부(議政府), 중추원(中樞院)에 속한 경아전(京衙前)의 상급 서리(胥吏)의 관직. 기록을 담당하거나 문서, 전곡(錢穀) 등을 관장했고 상부(相府)와 육조(六曹)에만 있었다.

6 趁(진) : 좇다.

7 兪洵妻畏黑方笠　忠侃奴疑平頂冠(유순처외흑방립 충간노의평정관) : 유순의 처는 흑방립을 두려워했고 충간의 노비는 평정관을 의심했다.

49. 金命元踰墻從妓

慶林府院君[1]金命元少時豪蕩 沈惑於花柳之場 其所眄妓爲[2]宗室[3]
某之妾. 餘情未斷 嘗以黑夜踰墻[4]相從 宗室知之 一夜設伏[5]於要處
果然得. 以繩縛[6]之欲猛打 時公兄慶元官[7]掌令[8] 聞其弟遭[9]禍 馳[10]到
其家 大門已閉不得入. 掌令喝退守門者 排門直入 大號曰『我是掌
令金慶元. 吾弟氣豪無檢[11] 今得罪於公 雖死無惜 但吾弟才學出衆
驥展有日[12]. 公何以一女子之故 殺一才子乎?』宗室卽下階容謝之
命解其縛 置酒厚待以遣之.

《海東逸話》

1 府院君(부원군) : 임금의 장인.

2 爲(위) : 되다.

3 宗室(종실) : 임금의 친족.

4 踰墻(유장) : 담을 넘다.

5 設伏(설복) : 매복을 설치하다 .

6 縛(박) : 묶다.

7 官(관) : 동사로서 벼슬을 하다.

8 掌令(장령) : 사헌부(司憲府)의 정사품(正四品) 벼슬.

9 遭(조) : 만나다.

10 馳(치) : 말을 타고 달리다.

11 檢(검) : 단속하다.

12 但吾弟才學出衆 驥展有日(단오제재학출중 기전유일) : 단 제 아우가 재학(才學)이 출중하여 얼마 안 있으면 천리마의 기상을 펼칠 수 있게 될 것입니다. 驥는 천리마. 有日은 얼마 안 있으면, 며칠만 지나면.

50. 紅桃

　南原鄭生者失其名. 少時善吹洞簫[1] 善歌詞　意氣豪宕不羈[2]　懶[3]
於學問. 求婚於同邑良家　良家有女名紅桃　兩家議結　吉日已迫　紅
桃父　以鄭生不學辭之. 紅桃聞而言於父母曰『婚者天定也. 業已[4]
定日　當行於初定之人　中背之可乎?』其父感其言　遂與鄭結婚　第
二年生子　名夢錫. 萬曆[5]壬辰之變[6]　以射軍防倭　丁酉[7]楊總兵元守
南原　生在城中　紅桃男服隨夫　軍中莫之知也. 其子夢錫　隨祖父入
智異山　避禍城陷[8]　生隨總兵得出　而與紅桃相失　謂[9]其妻隨明兵而
去. 生跟[10]明兵　轉入中國　行乞至浙江　遍求之. 一日同明兵道主　乘
浙江船　月夜吹簫　隣船有一人語曰『此洞簫似是前日朝鮮所聽之調
也.』生疑之曰『無乃[11]吾妻也?　若非吾妻　何以知此調也?』乃復吟
前日與妻相和之歌辭　其人抵掌大號曰[12]『此吾夫也!』生大驚　卽欲
乘小船往追　道主固止之曰『此南蠻[13]商船與倭相雜者也. 爾如往
無益反有害　俟明發　吾有以處之[14].』

　黎明[15] 道主給銀數十兩　幷家丁數人　諭以求之　果其妻也. 相與
握手　失聲呼哭　舟中無不驚異悲嘆者. 蓋南原陷時　紅桃爲倭所虜[16]
入日本　日本見男服　不知婦也. 充之男丁　轉賣隨商船[17]　凡男子之
役　或能或不能　而善助刺船　自南蠻至浙江者意欲因之還朝鮮也.
生與紅桃　乃居浙江　浙江之人咸憐之　各與銀錢米粟　得以糊口[18].

生子夢眞 年十七求婚 以朝鮮之人 故華人不許 有一人處子 求婚 夢眞曰『吾父東征 往朝鮮不還 吾願嫁[19]此人往朝鮮 見父死所 招父魂而祭之 父如不死 萬一或再逢.』遂嫁夢眞居焉. 戊午[20]北征[21] 生募入劉綎軍 征奴賊 劉公敗死 胡兵殲[22]明兵殆盡 生高聲曰『吾非中國人也 乃朝鮮人也.』故釋不殺 乃逃出朝鮮地 下南原 行到公洪尼山縣 脚腫[23]求鍼醫 醫卽明兵也. 昔明兵撤回時落後者也. 問其姓名居止 乃其子夢眞之妻父也. 問所由 相持痛哭 偕與歸南原 訪生故居 見子夢錫娶妻産子 居故宅. 生旣與子遇 復遇子之妻父 稍慰孤寂 而但與紅桃 旣遇而旋失猶鬱悒無悰[24].

旣一年 紅桃轉賣家産 賃小船 與子夢眞及其婦 作華倭鮮三色服 自浙江發 見華人 以華人稱之 見倭人 以倭人稱之 浹[25]一月二十有五日 泊于濟州之楸子島外洋佳可島 見其糧 只餘六合. 紅桃謂夢眞曰『吾等在船飢死 則終必爲魚食 不如登島 自縊而死.』其婦固止之曰『吾等一合之米 煮[26]粥[27]飲 以療一日之飢 則足保六日 且見東方 隱照如有陸地 不如忍飢求生 生幸遇行船 濟[28]陸地 則是十八九生矣.』夢眞母子如其言 過五日 統制使斜水船來泊. 紅桃俱說與其夫南原相離之故 浙江相合之事 其夫死北征之由 其船人聞而悲之 將紅桃小船 繫[29]之船尾 下于順天地. 紅桃挈[30]男婦 訪南原舊地 夫與子夢錫 夢眞之聘父華人 同居焉. 非徒擧家俱全 幷與婚媾而無恙 其樂融融洩洩也[31].

太史公曰『鄭生東人也. 亂離失其妻　遠求之中國　紅桃失其夫於兵戈中　入三國　男服變容以全身　夢眞妻自求與異國人爲婚　求見父死所　卒皆相合於一處　一家六人　不期合者　皆在萬里風濤別界之外[32]　雖出於理外萬一之幸　而庸非所謂　至誠感神者耶[33]? 奇乎異哉!』

《於于野譚》

1 洞簫(통소) : 퉁소.

2 豪宕不羈(호탕불기) : 기개가 굳고 호걸스러워 사소한 일에 얽매이지 않음. 羈는 매이다.

3 懶(라) : 게으르다. 싫어하다.

4 業已(업이) : 이미.

5 萬曆(만력) : 명나라 만력년간.

6 壬辰之變(임진지변) : 임진년의 변란(1592년). 즉 임진왜란.

7 丁酉(정유) : 정유재란(1597년)을 말함.

8 陷(함) : 함락되다.

9 謂(위) : 생각하다.

10 跟(근) : 뒤따르다.

11 無乃(무내) : 차라리.

12 乃復吟前日與妻相和之歌辭 其人抵掌大號曰(내부음전일여처상화지가사 기인지장대호왈) : 이에 다시 전날 아내와 서로 화답했던 가사를 읊으니 그 사람이 손뼉을 치며 크게 소리 질러 말하기를. 和는 화답(和答)하다. 抵는 치다.

13 南蠻(남만) : 옛날 중국 남쪽에 살았던 족속들을 중국 사람들이 일컫던 말.

14 爾如往 無益反有害 俟明發 吾有以處之(이여왕 무익반유해 사명발 오유이처지) : 당신이 만약 간다면 이로움은 없고 반대로 해가 있을 것이니 새벽을 기다려서 내가 처리해 주리라. 如는 만약. 俟는 기다리다. 明發은 새벽.

15 黎明(여명) : 희미하게 동이 터 올 무렵.

16 紅桃爲倭所虜(홍도위왜소로) : 홍도는 왜군에게 붙잡힌 바 되어.

17 刺船(척선) : 배를 젓다.

18 糊口(호구) : 입에 풀칠하다. 겨우 먹고 살다.

19 嫁(가) : 시집가다.

20 戊午(무오) : 1618년.

21 北征(북정) : 북쪽에 있던 청(淸)을 정벌함에.

22 殲(섬) : 섬멸하다. 모두 죽이다.

23 腫(종) : 종기.

24 生旣與子遇 復遇子之妻父 稍慰孤寂 而但與紅桃 旣遇而旋失 猶鬱悒無
   憬(생기여자우 부우자지처부 초위고적 이단여홍도 기우이선실 유울읍
   무종) : 생이 이미 아들과 만났고 또 아들의 장인과도 만나 외로운 마
   음에 조금 위안이 되었지만, 홍도와는 만나자마자 곧 헤어져 오히려
   우울하고 근심이 되어 즐거움이 없었다. 旋은 곧. 鬱은 우울하다. 悒은
   근심하다. 憬은 즐겁다.

25 浹(협) : 돌다. 지나다.

26 煮(자) : 끓이다.

27 粥(죽) : 죽.

28 濟(제) : 건너다.

29 繫(계) : 매다.

30 挈(설) : 끌다. 데리고 다님.

31 非徒擧家俱全 幷與婚媾而無恙 其樂融融洩洩也(비도거가구전 병여혼
   구이무양 기락융융예예야) : 다만 온 집이 무사할 뿐 아니라 사돈네도
   무병(無病)하여 그 즐거움이 더할 수 없이 컸다. 婚媾는 사돈. 恙은 병
   (病). 融融은 화평한 모양. 洩洩는 훨훨 나는 모양.

32 一家六人 不期合者 皆在萬里風濤別界之外(일가육인 불기합자 개재만
   리풍도별계지외) : 일가 육인이 기약도 없이 만난 것은 모두 만 리 밖
   바람 불고 물결치는 별계에서였고.

33 雖出於理外萬一之幸 而庸非所謂至誠感神者耶(수출어리외만일지행 이
   용비소위지성감신자야) : 비록 이치 밖의 요행에서 나온 것이지만 어
   찌 이른바 지성(至誠)이면 감천(感天)이 아니겠는가? 庸은 어찌.

51. 烈女咸陽朴氏傳

朴趾源

齊人[1]有言曰『烈女不更二夫.』如詩[2]之柏舟[3] 是也. 然而國典[4] 『改嫁子孫 勿敍[5]正職[6].』此豈爲庶姓黎甿而設哉[7]! 乃國朝四百年 來 百姓旣沐久道之化 則女無貴賤 族無微顯 莫不守寡 遂以成俗[8] 古之所稱烈女 今之所在寡婦也. 至若田舍[9]少婦 委衖[10]靑孀[11] 非有 父母不諒之逼 非有子孫勿敍之恥[12] 而守寡不足以爲節 則往往自 滅晝燭 祈殉夜臺 水火鴆繯 如蹈樂地 烈則烈矣 豈非過歟[13]?

昔有昆弟[14]名宦[15] 將枳[16]人清路 議于母前 母問『奚[17]累[18]而枳?』 對曰『其先有寡婦 外議頗喧[19].』母愕然曰『事在閨房 安從[20]而知 之?』對曰『風聞也.』母曰『風者有聲而無形也 目視之而無覩也 手執之而無獲也 從空而起 能使萬物浮動 奈何以無形之事 論人 於浮動之中乎? 且若乃寡婦之子 寡婦子尙能論寡婦耶? 居 吾有以 示若[21].』出懷中銅錢一枚曰『此有輪郭乎?』曰『無矣.』『此有文字 乎?』曰『無矣.』母垂淚曰『此汝母忍死符也[22]. 十年手摸[23] 磨之 盡矣. 大抵 人之血氣 根於陰陽 情欲鍾[24]於血氣 思想生於幽獨[25] 傷悲[26]因於思想 寡婦者 幽獨之處 而傷悲之至也. 血氣有時而旺 則寧[27]或寡婦而無情哉? 殘燈弔影 獨夜難曉 若復簷雨淋鈴[28] 窓月 流素 一葉飄[29]庭 隻雁叫天 遠鷄無響 穉婢[30]牢鼾 耿耿不寐 訴誰 苦衷[31]? 吾出此錢而轉之 遍摸室中 圓者善走 遇域[32]則止 吾索而

復轉 夜常五六轉 天亦曙[33]矣. 十年之間 歲減其數 十年以後 則或五夜一轉 或十夜一轉 血氣旣衰 而吾不復轉此錢矣. 然吾猶十襲[34]而藏之者 二十餘年 所以不忘其功 而時有所自警也.』遂子母相持而泣. 君子聞之曰『是可謂烈女矣!』噫! 其苦節淸修若此 世無以表見於當世 名湮沒而不傳 何也[35]? 寡婦之守義 乃通國[36]之常經[37]故微一死[38] 無以見殊節於寡婦之門.

　余視事安義之越明年癸丑月日 夜將曉 余睡微醒 聞廳事前 有數人 隱喉密語復有慘怛[39]歎息之聲 蓋[40]有警急[41] 而恐擾[42]余寢也. 余遂高聲問『鷄鳴未?』左右對曰『已三四號矣.』『外有何事?』對曰『通引[43]朴相孝之兄之子之[44]嫁咸陽 而早寡者 畢其三年之喪 飮藥將殊[45] 急報來救 而相孝方守番 惶恐不敢私去.』余命之疾去. 及晚 爲問『咸陽寡婦得甦[46]否?』左右言『聞已死矣.』余喟然[47]長歎曰『烈哉 斯人!』乃招群吏而詢[48]之曰『咸陽有烈女 其本安義出也. 女年方幾何? 嫁咸陽誰家? 自幼志行如何? 若曹[49]有知者乎?』群吏歔欷[50]而進曰『朴女家世縣吏也. 其父名相一 早歿[51]獨有此女 而母亦早歿 則幼養於其大父母[52] 盡子道 及年十九 嫁爲咸陽林述曾妻 亦家世郡吏也. 述曾素羸弱[53] 一與之醮 歸未半歲而歿. 朴女執夫喪 盡其禮 事舅姑 盡婦道 兩邑之親戚隣里 莫不稱其賢 今而後果驗之矣.』有老吏感慨曰『女未嫁時 隔數月 有言「述曾病入髓 萬無人道之望 盍退期[54]?」其大父母密諷[55]其女 女黙不應 迫期 女家使人觀述曾 述曾雖美姿貌[56] 病勞且咳 菌立而影行也[57]. 家大懼 擬[58]招他媒 女斂[59]容曰「曩所裁縫 爲誰稱體

又號誰衣也[60]? 女願守初製.」家知其志 遂如期迎婿 雖名合巹[61] 其實竟守空衣云.』旣而[62]咸陽郡守尹侯[63]光碩 夜得異夢 感而作烈婦傳 而山淸縣監李侯勉齊 亦爲之立傳 居昌愼敦恒 立言士[64]也 爲朴氏 撰次[65]其節義. 始終其心 豈不曰『弱齡孷婦[66]之久留於世 長爲親戚之所嗟憐 未免隣里之所妄忖 不如速無此身也[67].』噫! 成服而忍死者 爲有窆穸[68]也 旣葬而忍死者 爲有小祥[69]也 小祥而忍死者爲有大祥[70]也 旣大祥 則祥期盡 而同日同時之殉 竟遂其初志 豈非烈也?

1 齊人(제인) : 齊의 충신인 왕촉(王蠋).

2 詩(시) : 시경(詩經).

3 柏舟(백주) : 편명(篇名). 위(魏)의 세자 공백(共伯)이 일찍 죽자 그 아내 공강(共姜)이 수절하며 개가를 거절한 시.

4 國典(국전) : 나라의 전장(典章).

5 叙(서) : 주다.

6 正職(정직) : 실제로 업무를 맡아보는 문무관(文武官).

7 此豈爲庶姓黎氓而設哉(차기위서성려맹이설재) : 이것이 어찌 서민 백성들을 위해 만든 것이겠는가. 庶姓은 서민. 黎氓은 백성.

8 百姓旣沐久道之化 則女無貴賤 族無微顯 莫不守寡 遂以成俗(백성기목구도지화 즉여무귀천 족무미현 막불수과 수이성속) : 백성이 이미 오래도록 도(道)의 교화(敎化)에 젖어 여자들이 귀천도 없이, 족속의 높고 낮음도 없이 과부의 정절을 지키지 않음이 없어 마침내는 풍속이 되어버렸다.

9 田舍(전사) : 농사짓는데 편리하도록 밭 가까운 데에 간단히 지은 집.

10 委衖(위항) : 좁고 지저분한 거리. 위항(委巷)과 같음.

11 靑孀(청상) : 젊은 나이에 남편이 먼저 죽어서 혼자가 된 여자.

12 非有父母不諒之逼 非有子孫勿敍之恥(비유부모불량지핍 비유자손물서지치) : 부모가 개가하라고 핍박함이 있는 것도 아니요, 자손에게 벼슬길이 막히는 부끄러움이 있는 것도 아니지만.

13 而守寡不足以爲節 則往往自滅晝燭 祈殉夜臺 水火鴆繯 如蹈樂地 烈則烈矣 豈非過歟(이수과부족이위절 즉왕왕자멸주촉 기순야대 수화짐현 여도락지 열즉열의 기비과여) : 과부의 절개를 지키는 것만으로는 절개가 되기에 부족하다고 여겨 왕왕 스스로 햇빛을 멸하고, 남편을 따라 죽기를 원하여 물불에 몸을 던지거나 짐 술을 마시거나 끈으로 목을 매기를 극락세계를 밟듯 하니 모질기는 모질지만 어찌 지나치지 않으랴! 晝燭은 햇빛. 祈殉은 바라다. 夜臺는 무덤. 鴆은 짐 새로서 이 새의 깃으로 담은 술을 마시면 죽음. 繯은 매다.

14 昆弟(곤제) : 형제.

15 宦(환) : 벼슬아치.

16 枳(지) : 막다.

17 奚(해) : 어찌. 여기서는 어떤.

18 累(루) : 허물. 잘못.

19 喧(훤) : 떠들썩하다.

20 安從(안종) : 어디로부터.

21 居 吾有以示若(거 오유이시약) : 좀 있어라. 내 너희에게 보여줄 것이 있다. 若은 이인칭 대명사, 너.

22 此汝母忍死符也(차여모인사부야) : 이것이 너희 어미가 죽음을 참은 부적이다. 符는 부적(符籍).

23 摸(모) : 더듬다.

24 鍾(종) : 모이다.

25 幽獨(유독) : 고독.

26 傷悲(상비) : 슬픔.

27 寧(영) : 어찌.

28 淋鈴(임령) : 물방울이 떨어지다.

29 飄(표) : 나부끼다.

30 稚婢(치비) : 어린 계집종.

31 苦衷(고충) : 괴로운 마음.

32 域(역) : 경계.

33 曙(서) : 밝아오다.

34 十襲(십습) : 열 겹.

35 其苦節淸修若此 世無以表見於當世 名湮沒而不傳 何也(기고절청수약차 세무이표현어당세 명인몰이부전 하야) : 그 굳은 절개와 맑은 처신이 이와 같건만 세상에서 당세에 드러나지 않고, 그 이름이 인몰되어 전하지 않음은 무슨 까닭인가? 見은 나타날 현. 湮沒은 모두 없어지다.

36 通國(통국) : 온 나라.

37 經(경) : 길.

38 微一死(미일사) : 한 번 죽지 않으면. 微는 아닐 미.

39 慘怛(참달) : 슬퍼하다.

40 蓋(개) : 아마도.

41 警急(경급) : 변고. 난리.

42 擾(요) : 어지럽히다.

43 通引(통인) : 조선 시대, 지방 관아에 딸려 수령의 잔심부름을 하던 사람.

44 之(지) : 가다.

45 殊(수) : 거의 죽다.

46 甦(소) : 소생하다.

47 喟然(위연) : 한숨 쉬다.

48 詢(순) : 묻다.

49 若曹(약조) : 너희들.

50 歔欷(허희) : 한숨을 짓다.

51 歿(몰) : 죽다.

52 大父母(대부모) : 할아버지와 할머니.

53 羸弱(리약) : 약하다. 羸는 파리하다.

54 女未嫁時 隔數月 有言 述曾病入髓 萬無人道之望 盍退期(여미가시 격수월 유언 술증병입수 만무인도지망 합퇴기) : 여자가 시집가기 몇 달 전 어떤 이가 말하기를 술증(述曾)의 병이 골수에 들어 사람 노릇할 가망이 만무한데 어찌 약속을 물리지 않느냐고 했답니다. 髓는 골수(骨髓). 盍은 어찌하여 ~하지 않는 것인가. 何不과 같음.

55 諷(풍) : 넌지시 말하다.

56 姿貌(자모) : 용모.

57 病勞且咳 菌立而影行也(병로차해 균립이영행야) : 병을 앓고 있는데다 또 기침까지 하여 버섯이 서 있는 듯, 그림자가 걸어 다니는 듯 했답니다. 勞는 앓다. 咳는 기침하다. 菌은 버섯.

58 擬(의) : 헤아리다. 생각하다.

59 斂容(염용) : 자숙하여 몸가짐을 조심하고 용모를 단정히 하다.

60 曩所裁縫 爲誰稱體 又號誰衣也(낭소재봉 위수칭체 우호수의야) : 지난번 재봉한 옷은 누구의 몸에 맞춘 것이고 또 누구 옷이라고 불렀습니까?

61 合졸(합근) : 혼례. 원래는 전통 혼례에 있어 신랑 신부가 술잔을 주고받는 절차이지만 혼례 자체를 나타내는 말로도 쓰임. 여기서는 혼례.

62 旣而(기이) : 얼마안가.

63 侯(후) : 고을 원을 높인 말.

64 立言士(입언사) : 글 쓰는 선비.

65 撰次(찬차) : 순서에 따라 기술함.

66 嫠婦(이부) : 과부.

67 弱齡嫠婦之久留於世 長爲親戚之所嗟憐 未免隣里之所妄忖 不如速無此
身也(약령이부지구류어세 장위친척지소차련 미면인리지소망촌 불여속
무차신야) : 나이 어린 과부가 세상에 오래 머문다면 길이 친척들의 불
쌍함을 받겠지만 이웃들의 망령된 생각도 벗어나지 못하리니 속히 내
몸을 없애는 것이 낫겠다.

68 窀穸(둔석) : 매장.

69 小祥(소상) : 죽은 지 1년 만에 지내는 제사.

70 大祥(대상) : 죽은 지 2년 만에 지내는 제사.

V. 小說

綠衣人傳 / 滕穆醉遊聚景園記 / 翠翠傳 /

萬福寺樗蒲記 / 李生窺牆傳 / 烏圓傳 / 雲英傳

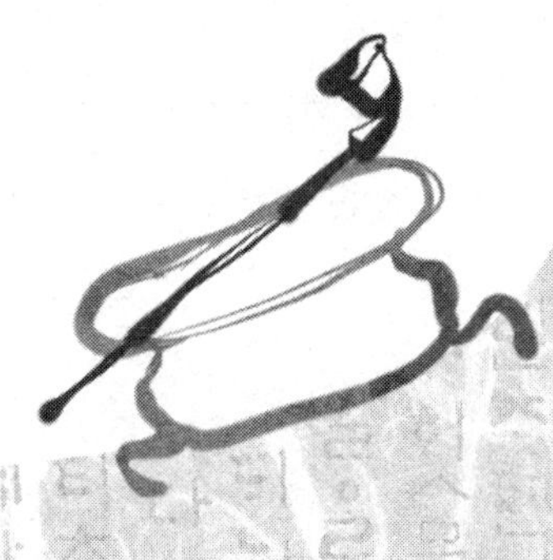

1. 綠衣人傳

天水[1]趙源 早喪父母 未有妻室. 延祐[2]間 遊學至於錢塘[3] 僑居西湖葛嶺之上. 其側即宋賈秋壑[4]舊宅也. 源獨居無聊 嘗日晚徒倚門外. 見一女子 從東來 綠衣雙鬟 年可十五六. 雖不盛裝濃飾 而姿色過人. 源注目久之. 明日出門又見. 如此凡數度. 日晚輒來. 源戲問之曰『家居何處 暮暮來此?』女笑而拜曰『兒家與君為鄰. 君自不識耳.』源試挑之 女欣然而應. 因遂留宿 甚相親昵. 明旦辭去夜則復來[5]. 如此凡月餘 情愛甚至. 源問其姓氏居址. 女曰『君但得美婦而已 何用強知.』問之不已 則曰『兒常衣綠 但呼我為綠衣人可矣[6].』終不告以居址所在. 源意其為巨室妾媵 夜出私奔 或恐事蹟彰聞 故不肯言耳[7]. 信之不疑 寵念轉密[8].

一夕 源被酒 戲指其衣曰『此真可謂 綠兮衣兮 綠衣黃裳者也[9].』女有慚色 數夕不至. 及再來 源[10]扣之 乃曰『本欲相與偕老 奈何以婢妾待之 令人忸怩[11]而不安 故數日不敢侍君之側. 然君已知矣. 今不復隱. 請得備言之. 兒與君舊相識也. 今非至情相感 莫能及此.』源問其故 女慘然曰『得無相難乎？ 兒實非今世人 亦非有禍於君者 蓋冥數當然 夙緣未盡耳[12].』源大驚曰『願聞其詳.』女曰『兒故宋秋壑平章[13]之侍女也. 本臨安良家子 少善弈[14] 某年十五 以棋[15]童入侍. 每秋壑回朝宴坐半閒堂[16] 必召兒侍弈 備見寵愛. 是時君為其家蒼頭[17] 職主煎[18]茶. 每因供進茶甌 得至後堂. 君時年少美姿容. 兒見而慕之. 嘗以繡羅錢篋 乘暗投君. 君亦以玳瑁指盒為贈[19]. 彼此雖各有意 而內外嚴密 莫能得其便. 後為同輩所覺 讒

於秋壑 遂與君同賜死 於西湖斷橋之下[20]. 君今已再世為人 而兒猶在鬼錄 得非命[21]歟?』言訖 鳴咽泣下. 源亦為之動容. 久之 乃曰『審若是 則吾與汝乃再世因緣也. 當更加親愛以償疇昔之願[22].』自是遂留宿源舍 不復更去. 源素不善弈 教之弈 盡傳其妙. 凡平日以棋稱者 皆不能敵也.

　每說秋壑舊事 其所目擊者 歷歷甚詳. 嘗言 秋壑一日倚樓閑望 諸姬皆侍. 適二人烏巾素服 乘小舟由湖登岸. 一姬曰『美哉二少年!』秋壑曰『汝願事之耶? 當令納聘.』姬笑而無言. 逾時 令人捧一盒[23] 呼諸姬至前曰『適為某姬納聘.』啟[24]視之 則姬之首也. 諸姬皆戰慄[25]而退. 又嘗 販鹽數百艘[26] 至都市貨之. 太學詩有曰

昨夜江頭湧碧波　　　　滿船都載相公醝[27].
雖然要作調羹用　　　　未必調羹用許多[28].

秋壑聞之 遂以士人付獄 論以誹謗罪. 又嘗於浙西行公田法[29]. 民受其苦 或題詩于路左云

襄陽累歲困孤城　　　　豢養[30]湖山不出征.
不識咽喉[31]形勢地　　　　公田枉自害蒼生[32].

秋壑見之 捕得遭遠竄[33]. 又嘗齋[34]雲水[35]千人 其數已足. 末有一道士 衣裾藍褸 至門求齋. 主者以數足 不肯引入. 道士堅求不去. 不得已 於門側齋焉. 齋罷 覆其鉢[36]於案而去. 眾悉力舉之 不動.

啓[37]於秋壑 自往舉之 乃有詩二句云

得好休時便好休　　　　　　收花結子在漳州.

始知真仙降臨而不識也. 然終不喻漳州之意. 嗟乎 孰知有漳州
木綿庵之厄也[38]！又嘗有梢人[39]泊舟蘇堤[40] 時方盛暑 臥於舟尾 終
夜不寐. 見三人長不盈尺 集於沙際. 一曰『張公至矣 如之奈何？』
一曰『賈平章非仁者 決不相恕！』一曰『我則已矣 公等及見其敗
[41]也！』相與哭入水中. 次日 漁者張公獲一鱉 經二尺餘 納之府第.
不三年而禍作[42]. 蓋物亦先知 數而不可逃也. 源曰『吾今日與汝相
遇 抑豈非數乎？』女曰『是誠不妄矣！』源曰『汝之精氣能久存於
世耶？』女曰『數至則散矣.』源曰『然則何時？』女曰『三年耳.』
源固未之信. 及期 臥病不起. 源為之迎醫 女不欲曰『曩[43]固已與
君言矣. 因緣之契 夫婦之情 盡於此矣.』即以手握[44]源臂[45] 而與之
訣[46]曰『兒以幽陰之質 得事君子 荷蒙不棄 周旋許時. 往者一念之
私 俱陷不測之禍. 然而海枯石爛 此恨難消 地老天荒 此情不泯[47]！
今幸得續前生之好 踐往世之盟 三載於茲志願已足 請從此辭 毋
更以為念也[48]！』言訖 面壁而臥 呼之不應矣. 源大傷慟 為治棺槻
[49]而斂之. 將葬 怪其柩甚輕 啓而視之 惟衣衾釵珥在耳[50]. 乃虛葬
於北山之麓. 源感其情 不復再娶 投靈隱寺出家為僧 終其身云.

《剪燈新話》

1 天水(천수) : 감숙성(甘肅省) 남동부에 있음.

2 延祐(연우) : 원(元)나라 인종(仁宗)의 연호. 연우년간(延祐年間)은
1314년~1320년.

3 錢塘(전당) : 절강성(浙江省) 항주부(杭州府).

4 賈秋壑(가추학) : 본명은 가사도(賈似道)이고 秋壑은 호(號).

5 源試挑之 女欣然而應 因遂留宿 甚相親昵 明旦辭去 夜則復來(원시도지
여흔연이응 인수류숙 심상친닐 명단사거 야즉부래) : 조원이 시험 삼
아 마음을 떠보았더니 여자는 기뻐하며 반응을 보였다. 그리하여 마
침내는 집에서 함께 자게 되었는데 그녀는 매우 친숙하게 굴었다. 이
튿날 아침에 돌아가더니 밤이 되자 또 왔다. 挑는 기분을 부추기다.

6 兒常衣綠 但呼我為綠衣人可矣(아상의록 단호아위녹의인가의) : 제가 항
상 초록 옷을 입고 있으니 그냥 녹의인(綠衣人)이라고 부르시면 되겠
네요.

7 源意其為巨室妾媵 夜出私奔 或恐事蹟彰聞 故不肯言耳(원의기위거실첩
잉 야출사분 혹공사적창문 고불긍언이) : 조원은 속으로 생각하기를
그녀가 어느 대갓집의 첩이나 시녀(侍女)인데 밤이면 나와서 사통(私
通)을 하고, 일이 탄로 날까 두려워 말하려고 하지 않나보다 하였다.
媵은 시녀.

8 寵念(총념) : 사랑하는 마음.

9 此真可謂 綠兮衣兮 綠衣黃裳者也(차진가위 녹혜의혜 녹의황상자야) :
이것이야말로 참으로 '초록색이여, 옷이여! 초록색 옷에 노랑 치마로
다.'라는 것이로군. 시경 패풍(邶風)에 있는 시구. 원문은 綠兮衣兮 綠
衣黃裳 心之憂矣 曷維其亡.

10 扣(구) : 묻다.

11 忸怩(육니) : 부끄러워하다.

12 兒實非今世人 亦非有禍於君者 蓋冥數當然 夙緣未盡耳(아실비금세인
역비유화어군자 개명수당연 숙연미진이) : 저는 사실 이 세상 사람이
아니에요. 그렇다고 당신에게 화(禍)를 끼치는 일도 없을 거예요. 대개
명수(命數)는 당연(當然)하고 숙연(夙緣)이 다하지 않은 탓이에요. 冥
數는 운명(運命), 천명(天命), 수명(壽命).

13 平章(평장) : 송대(宋代)의 평장(平章)은 지위가 재상(宰相)의 위였으며
고령(高齡)의 덕망 있는 대신이 맡았다 함.

14 弈(혁) : 바둑.

15 棋(기) : 바둑.

16 半閒堂(반한당) : 가추학이 서호(西湖)의 갈령(葛嶺)에 지었던 별장.

17 蒼頭(창두) : 하인.

18 煎(전) : 끓이다.

19 甞以繡羅錢篋 乘暗投君 君亦以玳瑁指盒為贈(상이수라전협 승암투군
군역이대모지합위증) : 한 번은 비단 돈주머니를 몰래 당신에게 던졌더
니 당신도 대모(玳瑁) 연지 분갑을 제게 주셨어요. 玳瑁는 바다거북의
일종. 등 껍데기는 대모갑(玳瑁甲)이라 하여 공예품, 장식품으로 쓰임.

20 後為同輩所覺 讒於秋壑 遂與君同賜死 於西湖斷橋之下(후위동배소각
참어추학 수여군동사사 어서호단교지하) : 후에 같은 또래에게 들켜서
가평장(賈平章)에게 알려져서 끝내 당신과 함께 서호(西湖)의 단교(斷
橋) 아래에서 죽임을 당했어요. 為同輩所覺은 같은 또래에게 들킨바
되다.

21 命(명) : 운명.

22 審若是 則吾與汝乃再世因緣也 當更加親愛以償疇昔之願(심약시 즉오여
여내재세인연야 당갱가친애이상주석지원) : 알고 보니 나하고 당신은
다시 이 세상에서 만날 인연이었구려. 그러니 마땅히 다시 더욱 사랑
하여 옛날의 원(願)을 풀어야지. 審은 알아낼 심. 更은 다시 갱. 疇昔
은 전날.

23 盒(합) : 식기의 한 가지로 둥글넓적하고 뚜껑이 있음.

24 啟(계) : 열다.

25 戰慄(전율) : 두려움으로 몸이 벌벌 떨림.

26 艘(소) : 배.

27 昨夜江頭湧碧波 滿船都載相公醝(작야강두용벽파 만선도재상공차) :
어젯밤 강 머리에 푸른 물결을 일으킨 것은 배 가득 실은 상공(相公)
의 소금. 醝는 소금.

28 雖然要作調羹用 未必調羹用許(수연요작조갱용 미필조갱용허) : 하지만
국 만드는 데에 쓴다면 저렇게 많이 필요하지는 않을 터인데. 羹은 국.

29 公田法(공전법) : 정전법(井田法)이라고도 함. 사전(私田)의 한 가운데

에 공전(公田)을 만들어 공동으로 경작하게 하고 그 수확은 조세로 하
였음.

30 豢養(환양) : 기르다.

31 咽喉(인후) : 목구멍.

32 蒼生(창생) : 백성.

33 竄(찬) : 귀양 가다.

34 齋(재) : 법회(法會) 때의 음식. 여기에서는 동사로 쓰였음.

35 雲水(운수) : 탁발승(托鉢僧)을 멋스럽게 이르는 말.

36 鉢(발) : 나무로 대접같이 만들어서 안팎으로 칠을 한 중의 밥그릇.

37 啓(계) : 아뢰다. 사뢰다.

38 始知眞仙降臨而不識也 然終不喩漳州之意 嗟乎 孰知有漳州木綿庵之厄
也(시지진선강림이불식야 연종불유장주지의 차호 숙지유장주목면암
지액야) : 이것을 보고 비로소 진선(眞仙)이 강림했으나 몰랐다는 사실
을 알게 되었다. 하지만 끝내 장주의 의미가 무엇인지는 알지 못하였
다. 아! 누가 알았으랴 장주 목면암(木綿庵)에서 추학이 화(禍)를 당할
줄을. 漳州 木綿庵은 복건성(福建省)에 있음.

39 梢人(초인) : 뱃사공.

40 蘇堤(소제) : 송초(宋初)에 소동파(蘇東坡)가 항주에 부임하여 호수 바
닥에 침전된 진흙을 준설하고 대대적으로 제방을 쌓았으므로 그의 이
름을 따 소제(蘇堤)로 부르게 되었다 함. 지금 서호에는 소제와 함께
백거이(白居易)가 만든 백제(白堤), 양공(楊公)이 만든 양공제(楊公堤)가
남아 있음.

41 敗(패) : 죽다.

42 次日 漁者張公獲一鱉 經二尺餘 納之府第 不三年而禍作(차일 어자장공
획일별 경이척여 납지부제 불삼년이화작) : 이튿날 어부 장공(張公)이
길이가 두자 남짓 되는 자라 한 마리를 잡아 가승상부(賈丞相府)에 바
쳤다. 그러고는 삼년이 못되어 추학은 화(禍)를 당했다.

43 曩(낭) : 지난 번. 접때.

44 握(악) : 잡다.

45 臂(비) : 팔.

46 訣(결) : 헤어지다.

47 往者一念之私 俱陷不測之禍 然而海枯石爛 此恨難消 地老天荒 此情不

泯(왕자일념지사 구함불측지화 연이해고석란 차한난소 지로천황 차정
불민) : 지난날 잠깐 사랑하였다가 함께 뜻밖의 화를 당하였으니 바다
가 마르고 돌이 문드러져도 이 한(恨)은 풀리지 않았고, 땅이 늙고 하
늘이 무너져도 이 정(情)은 다하지 않았습니다. 爛은 문드러질 란. 泯
은 다할 민.

48 今幸得續前生之好 踐往世之盟 三載於玆志願已足 請從此辭 毋更以為念
也(금행득속전생지호 천왕세지맹 삼재어자지원이족 청종차사 무갱이
위념야) : 이제 다행히 전생의 못 다한 사랑을 이을 수 있었고 전세의
맹세를 지킬 수 있어 삼년에 걸쳐 바라던 것을 다 이루었습니다. 바라
건대 이 말을 좇아 다시 개의치 말아 주세요. 三載는 삼년.

49 棺櫬(관친) : 널. 관(棺).

50 將葬 怪其柩甚輕 啓而視之 惟衣衾釵珥在耳(장장 괴기구심경 계이시지
유의금채이재이) : 장사지내려 하니 이상하게도 관이 매우 가벼웠다.
관을 열고 보니 다만 옷과 비녀와 귀고리만 있을 뿐이었다.

2. 滕穆醉遊聚景園記

延祐[1]初 永嘉[2]滕生名穆 年二十六 美風調 善吟詠 爲衆所推許. 素聞臨安[3]山水之勝 思一遊焉. 甲寅歲[4] 科舉之詔興 遂以鄉書赴薦. 至則僑居[6]湧金門[7]外 無日不往來於南北兩山[8] 及湖[9]上諸刹 靈隱 天竺 淨慈 寶石之類 以至玉泉 虎跑 天龍 靈鷲 石屋之洞 冷泉之亭 幽澗深林 懸崖絕壁 足跡殆將徧焉[10]. 七月之望 於麯院[11]賞蓮. 因而宿湖 泊舟雷峯塔[12]下 是夜月色如晝 荷香滿身 時聞大魚跳躑於波間 宿鳥飛鳴於岸際[13]. 生已大醉 寢不能寐. 披衣[14]而起 遶堤觀望. 行至聚景園[15] 信步而入. 時宋亡已四十年. 園中臺館 如會芳殿 清輝閣 翠光亭皆已頹毀[16]. 惟瑤津西軒巋然[17]獨存. 生至軒下 凭[18]欄少憩. 俄見一美人先行一侍女隨之 自外以入. 風鬟霧鬢 綽約多姿 望之殆[19]若神仙. 生於軒下屏息[20]以觀其所爲. 美以言曰『湖山如故 風景不殊 但時移世換 令人有黍離之悲耳[21]!』行至園北太湖石畔 遂詠詩曰

湖上園亭好　　重來憶舊遊.

徵歌調玉樹[22]　　閱舞按梁州[23].

徑狹花迎輦　　池深柳拂舟.

昔人皆已歿　　誰與話風流.

生放逸者. 初見其貌 已不能定情. 及聞此作 技癢不可復禁[24].

卽於軒下續吟曰

湖上園亭好　　　相逢絕代人.
嫦娥[25]辭月殿　　織女[26]下天津.
未領心中意　　　渾疑夢裏身.
願吹鄒子律[27]　　幽谷發陽春.

吟已　趨出赴之. 美人亦不驚訝　但徐言曰『固知郎君在此　特來尋訪耳.』生問其姓名. 美人曰『妾棄人間已久　欲自陳叙　誠恐驚動郎君[28].』生聞此言　審[29]其爲鬼　亦無所懼. 固問之. 乃曰『芳華姓衛　故宋理宗朝宮人也. 年二十三而歿. 殯於此園之側. 今晚因往演福訪賈貴妃　蒙延坐久　不覺歸遲　致令郎君於此久待[30].』卽命侍女曰『翹翹　可於舍中取裀席酒果來. 今夜月色如此　郎君又至　不可處度　可便於此賞月也.』翹翹應命而去. 須臾　携紫甌瓱　設白玉碾花樽　碧琉璃盞　醪醴馨香　非世所有[31]. 與生談謔笑詠　詞旨清婉. 復命翹翹歌以侑[32]酒. 翹翹請歌柳耆卿[33]望海潮詞. 美人曰『對新人不宜歌舊曲.』卽於座上自製木蘭花慢[34]一闋[35] 命翹翹歌之曰

記前朝舊事　曾此地會神仙. 向月地雲階　重携翠袖　來拾花鈿[36]. 繁華總隨流水　歎一場春夢杳[37]難圓. 廢港芙渠滴露　斷隄楊柳搖煙. 兩峯南北只依然　輦路草芊芊. 悵別館離宮[38]　煙銷鳳蓋　波沒龍船. 平生銀屏金屋　對漆燈無熖夜如年. 落日牛羊隴上　西

風燕雀林邊.

歌竟 美人潸然[39]垂淚. 生以言慰解. 仍微詞挑之以觀其意 卽起謝曰『殂謝之人 久爲塵土. 若得奉侍巾櫛 雖死不朽. 且郎君適聞詩句 固已許之矣[40]. 願吹鄒子之律而一發幽谷之春也.』生曰『向者[41]之詩 率口而出 實本無意 豈料[42]便成語讖[43].』良久 月隱西垣 河[44]傾東嶺 卽命翹翹撤席. 美人曰『敝居[45]僻陋 非郎君之所處. 只此西軒可也.』遂攜手而入 假寢軒下. 交會之事 一如人間. 將旦 揮涕而別. 至晝 往訪於園側 果有宋宮人衛芳華之墓 墓左一小丘 卽翹翹所瘞也. 生感歎逾時[46]. 迨[47]暮 又赴西軒 則美人已先至矣. 迎謂生曰『日間感君相訪. 然而妾止卜其夜 未卜其晝. 故不敢奉見. 數日之後 當得無間耳[48].』自是無夕而不會. 經旬之後 白晝亦見. 生遂攜歸所寓安焉. 已而生下第[49]東歸. 美人願隨之去. 生問翹翹何以不從. 曰『妾旣奉侍君子 舊宅無人 留其看守耳.』生與之同回鄉里 見親識 紿之曰『娶於杭郡之良家.』衆見其舉止溫柔 言詞慧利 信且悅之. 美人處生之室 奉長上以禮 待婢僕以恩 左右隣里 俱得其歡心. 且又勤於治家潔於守己. 雖中門之外 未嘗輕出. 衆咸賀生得內助[50]. 荏苒[51]三歲 當丁巳年[52]之初秋 生又治裝赴浙省鄉試. 行有日矣. 美人請於生曰『臨安妾鄉也. 從君至此 已閱[53]三秋 今願得偕行以顧視翹翹.』生許諾. 遂賃舟同載 直抵錢塘[54] 僦[55]屋以居. 至之明日 適值七月之望[56]. 美人謂生曰『三年前曾於此夕與君相會. 今適當其期. 欲與君同赴聚景 再續舊遊可乎[57]?』生如其言 載酒而

往. 至晚 月上東垣 蓮開南浦 露柳煙簹 動搖堤岸 宛然昔時之景.
行至園前 則翹翹迎拜于路首曰『娘子陪侍郎君 遨遊[58]城郭 首尾
三年 已極人間之歡 獨不記念舊居乎?』三人入園 至西軒而坐. 美
人忽垂淚告生曰『感君不棄 侍奉房帷 未遂深歡 又當永別[59].』生
曰『何故?』對曰『妾本幽陰之質 久踐陽明之世 甚非所宜. 特以與
君有夙世之緣 故冒犯條律 以相從耳. 今而緣盡 自當奉辭.』生驚
問曰『然則何時?』對曰『止在今夕耳.』生悽惶不忍. 美人曰『妾非
不欲終事君子 永奉歡娛. 然而程命有限 不可遠越. 若更遲留 須
當獲戾[60]. 非止有損於妾 亦將不利於君. 豈不見越娘[61]之事乎?』生
意稍悟. 然亦惠傷感愴 』徹宵不寐. 及山寺鐘鳴 水村雞唱 急起
與生為別. 解所禦玉指環 繫於生之衣帶 曰『異日見此 無忘舊情.』
遂分袂而去. 然猶頻頻回顧 良久始滅[62]. 生大慟而返. 翌日 具酒
肴 焚鏹楮[63]於墓下 作文以弔之曰

惟靈生而淑美 出類超群. 稟奇姿於仙聖 鐘秀氣於乾坤. 粲然
如花之麗 粹然如玉之溫[64]. 達則天上之金屋 窮則路左之荒墳.
托松楸而共處 對狐兔之群奔. 落花流水 斷雨殘雲. 中原多事
故國無君. 撫光陰之過隙 視日月之奔輪. 然而精靈不泯 性識長
存. 不必仗少翁之奇術 自然返倩女之芳魂[65]. 玉匣驂鸞之扇 金
泥簇蝶之裙. 聲冷冷兮環佩 香靄靄兮蘭蓀[66]. 方欲同歡以偕老
奈何既合而復分. 步洛妃淩波之襪 赴王母瑤池之樽[67]. 即之而無
所覩 扣之而不復聞. 悵後會之莫續 傷前事之誰論. 鎖楊柳春風

之院 閉梨花夜雨之門. 恩情斷兮天漠漠 哀怨結兮雲昏昏. 音容
杳而靡接 心緒亂而紛紜[68]. 謹含哀而奉弔 庶有感於斯文! 嗚呼
哀哉 尚饗!

從此遂絕矣. 生獨居旅邸[69] 如喪配偶. 試期既迫 亦無心入院.
惆悵而歸. 親黨問其故 始具述之. 衆咸歎異. 生後終身不娶. 入鴈
蕩山[70]採藥 遂不復還.

《剪燈新話》

1 延祐(연우) : 원(元)나라 인종(仁宗)의 연호. 연우년간(延祐年間)은 1314 년~1320년.

2 永嘉(영가) : 절강성(浙江省) 영가현(永嘉縣).

3 臨安(임안) : 절강성 항주부(杭州府).

4 甲寅歲(갑인세) : 1314년.

5 詔(조) : 조칙(詔勅). 임금의 명령.

6 僑居(교거) : 임시로 살다.

7 湧金門(용금문) : 항주성(杭州城)의 서문(西門).

8 南北兩山(남북양산) : 항주부 남북에 있는 남고봉(南高峯)과 북고봉(北 高峯).

9 湖(호) : 항주부 서쪽에 있는 호수인 서호(西湖). 예로부터 경치가 아름 다워 많은 시인 묵객들이 이곳을 찾아 영탄하였음. 지금도 이름난 관 광지이며 서호십경(西湖十景)이 유명함.

10 以至玉泉 虎跑 天龍 靈鷲 石屋之洞 冷泉之亭 幽澗深林 懸崖絶壁 足跡 殆將徧焉(이지옥천 호포 천룡 영취 석옥지동 냉천지정 유간심림 현애 절벽 족적태장편언) : 옥천(玉泉), 호포천(虎跑泉), 천룡봉(天龍峰), 영 취봉(靈鷲峰), 석옥동(石屋洞), 냉천정(冷泉亭)에 이르기까지 그윽한 골 짜기, 깊은 숲속, 깎아지른 절벽 등 그의 발길이 두루 이르지 않은 곳 이 없었다.

11 麯院(국원) : 서호십경 중의 하나.

12 雷峯塔(뇌봉탑) : 서호십경 중의 하나.

13 是夜月色如畫 荷香滿身 時聞大魚跳躑於波間 宿鳥飛鳴於岸際(시야월색 여주 하향만신 시문대어도척어파간 숙조비명어안제) : 이날 밤은 달 빛이 낮처럼 밝고 연꽃의 향기가 몸에 가득했는데 때때로 큰 물고기 가 물결 사이에서 뛰어오르는 소리와 잘 새가 언덕 가를 날며 우는 소리가 들려왔다. 荷香은 연꽃의 향기. 跳躑은 뛰어오르다. 岸際는 언덕 가.

14 披衣(피의) : 옷을 입다.

15 聚景園(취경원) : 송나라 때의 이궁(離宮).

16 頹毀(퇴훼) : 허물어지다.

17 巋然(규연) : 홀로 우뚝 솟은 모양.

18 凭(빙) : 기대다.

19 殆(태) : 거의.

20 屛息(병식) : 숨을 죽이다.

21 湖山如故 風景不殊 但時移世換 令人有黍離之悲(호산여고 풍경불수 단
시이세환 영인유서리지비) : 호수와 산들은 예와 같고 풍경도 다르지
않은데 다만 시대가 옮겨 세상이 바뀌었으니 사람으로 하여금 서리지
비(黍離之悲)를 느끼게 하는구나. 黍離之悲는 나라가 망하여 궁궐은
다 무너지고 그 자리에 수수나 기장이 자라고 있는 것을 보고 느끼는
슬픔.

22 玉樹(옥수) : 노래 이름. 주색에 빠져 지내던 진(陳)의 후주(后主)가 행
신(幸臣)들과 함께 지었다는 노래.

23 梁州(양주) : 노래 이름. 양주(梁州) 사람들은 음악을 좋아하였는데 어
떤 사람이 새 노래를 짓고는 곡명을 양주라고 하고 임금에게 헌상하
였다 함.

24 生放逸者 初見其貌 已不能定情 及聞此作 技癢不可復禁(생방일자 초견
기모 이불능정정 급문차작 기양불가부금) : 등목도 풍류를 즐기는 사
람이라 처음 그 모습을 보고 이미 마음이 흔들렸는데 이 시를 듣고서
는 자기도 재주를 자랑하고 싶어 더는 견딜 수가 없었다. 技癢은 재주
를 자랑하고 싶어 근질근질한 모습.

25 嫦娥(항아) : 항아(姮娥)라고도 함. 남편인 예(羿)가 서왕모로부터 불사
약을 얻었는데 이를 훔쳐가지고 월궁으로 달아났다 함.

26 織女(직녀) : 별이름. 직녀성(織女星). 은하 너머로 견우성(牽牛星)과 마
주 대하여 동쪽에 있는 별. 일 년에 한 번 은하를 건너 견우성과 만난
다는 전설이 있음.

27 鄒子律(추자율) : 전국시대 연(燕)나라에 추운 골짜기가 있어 곡식이
자라지 못했는데 추연(鄒衍)이 곡(曲)을 지어 부니 온기가 이르러 곡식
을 심게 되었다 함.

28 妾棄人間已久 欲自陳叙 誠恐驚動郞君(첩기인간이구 욕자진서 성공경
동랑군) : 저는 인간세상을 버린 지 이미 오래라 저에 대해 말씀드리면
낭군을 놀라게 해 드릴까봐 두렵습니다.

29 審(심) : 깨닫다.

30 今晚因往演福訪賈貴妃 蒙延坐久 不覺歸遲 致令郎君於此久待(금만인왕
연복방가귀비 몽연좌구 불각귀지 치령랑군어차구대) : 오늘 저녁에는
연복사(演福寺)에 가서 가귀비(賈貴妃)를 찾아뵙고 오래 앉아 있다가
저도 모르게 돌아오는 것이 늦어져서 낭군으로 하여금 이곳에서 오래
기다리게 해 드린 것입니다. 賈貴妃는 송나라 이종(理宗)의 비(妃)이며
가사도(賈似道)의 누이. 가사도가 실권하면서 연복사(演福寺)에 유폐
되었다가 그곳에서 죽음.

31 須臾 携紫氍毹 設白玉碾花樽 碧琉璃盞 醪醴馨香 非世所有(수유 휴자
구유 설백옥연화준 벽유리잔 요례형향 비세소유) : 얼마 안 있어 자주
색 털방석과 백옥에 꽃을 새긴 술병과 푸른색 유리잔을 가지고 돌아
왔는데 그 술맛과 향기는 이 세상에 있는 것이 아니었다. 須臾는 얼마
안 있어. 氍毹는 털방석.

32 侑(유) : 권하다.

33 柳耆卿(유기경) : 송나라 사람으로 사(詞)를 잘 지었음.

34 木蘭花慢(목란화만) : 목란화만(木蘭花慢)은 사(詞)의 이름. 만(慢)은
느린 소리로 길게 뽑아서 부르는 곡이라는 의미임.

35 一関(일결) : 한 곡.

36 花鈿(화전) : 꽃 비녀.

37 杳(묘) : 아득하다.

38 離宮(이궁) : 별관(別館)과 이궁(離宮)은 모두 임금이 유람차 머무는
처소.

39 潸然(산연) : 눈물을 줄줄 흘리는 모양.

40 殂謝之人 久爲塵土 若得奉侍巾櫛 雖死不朽 且郎君適聞詩句 固已許之
矣(조사지인 구위진토 약득봉시건즐 수사불후 차랑군적문시구 고이허
지의) : 죽은 몸인지라 오래전에 티끌과 흙이 되었겠지만 만일 낭군을
모실 수만 있다면 죽었어도 썩지는 않았을 것이어요. 또 마침 낭군께
서 읊으신 시구(詩句)를 듣고는 마음속으로 이미 허락했었습니다. 奉
侍巾櫛은 수건과 빗을 받들고 모시다. 즉 같이 생활하며 남편으로 모
신다는 뜻.

41 向者(향자) : 아까.

42 料(료) : 생각하다.

43 讖(참) : 참언. 앞일을 예언하는 말.

44 河(하) : 은하수.

45 敝居(폐거) : 자기 집을 겸손히 표현하는 말.

46 逾時(유시) : 시간을 보내다.

47 迨(태) : 미치다. 이르다.

48 日間感君相訪 然而妾止卜其夜 未卜其晝 故不敢奉見 數日之後 當得無間
耳(일간감군상방 연이첩지복기야 미복기주 고불감봉견 수일지후 당득
무간이) : 낮에는 낭군께서 찾아주셔서 감사했어요. 하지만 저는 밤에
만 다닐 수 있고 낮에는 다닐 수가 없기 때문에 감히 인사를 드리지
못했습니다. 며칠이 지나면 밤이든 낮이든 상관없을 거예요. 卜은 가
리다.

49 下第(하제) : 낙방하다.

50 且又勤於治家潔於守己 雖中門之外 未嘗輕出 衆咸賀生得內助(차우근어
치가결어수기 수중문지외 미상경출 중함하생득내조) : 또한 집안 다스
리기를 부지런히 하고 몸 지키기를 청결하게 하여, 비록 중문(中門)밖
이라도 가벼이 나간 적이 없으니 사람들은 모두 등목이 좋은 아내를
얻었다고 축하했다. 咸은 다 함.

51 荏苒(임염) : 세월이 가는 모양. 어느덧 세월이 흘러.

52 丁巳年(정사년) : 1317년.

53 閱(열) : 차례로 지나다.

54 錢塘(전당) : 항주부.

55 傲(추) : 빌리다.

56 望(망) : 보름.

57 三年前曾於此夕與君相會 今適當其期 欲與君同赴聚景 再續舊遊可乎(삼
년전증어차석여군상회 금적당기기 욕여군동부취경 재속구유가호) :
삼년 전 일찍이 바로 이날 밤에 당신과 만났어요. 오늘 마침 그 때를
당했으니 함께 취경원에 가서 옛날에 놀던 것을 다시 이어서 하면 어
떻겠어요?

58 遨遊(오유) : 놀다.

59 感君不棄 侍奉房帷 未遂深歡 又當永別(감군불기 시봉방유 미수심환
우당영별) : 당신이 저를 저버리지 않으심에 감사하여 낭군으로 모셨
습니다만 깊은 즐거움을 다 누리지도 못했는데 또 영원히 헤어져야겠
어요. 侍奉房帷는 침실의 휘장을 모신다는 의미로 奉侍巾櫛과 같이 남

편으로 모신다는 뜻임.

60 妾非不欲終事君子 永奉歡娛 然而程命有限 不可違越 若更遲留 須當獲
戾(첩비불욕종사군자 영봉환오 연이정명유한 불가위월 약갱지류 수당
획려) : 제가 당신을 죽을 때까지 모셔서 영원히 즐거움을 함께하고 싶
지 않아서가 아니라 정해진 운명에는 한계가 있어 어길 수가 없기 때
문이에요. 만약 다시금 머무는 것이 지체된다면 저는 반드시 붙잡혀
갈 거예요. 獲戾는 잡혀감에 이르다. 즉 잡혀가다.

61 越娘(월랑) : 귀신의 몸으로 양순유(楊舜兪)를 사랑했으나 남자에게 해
가 미칠까봐 스스로 떠나간 여인.

62 解所禦玉指環 繫於生之衣帶曰 異日見此 無忘舊情 遂分袂而去 然猶頻
頻回顧 良久始滅(해소어옥지환 계어생지의대왈 이일견차 무망구정 수
분몌이거 연유빈빈회고 양구시멸) : 옥가락지를 빼어 그의 옷고름에 매
어주며 "훗날 이것을 보시고 옛정을 잊지 말아주세요."하고 말하고는
마침내 잡았던 손을 놓고 떠나갔다. 하지만 자주 돌아보다가 한참 지
나니 비로소 완전히 사라졌다. 繫는 맬 계. 分袂는 소매를 나누다. 頻
頻은 자주.

63 鐹楮(강저) : 종이돈.

64 稟奇姿於仙聖 鐘秀氣於乾坤 粲然如花之麗 粹然如玉之溫(품기자어선성
종수기어건곤 찬연여화지려 수연여옥지온) : 기이한 자태는 선녀로부
터 받았으며 빼어난 기상은 건곤(乾坤)으로부터 모았도다. 찬연하기는
꽃의 아름다움이요, 순수하기는 옥의 맑음이로다. 稟은 받을 품. 鐘은
모을 종. 溫은 맑을 온.

65 不必仗少翁之奇術 自然返倩女之芳魂(불필장소옹지기술 자연반천녀지
방혼) : 소옹(少翁)의 기술(奇術)에 기대지 않고도 스스로 능히 천녀(倩
女)의 방혼(芳魂)을 되돌렸도다. 少翁은 한(漢)나라 시대의 도사. 한무
제가 총애하던 이부인(李夫人)이 젊은 나이에 죽어 슬픔에 빠졌을 때
에 소옹(少翁)이 도술로 그녀의 혼을 불러내어 한무제에게 보여주었다
함. 倩女는 당대(唐代)의 전기소설인 이혼기(離魂記)에 나오는 인물. 천
녀는 장일(張鎰)의 딸로 일찍이 왕주(王宙)와 결혼을 약속했으나 그의
아버지가 더 좋은 혼처가 있다고 다른 곳으로 시집을 보내려 하여 병
이 들어 자리에 누웠는데 그녀의 혼이 왕주를 따라가 살다가 함께 집
으로 돌아와서는 누워있는 천녀의 몸과 합해져서 살아나 부부로 잘

살았다는 이야기임.

66 玉匣驂鸞之扇 金泥簇蝶之裙 聲冷冷兮環佩 香靄靄兮蘭蓀(옥갑참란지선 금니족접지군 성냉냉혜환패 향애애혜란손) : 옥갑(玉匣) 참란(驂鸞)의 부채요, 금니(金泥) 족접(簇蝶)의 치마로다. 목소리 냉랭함은 환패(環佩)와 같고 향내가 애애(靄靄)함은 난손(蘭蓀)과 같도다. 옥갑(玉匣) 참란(驂鸞)의 부채는 옥갑(玉匣)속에 있는 난조(鸞鳥)의 깃털로 만든 부채. 금니(金泥) 족접(簇蝶)의 치마는 금 물감으로 나비를 그려 넣은 치마. 환패(環佩)는 몸에 차는 옥구슬. 목소리가 옥이 부딪듯 맑다는 말. 애애(靄靄)는 아름답고 성(盛)한 모양. 난손(蘭蓀)의 난(蘭)과 손(蓀)은 모두 향기로운 풀의 이름.

67 步洛妃淩波之襪 赴王母瑤池之樽(보낙비릉파지말 부왕모요지지준) : 물 위를 걷던 낙비(洛妃)의 버선이요, 왕모(王母) 요지연(瑤池宴)의 술통이라. 洛妃는 복희씨(伏羲氏)의 딸. 낙수(洛水)에 빠져 죽어 낙신(洛神)이 되었다 함. 王母는 곤륜산에 살았다는 중국 신화속의 선녀 서왕모(西王母).

68 恩情斷兮天漠漠 哀怨結兮雲昏昏 音容杳而靡接 心緒亂而紛紜(은정단혜천막막 애원결혜운혼혼 음용묘이미접 심서란이분운) : 은정(恩情)이 끊어지니 하늘이 막막하고, 애원(哀怨)이 맺히니 구름이 어둡도다. 그 목소리, 그 얼굴 아득하여 접할 수 없고, 마음은 산란하여 어지럽도다. 靡는 없을 미.

69 旅邸(여저) : 객사(客舍).

70 鴈蕩山(안탕산) : 절강성 온주부(溫州府)에 있음.

3. 翠翠傳

翠翠姓劉氏 淮安[1]民家女也. 生而穎悟[2] 能通詩書. 父母不奪其
志 就令入學. 同學有金氏子者 名定 與之同歲 亦聰明俊雅. 諸生
戲之曰『同歲者當為夫婦.』二人亦私以此自許. 金生贈翠翠詩曰

十二欄干七寶臺　　　　春風到處豔陽開[3].
東園桃樹西園柳　　　　何不移教一處栽[4].

翠翠和曰

平生每恨祝英臺　　　　悽抱何為不肯開[5].
我願東君勤用意　　　　早移花樹向陽栽[6].

已而 翠翠年長 不復至學. 父母為其議親[7] 輒[8]悲泣不食. 以情問
之 初不肯言. 久乃曰『必西家金定 妾已許之矣. 若不相從 有死而
已. 誓不登他門也.』父母不得已 聽焉. 然而劉富而金貧 其子雖
聰俊 門戶甚不敵. 及媒氏至其家 果以貧辭 慚愧不敢當. 媒氏曰
『劉家小娘子 必欲得金生 父母亦許之矣. 若以貧辭 是負其誠志
而失此一好因緣也. 今當語之曰「寒家有子 粗知詩禮 貴宅見求
敢不從命. 但生自蓬蓽 安於貧賤久矣. 若責其聘問之儀 婚娶之禮

終恐無從而致[9].」彼以愛女之故 當不較也.』其家從之. 媒氏復命
父母果曰『婚姻論財 夷虜之道 吾知擇婿而已 不計其他. 但彼不
足而我有餘. 我女到彼 必不能堪. 莫若贅[10]之入門可矣.』媒氏傳
命再往 其家幸甚. 遂涓[11]日結親. 凡幣帛之類 羔鴈[12]之屬 皆女家
自備. 過門交拜 二人相見 喜可知矣! 是夕 翠翠於枕上作臨江仙一
闋贈生曰

　　曾向書窗同筆硯 故人今作新人. 洞房花燭十分春 汗沾蝴蝶粉
身惹麝香塵. 殢雨尤雲渾未慣 枕邊眉黛羞顰[13]. 輕憐痛惜莫嫌頻
顧郎從此始 日近日相親.

邀生繼和 生遂次韻曰

　　記得書齋同講習 新人不是他人. 扁舟來訪武陵[14]春 仙居隣紫
府[15] 人世隔紅塵. 誓海盟山心已許 幾番淺笑輕顰. 向人猶自語頻
頻 意中無別意 親後有誰親?

　　二人相得之樂 雖孔翠[16]之在赤霄 鴛鴦之游綠水 未足喻也. 未
及一載 張士誠[17]兄弟起兵高郵 盡陷沿淮諸郡 女為其部將李將軍
者所擄[18]. 至正末 士誠闢土益廣 跨江南北 奄有浙西. 乃通款元
朝 願奉正朔. 道途始通 行旅無阻. 生於是辭別內外父母 求訪其
妻 誓不見則不復還. 行至平江[19]則聞 李將軍見於紹興[20]守禦[21]. 及

至紹興 則又調屯兵安豐[22]矣. 復至安豐 則回湖州[23]駐扎[24]矣. 生來往江淮 備經險阻 星霜屢移 囊橐又竭. 然此心終不少懈. 草行露宿 丐乞於人 僅而得達湖州[25]. 則李將軍方貴重用事 威焰焰赫奕. 生佇立門牆 躊躇窺俟. 將進而未能 欲言而不敢. 閽者[26]怪而問焉. 生曰『僕淮安人也 喪亂以來 聞有一妹在於貴府. 是以不遠千里 至此欲求一見耳.』閽者曰『然則 汝何姓名? 汝妹年貌若干? 願得詳言 以審其實』生曰『僕姓劉 名金定 妹名翠翠 識字能文. 當失去之時 年始十七. 以歲月計之 今則二十有四矣.』閽者聞之曰『府中果有劉氏者 淮安人 其齒如汝所言. 識字善為詩 性又通慧. 本使寵之專房[27]. 汝信不妄. 吾將告之於內. 汝且止以此以待.』遂奔趨入告 須臾 復出 領生入見.

　將軍坐於廳上. 生再拜而起 具述厥由[28]. 將軍武人也 信之不疑. 即命內豎[29]告於翠翠曰『汝兄自鄉中來此 當出見之.』翠翠承命而出 以兄妹之禮見於廳前. 動問父母外 不能措一辭 但相對悲咽而已[30]. 將軍曰『汝既遠來 道途跋涉 心力疲困 可且於吾門下休息. 吾當徐為之所』即出新衣一襲 令服之. 並以帷帳衾席之屬 設於門西小齋[31] 令生處焉. 翌日謂生曰『汝妹能識字汝亦通書否?』生曰『僕在鄉中 以儒為業以書為本. 凡經史子集 涉獵盡矣. 蓋素所習也. 又何疑焉[32].』將軍喜曰『吾自少失學 乘亂倔起. 方嚮用於時趨從者衆 賓客盈門 無人延款 書啓推案 無人裁答[33]. 汝便處吾門下 足充一記室矣.』生聰敏者也. 性既溫和 才又秀發. 處於其門益自檢束. 承上接下 咸得其歡[34]. 代書回簡 曲盡其意. 將軍大以

為得人 待之甚厚. 然生本為求妻而來. 自廳前一見之後 不可再得.
閨閣深邃 內外隔絕. 但欲一達其意 而終無便可乘[35]. 荏苒數月 時
及授衣[36] 西風夕起 白露為霜 獨處空齋終夜不寐. 乃成一詩曰

好花移入玉欄干　　　春色無緣得再看.
樂處豈知愁處苦　　　別時雖易見時難.
何時塞上重歸馬　　　此夜庭中獨舞鸞[37].
霧閣雲窓深幾許　　　可憐辜負[38]月團團.

詩成 書於片紙 折布裘之領而縫之. 以百錢納於小豎 而告曰『天
氣已寒 吾衣甚薄. 乞持入付吾妹 令浣濯而縫紉之. 將以禦寒耳[39].』
小豎如言持入. 翠翠解其意 拆衣而詩見 大加傷感 吞聲而泣. 別
為一詩 亦縫於內 以付生. 詩曰

一自鄉關動戰鋒　　　舊愁新恨幾重重.
腸雖已斷情難斷　　　生不相從死亦從.
長使德言藏破鏡　　　終教子建[40]賦[41]游龍.
綠珠碧玉[42]心中事　　　今日誰知也到儂.

生得詩 知其以死許之. 無復致望. 愈加抑鬱 遂感沈痼[43]. 翠翠
請於將軍 始得一至床前問候. 而生病已亟矣. 翠翠以臂扶生而起
生引首側視 凝淚滿眶 長吁一聲 奄然命盡[44]. 將軍憐之 葬於道場

山[45]麓[46].

翠翠送殯而歸　是夜得疾　不復飲藥.　展轉衾席　將及兩月.　一旦告於將軍曰『妾棄家相從　已得八載　流離外境　舉目無親.　止有一兄今又死矣.　妾病必不起　乞埋骨兄側　黃泉之下　庶有依託　免於他鄉作孤魂也[47].』言盡而卒.　將軍不違其志　竟附葬於生之墳左　宛然東西二丘焉.

洪武[48]初　張氏旣滅　翠翠家有一舊僕　以商販為業　路經湖州　過道場山下.　見朱門華屋　槐柳[49]掩映　翠翠與金生方凭肩[50]而立.　遽[51]呼之入.　訪問父母存歿　及鄉井舊事.　僕曰『娘子與郎安得在此?』翠翠曰『始因兵亂　我為李將軍所攄　郎君遠來尋訪.　將軍不阻　以我歸焉　因遂僑居於此耳[52].』僕曰『予今還淮安　娘子可修一書以報父母也.』翠翠留之宿　飯吳興[53]之香糯[54]　羹苕溪[55]之鮮鯽[56]　以烏程酒[57]出飲之.　明旦遂修啓以上父母曰

伏以父生母育　難酬罔極之恩　夫唱婦隨[58]　夙著三從之義[59].　在人倫而已定　何時事之多艱！　曩者漢日將頹　楚氛甚惡.　倒持太阿之柄　擅弄潢池之兵.封豕長蛇互相吞併.　雄蜂雌蝶　各自逃生[60].　不能玉碎於亂離　乃至瓦全於倉卒[61].　驅馳戰馬　隨逐征鞍.　望高天而八翼莫飛　思故國而三魂屢散.　良辰易邁傷青鸞之伴木雞.　怨偶為仇　懼烏鴉之打丹鳳[62].　雖應酬而為樂　終感激而生悲.　夜月杜鵑之啼　春風蝴蝶之夢.　時移事往　苦盡甘來.　今則楊素[63]覽鏡而歸妻　王敦[64]開閣而放妓.　蓬島踐當時之約　瀟湘[65]有故人之

逢. 自憐賦命之屯不恨尋 春之晚. 章臺之柳 雖已折於他人 玄都
之花 尚不改於前度[66]. 將謂瓶沈而簪折 豈期璧返而珠還[67]. 殆
同玉簫女兩世因緣 難比紅拂妓一時配合[68]. 天與其便事非偶然.
煎鸞膠而續斷弦 重諧繾綣 托魚腸而傳尺素[69] 謹致丁寧. 未奉甘
旨先此申覆.

父母得之甚喜. 其父即賃舟 與僕自淮徂浙 徑奔吳興 至道場山
下. 疇昔[70]留宿之處 則荒煙野草 狐兔之跡交道. 前所見屋宇 乃東
西兩墳耳. 方疑訝間 適有野僧扶錫[71]而過. 叩而問焉 則曰『此故
李將軍所葬金生與翠娘之墳耳 豈有人居乎？』大驚 取其書而視之
則白紙一幅也. 時李將軍為國朝所戮 無從詰問其詳[72]. 父哭於墳下
曰『汝以書賺[73]我 令我千里至此 本欲與我一見也. 今我至此 而汝
藏踪秘跡 匿影潛形. 我與汝生為父子 死何間焉？ 汝如有靈 盍各
一見 以釋我疑慮也[74].』是夜 宿於墳. 以三更後 翠翠與金生拜跪
於前 悲號宛轉. 父泣而撫問之 乃具述其始末. 曰『往者禍起蕭牆
兵興屬郡. 不能效竇氏女之烈 乃致為沙吒利之驅. 忍恥偷生 離鄉
去國[75]. 恨以蕙蘭[76]之弱質 配茲駔儈之下材. 惟知奪石家買笑之姬
豈暇憐息國不言之婦[77]. 叫九閽而無路. 度一日如三秋. 良人不棄
舊恩 特勤遠訪. 托兄妹之名 而僅獲一見. 隔伉儷之情 而終邃不
通[78]. 彼感疾而先殂 妾含冤而繼殞. 欲求附葬 幸得同歸. 大略如
斯 微言莫盡.』父曰『我之來此 本欲取汝還家 以奉我耳 今汝已
矣. 將取汝骨遷於先壟 亦不虛行一遭也.』復泣而言曰『妾生而不

幸 得不視膳庭闈. 歿且無緣 不得首丘塋壟. 然而地道尚靜 神理宜安 若更遷移 反成勞擾[79]. 況溪山秀麗 草木榮華 既已安焉 非所願也.』因抱持其父而大哭. 父遂驚覺 乃一夢也. 明日 以牲[80]酒奠[81]於墳下 與僕返棹而歸. 至今過者 指為金翠墓云.

《剪燈新話》

1 淮安(회안) : 지금의 남경(南京).

2 穎悟(영오) : 총명하다.

3 十二欄干七寶臺 春風到處豔陽開(십이난간칠보대 춘풍도처염양개) : 열 두 난간 칠보대(七寶臺)에 봄바람 불어오니 예쁘게 꽃 피었네.

4 東園桃樹西園柳 何不移教一處栽(동원도수서원류 하불이교일처재) : 동 원(東園)의 복숭아나무 서원(西園)의 버드나무 어찌 옮겨 한 데 심지 아니하나.

5 平生每恨祝英臺 悽抱何為不肯開(평생매한축영대 처포하위불긍개) : 평 생을 매양 축영대(祝英臺)를 한하노니 슬픈 가슴 어찌 열어 보이지 않 을까. 축영대는 진대(晉代)에 형성된 전설 속의 여인. 그녀는 남장을 하고 유학을 떠나 중도에 만난 양산백(梁山伯)과 깊은 우정을 나눈다. 그리고 양산백에게 연정을 느끼지만 이를 감춘 채 서당에서 동문수학 하다가 아버지의 부름을 받아 먼저 귀향한다. 만나기로 약속한 기한 을 넘겨서 찾아온 양산백이 뒤늦게 이 사실을 알고 청혼을 하지만 축 영대는 이미 다른 사람과 정혼한 뒤이다. 둘은 다음 생애에서 부부가 될 것을 기약하고 눈물로 이별한다. 은현의 현령이 된 양산백이 병으 로 죽고, 시집가는 길에 묘 근처를 지나던 축영대가 묘를 찾아 통곡을 하자 천둥번개가 치면서 묘가 갈라졌고 축영대가 그 속으로 뛰어들자 묘가 다시 원래대로 돌아갔다고 한다.

6 我願東君勤用意 早移花樹向陽栽(아원동군근용의 조이화수향양재) : 바라노니 동군(東君)이여 부지런히 뜻을 모아 꽃나무 빨리 옮겨 양지 에 심으소서. 東君은 남편, 주인.

7 親(친) : 혼인.

8 輒(첩) : 문득.

9 寒家有子 粗知詩禮 貴宅見求 敢不從命 但生自蓬蓽 安於貧賤久矣 若責 其聘問之儀 婚娶之禮 終恐無從而致(한가유자 조지시례 귀택견구 감불 종명 단생자봉필 안어빈천구의 약책기빙문지의 혼취지례 종공무종이 치) : 가난한 집 아들이 시(詩)나 예(禮)를 좀 안다고 귀댁에서 잘 보시 고 사위로 삼으려고 하시니 감히 따르지 않을 수 있겠습니까마는, 다 만 저희는 봉필(蓬蓽)에서 태어나 빈천한대로 편안히 살아온 지 오래

입니다. 만약 사돈간의 인사치례나 혼례의 예를 구한다면 저희로서는 감당하기가 어렵습니다. 蓬蓽은 가난한 사람의 집.

10 贅(췌) : 데릴사위가 되다.

11 涓(연) : 가리다.

12 羔贋(고안) : 전안(奠雁). 혼례의 절차로서, 신랑이 기러기를 가지고 신부 집에 가서 상위에 놓고 절하는 예. 대개 나무로 만든 기러기를 씀.

13 殢雨尤雲渾未慣 枕邊眉黛羞顰(체우우운혼미관 침변미대수빈) : 운우(雲雨)의 일은 아직 서툴러 베갯머리 부끄러워 눈썹 찡그리네. 眉黛는 눈썹. 顰은 찡그릴 빈.

14 武陵(무릉) : 무릉도원(武陵桃源). 도연명(陶淵明)의 도화원기(桃花源記)에 나오는 말로 이상향을 가리킴.

15 紫府(자부) : 신선이 사는 곳.

16 孔翠(공취) : 공작과 물총새.

17 張士誠(장사성) : 1353년 회동(淮東)에서 군사를 일으켜 원(元)에 저항한 반란군 지도자. 1355년 이후 세력이 확대되어 절강(浙江) 서쪽까지 미쳤으나 1357년 주원장과의 싸움에서 패배하고 원에 투항하였음. 이후 절강 서부와 회동 등지에서 할거하였으나 1367년 주원장의 포로가 되어 금릉(金陵)에서 자결하였음.

18 擄(로) : 사로잡히다.

19 平江(평강) : 오늘날의 소주(蘇州).

20 紹興(소흥) : 절강성에 있음.

21 守禦(수어) : 방위사령관.

22 安豐(안풍) : 안휘성(安徽省)에 있음.

23 湖州(호주) : 절강성에 있음.

24 扎(찰) : 빼다. 뽑다.

25 生來往江淮 備經險阻 星霜屢移 囊橐又竭 然此心終不少懈 草行露宿 丐乞於人 僅而得達湖州(생래왕강회 비경험조 성상루이 낭탁우갈 연차심종불소해 초행로숙 개걸어인 근이득달호주) : 양자강과 회수를 왕래하다 보니 험한 일도 많이 겪었고, 세월이 흐름에 따라 노자도 떨어졌다. 그러나 그 마음만은 조금도 느슨해지지 않아 길에서도 자고 남에게 구걸도 하면서 겨우겨우 호주에 도달했다. 囊橐은 지갑과 전대. 僅은 간신히, 겨우.

26 閽者(혼자) : 문지기.

27 府中果有劉氏者 淮安人 其齒如汝所言 識字善爲詩 性又通慧 本使寵之專房(부중과유유씨자 회안인 기치여여소언 식자선위시 성우통혜 본사총지전방) : 부중(府中)에 과연 유라는 회안 사람이 있기는 하다. 나이도 네가 말한 것과 같다. 글도 알고 시도 잘 하고 성품도 총명해서 장군께서 끔찍이 총애하고 계시다. 齒는 나이. 專房은 사랑을 독차지함.

28 厥由(궐유) : 그 이유.

29 內竪(내수) : 심부름하는 아이.

30 翠翠承命而出 以兄妹之禮見於廳前 動問父母外 不能措一辭 但相對悲咽而已(취취승명이출 이형매지례견어청전 동문부모외 불능조일사 단상대비열이이) : 취취는 명을 받고 대청 앞에 나와 형제의 예로 서로 만났다. 부모의 안부를 묻고는 그 밖의 말은 한 마디도 못한 채 다만 서로 마주보고 슬피 울 뿐이었다. 措는 행하다, 처리하다. 咽은 목멜 열.

31 小齋(소재) : 작은 방.

32 僕在鄕中 以儒爲業以書爲本 凡經史子集 涉獵盡矣 蓋素所習也 又何疑焉(복재향중 이유위업이서위본 범경사자집 섭렵진의 개소소습야 우하의언) : 저는 고향에 있을 때 유학(儒學)으로 업(業)을 삼고 글로써 근본을 삼아 경사자집(經史子集)을 모두 섭렵하였습니다. 글이라면 제가 평소에 늘 익히고 있는 터이니 또 무엇을 의심하겠습니까? 經史子集은 경서(經書), 사서(史書), 제자백가(諸子百家), 문집(文集).

33 吾自少失學 乘亂倔起 方嚮用於時 趨從者衆 賓客盈門 無人延款 書啓推案 無人裁答(오자소실학 승란굴기 방향용어시 추종자중 빈객영문 무인연관 서계추안 무인재답) : 나는 어려서 배우는 것을 잃어버리고 전란을 틈타 입신하였는데, 지금은 때에 따라 많은 사람을 쓰고 있지만, 귀한 손님이 오셔도 맞아 접대할 사람이 없고 편지가 와도 답장 하나 쓸 사람이 없었다네. 倔起는 보잘것없는 신분이었다가 성공하여 이름을 떨침.

34 生聰敏者也 性旣溫和 才又秀發 處於其門 益自檢束 承上接下 咸得其歡(생총민자야 성기온화 재우수발 처어기문 익자검속 승상접하 함득기환) : 김생은 총명한 사람인데다가 성품이 온화하고 재주 또한 뛰어났으므로 그곳에서 일하면서 더욱 스스로를 단속하여 윗사람은 받들고 아랫사람은 잘 대접하여 모든 사람의 환심을 얻게 되었다.

35 閨閤深邃 內外隔絶 但欲一達其意 而終無便可乘(규합심수 내외격절 단욕일달기의 이종무편가승) : 내실(內室)은 깊고 멀어 김생이 거처하고 있는

곳과는 단절되어 있어 다만 한 번이라도 그 뜻을 전하고자 하나 끝내 그 기회를 얻지 못하였다. 閨閣은 집안에서 부녀자가 거처하는 곳.

36 授衣(수의) : 음력 9월의 별칭.

37 鸞(난) : 중국 전설에 나오는 서조(瑞鳥)로 꼽는 상상의 새. 모양은 봉황과 비슷하고 붉은 깃에 오채(五彩)가 섞여 있으며, 그 소리는 오음(五音)과 같다고 함.

38 辜負(고부) : 저버리다.

39 天氣已寒 吾衣甚薄 乞持入付吾妹 令浣濯而縫紉之 將以禦寒耳(천기이한 오의심박 걸지입부오매 령완탁이봉임지 장이어한이) : 날씨가 추워졌는데 내 옷이 너무 얇으니 이 옷을 가져다 내 누이에게 주고 빨아서 지어달라고 일러라. 그래서 한기(寒氣)를 막아야겠다. 浣濯은 옷을 빨다. 縫紉은 옷을 꿰매다.

40 子建(자건) : 삼국시대 위(魏)나라 조식(曹植)의 자(字). 시문에 뛰어났음.

41 賦(부) : 조식이 지은 낙신부(洛神賦).

42 綠珠碧玉(녹주벽옥) : 녹주(綠珠)와 벽옥(碧玉). 녹주는 진(晉)나라 석숭(石崇)의 애첩. 매우 아름다웠기에 석숭이 자기 집 후원에 금곡원(金谷園)이라는 별장을 지어 살게 했음. 당시 세도가인 손수(孫秀)가 녹주의 미색을 탐하여 군사를 보내 석숭을 잡아오게 하자 녹주는 금곡원의 누각에서 몸을 던져 자결하였다 함. 벽옥은 당(唐)나라 교지지(喬知之)의 애첩. 아름다운데다 가무를 잘하였음. 측천무후(則天武后)의 조카인 무승사(武承嗣)가 불러 가무를 시키고 돌려보내지 않자 교지지가 벽옥을 원망하는 시를 지어 벽옥에게 보내니 시를 본 벽옥은 우물에 몸을 던져 자결하였다 함.

43 沈痼(침고) : 오랫동안 낫지 않아 고치기 어려운 병.

44 翠翠以臂扶生而起 生引首側視 凝淚滿眶 長吁一聲 奄然命盡(취취이비부생이기 생인수측시 응루만광 장우일성 엄연명진) : 취취가 두 팔로 김생을 부축하여 일으키자 그는 고개를 돌려 취취를 바라보는데 눈에는 눈물이 가득했다. 그리고 길게 한 번 숨을 내쉬더니 그만 숨이 끊어져 버렸다. 臂는 팔 비. 眶은 눈자위 광.

45 道場山(도장산) : 호주성(湖州城) 남쪽에 있음.

46 麓(록) : 산기슭.

47 妾病必不起 乞埋骨兄側 黃泉之下 庶有依託 免於他鄕作孤魂也(첩병필불

기 걸매골형측 황천지하 서유의탁 면어타향작고혼야) : 저의 병은 필
시 낫지 않을 것이오니 바라건대 제 뼈를 오라비 옆에 묻어주십시오.
황천에서나마 서로 의탁하여 타향의 외로운 혼을 면할까 합니다.

48 洪武(홍무) : 명(明)나라 태조(太祖)의 연호.

49 槐柳(괴류) : 느티나무와 버드나무.

50 凭肩(빙견) : 어깨를 기대다.

51 遽(거) : 급히.

52 始因兵亂 我爲李將軍所擄 郎君遠來尋訪 將軍不阻 以我歸焉 因遂僑居
於此耳(시인병란 아위이장군소로 낭군원래심방 장군부조 이아귀언 인
수교거어차이) : 처음에 병란으로 내가 이장군에게 붙잡혀 있었는데
서방님께서 멀리서 찾아 오셨다오. 그때 장군이 나를 잡아두지 않고
돌아가게 하였기에 그로 인하여 마침내 임시로 이곳에서 살고 있는 것
이라오. 尋訪은 찾아가다. 阻는 막다, 저지하다. 僑居는 임시로 살다.

53 吳興(오흥) : 절강성 북부에 있는 도시. 호주(湖州)라고도 함.

54 香糯(향나) : 찹쌀.

55 茗溪(초계) : 오흥현(吳興縣)에 흐르는 강.

56 鰂(즉) : 붕어.

57 烏程酒(오정주) : 오정현(烏程縣)에서 나는 명주(名酒). 오정현이라는
이름은 진(秦)나라 때 오(烏)씨와 정(程)씨가 술을 잘 빚었기 때문에
그렇게 일컫게 되었다 함.

58 夫唱婦隨(부창부수) : 남편이 주장하고 아내는 이에 잘 따름.

59 三從之義(삼종지의) : 여자가 지켜야 되는 세 가지 도. 집에 있어서는
아버지를, 시집가서는 남편을, 남편이 죽은 뒤에는 아들을 좇는 것을
이름.

60 封豕長蛇互相呑倂 雄蜂雌蝶 各自逃生(봉시장사호상탄병 웅봉자접 각
자도생) : 마치 큰 돼지와 큰 뱀이 서로 물고 삼키려는 형세이며, 수벌
과 암나비는 각자 살길을 찾아 도망하는 것과 같았습니다. 封豕는 큰
돼지. 呑倂은 삼키다, 병탄하다.

61 不能玉碎於亂離 乃至瓦全於倉卒(불능옥쇄어난리 내지와전어창졸) : 어
지러운 세상에 옥같이 부서지지 못하고 창졸간에 구차한 목숨만 이어
왔습니다.

62 良辰易邁 傷靑鸞之伴木雞 怨偶爲仇 懼烏鴉之打丹鳳(양신이매 상청란
지반목계 원우위구 구오아지타단봉) : 아름답던 시절은 쉽게 지나가

고, 청란(靑鸞)이 목계(木雞)의 짝이 된 것을 슬퍼하듯 남편은 원망으
로 원수가 되었고, 두대중(杜大中)의 애첩같이 맞아죽을까 두렵기도
하였습니다. 邁는 지날 매. 靑鸞은 꿩과의 새. 전체 길이 약 2미터. 공
작을 닮았는데, 수컷은 머리가 검은 색, 얼굴과 목은 털이 없이 청회
색, 깃털은 갈색이며 날개는 둥근 무늬가 있어 아름다움. 木雞는 나무
로 만든 닭. 청란과 목계는 어울리지 않는 짝을 의미. 두 대중은 그의
애첩이 시를 잘 지었는데 그녀가 지은 시에 꽃다운 봉(鳳)에 까마귀가
따른다는 구절이 있는 것을 보고 그녀를 때려 죽였음. 烏鴉之打丹鳳은
이를 가리키는 말.

63 楊素(양소) : 수(隋)나라의 재상(宰相).

64 王敦(왕돈) : 진(晉)나라 때 왕돈(王敦)은 여색에 빠져 몸이 상하니 뒷
문을 열어 기녀 수십 명을 풀어주었다 함.

65 瀟湘(소상) : 소수(瀟水)와 상강(湘江).

66 章臺之柳 雖已折於他人 玄都之花 尙不改於前度(장대지류 수이절어타
인 현도지화 상불개어전도) : 장대(章臺)의 버들은 비록 남에게 쉽게
꺾이지만 현도(玄都)의 꽃은 그 아름다움이 변치 않습니다. 章臺는 유
곽(遊廓). 玄都는 선경(仙境).

67 將謂瓶沈而簪折 豈期璧返而珠還(장위병침이잠절 기기벽반이주환) : 물
속에 가라앉은 은병(銀瓶)이요 허리 꺾인 옥잠(玉簪)이라 할지니 어찌
옥(玉)이 돌아오고 구슬이 돌아오기를 기약할 수 있겠습니까. 璧返而
珠還은 후한(後漢)의 맹상(孟嘗)이 합포(合浦)의 태수가 되어 선정을 베
풀었더니 없어졌던 바다의 보배가 되돌아왔다는 고사(故事).

68 殆同玉簫女兩世因緣 難比紅拂妓一時配合(태동옥소녀양세인연 난비홍
불기일시배합) : 옥소녀(玉簫女)가 양세(兩世)에 걸쳐 인연을 가짐과 같
고 홍불기(紅拂妓)가 한때의 배합(配合)을 가진 것과는 견줄 수 없게
되었습니다. 당나라 위고(韋皐)가 옥소(玉簫)라는 여자를 만났으나 아
직 여자의 나이가 어린 까닭에 옥가락지를 주면서 5년을 기다렸다가
결혼하자고 약속하였으나 기한이 지나도 위고가 돌아오지 않으므로
그녀는 식음을 폐하고 죽었다 함. 후에 위고가 한 가희(歌姬)를 얻어
호(號)를 옥소라 불렀더니 손가락에 살로 된 가락지가 생겨나 옥가락
지 모양이 되었다 함. 수나라 양소(楊素)의 시녀였던 홍불기(紅拂妓)는
알현 차 양소를 찾은 이정(李靖)을 보고 반하여 객사로 찾아가 통정하
였음.

69 尺素(척소) : 예전에, 길이가 한 자 정도 되는, 글을 적어 놓은 널빤지를 이르던 말. 전하여 편지.

70 疇昔(주석) : 예전. 접때.

71 錫(석) : 석장(錫杖).

72 時李將軍爲國朝所戮 無從詰問其詳(시이장군위국조소륙 무종힐문기상) : 이때 이장군은 이미 명나라 조정에 의해 죽임을 당했으니 그 자세한 것을 물어볼만한 데는 어디에도 없었다. 戮은 죽일 륙.

73 賺(잠) : 속이다.

74 汝如有靈 毌吝一見以釋我疑慮也(여여유령 무린일견이석아의려야) : 네게 혼령이 있다면 한 번 나타나 내 의심을 풀어주려무나. 毌吝은 아끼지 말고의 뜻이지만 여기에서는 굳이 해석하지 않아도 좋음.

75 往者禍起蕭牆 兵興屬郡 不能效竇氏女之烈 乃致爲沙吒利之驅 忍恥偷生 離鄕去國(왕자화기소장 병흥속군 불능효두씨녀지열 내치위사타리지구 인치투생 이향거국) : 지난번 일어난 전란에 우리 고을에도 반란군이 몰려 들어오매 두씨녀(竇氏女)의 절의(節義)를 본받지 못하고 사타리(沙吒利)에게 핍박받은 유씨(柳氏)와 같은 몸이 되어 부끄러움을 참고 목숨을 부지하여 고향을 떠났습니다. 두씨녀의 절의란 당나라 영태(永泰)년간에 두씨(竇氏)라는 사람에게 두 딸이 있었는데 도적들에게 잡히게 되자 몸을 더럽히지 않으려고 모두 자살하였다는 고사(古事). 사타리에게 핍박받은 유씨는 원래 한익(韓翊)의 첩이었음에도 전란 중에 그녀의 미모를 탐낸 장군 사타리에게 잡혀 강제로 첩살이를 한 여인.

76 蕙蘭(혜란) : 난초의 한 종류.

77 息國不言之婦(식국불언지부) : 식부인(息婦人). 강세로 닙지되어 초왕(楚王)의 아내가 된 식부인(息夫人)은 아들 둘을 낳고 사는 중에도 초왕과 일체 말을 하지 않았다고 함. 답답하게 여긴 초왕이 이유를 묻자 그녀는 "저는 한 부인으로 두 남편을 섬기고 있습니다. 죽을 수는 없지만 무슨 면목으로 다른 사람에게 말을 건넬 수 있겠습니까."라고 답했다 함.

78 良人不棄舊恩 特勤遠訪 托兄妹之名 而僅獲一見 隔伉儷之情 而終邃不通(양인불기구은 특근원방 탁형매지명 이근획일견 격항려지정 이종수불통) : 남편이 옛정을 버리지 않고 애써 먼 길을 찾아왔지만 남매라는 이름으로 겨우 한 차례 만났을 뿐 멀리 떨어져 있어 끝내 부부의 정을 나누지도 못하였습니다. 良人은 남편. 伉儷는 배우자, 짝.

79 妾生而不幸 得不視膳庭闈 歿且無緣 不得首丘塋壟 然而地道尙靜 神理宜安 若更遷移 反成勞擾(첩생이불행 득불시선정위 몰차무연 부득수구영롱 연이지도상정 신리의안 약갱천이 반성로요) : 저는 살았을 때도 불행히 진지상 조차 받들지 못하고, 죽어서도 인연이 없어 머리를 선영에 두지 못했습니다. 하지만 이곳 땅속이 아직 조용하고 편안하오니 만약 다시 옮긴다면 오히려 수고롭고 요란하기만 할 것입니다.

80 牲(생) : 제사에 쓰는 소. 기를 때는 畜, 제물일 때는 牲이라 함. 여기에서는 소고기.

81 奠(전) : 제사지내다.

4. 萬福寺樗蒲記

金時習

南原有梁生者　早喪父母　未有妻室　獨居萬福寺[1]之東房. 外有梨花一株　方春盛開　如瓊樹銀堆[2]. 生每月夜　逶巡朗吟其下　詩曰

一樹梨花伴寂寥	可憐孤負月明宵.
青年獨臥孤窓畔	何處玉人吹鳳簫.
翡翠孤飛不作雙	鴛鴦失侶浴晴江.
誰家有約敲碁子	夜卜燈花[3]愁倚窓.

吟罷　忽空中有聲曰『君欲得好逑　何憂不遂[4]?』生心喜之.　明日即三月二十四日也. 州俗燃燈於萬福寺祈福[5]　士女[6]騈集　各呈[7]其志. 日晚梵罷人稀　生袖樗蒲[8]　擲[9]於佛前曰『吾今日　與佛欲鬪蒲戲. 若我負　則設法筵以賽　若佛負　則得美女　以遂我願耳.』祝訖　遂擲之　生果勝. 即跪於佛前曰『業已定矣　不可誑矣.』遂隱於几下　以候其約[10].

俄而有一美姬　年可十五六　丫鬟淡飾　儀容婥妁　如仙姝天妃　望之儼然[11]. 手携油瓶　添燈挿香　三拜而跪　噫而歎曰『人生薄命　乃如此耶?』遂出懷中狀辭　獻於卓前　其辭曰

某州某地居住 何氏某 竊以曩者[12] 邊方失禦 倭寇來侵 干戈滿目 烽燧連年焚蕩室廬 虜掠生民 東西奔竄 左右逋逃 親戚僮僕各相亂離[13]. 妾以蒲柳弱質[14] 不能遠逝 自入深閨 終守幽貞 不爲行露之沾[15] 以避橫逆之禍. 父母以女子守節不爽 避地僻處 僑居草野 已三年矣. 然而秋月春花 傷心虛度 野雲流水 無聊送日. 幽居在空谷 歎平生之薄命 獨宿度良宵 傷彩鸞之獨舞[16]. 日居月諸 魂銷魄喪 夏日冬宵 膽裂腸摧. 惟願覺皇[17] 曲垂憐愍. 生涯前定業不可避 賦命有緣 早得歡娛 無任懇禱之至.

女既投狀 嗚咽數聲. 生於隙中 見其姿容 不能定情 突出而言曰 『向者投狀 爲何事也[18]?』 見女狀辭 喜溢[19]於面 謂女子曰 『子何如人也 獨來于此?』 女曰 『妾亦人也 夫何疑訝之有. 君但得佳匹 不必問名姓 若是其顛倒也.』 時寺已頹落 居僧住於一隅. 殿前只有廊廡[20] 蕭然獨存. 廊盡處 有板房甚窄[21]. 生挑女而入 女不之難 相與講歡 一如人間[22]. 將及夜半 月上東山 影入窓柯 忽有跫音[23] 女曰 『誰耶? 將非侍兒來耶?』 兒曰 『唯. 向日娘子 行不過中門 履不容數步 昨暮偶然而出 一何至於此極耶?』 女曰 『今日之事 蓋非偶然 天之所助 佛之所佑. 逢一粲者 以爲偕老也[24]. 不告而娶 雖違明敎之法典 式燕以遨 亦云平生之奇遇也. 可於茅舍 取裀席酒果來[25].』 侍兒一如其命而往 設筵於庭 時將四更也. 鋪陳几案 素淡無文 而醪醴馨香 定非人間滋味. 生雖疑怪 見其談笑淸婉 儀貌舒遲 意必貴家處子 踰墻而出 亦不之疑也[26]. 觴進 命侍兒 歌以侑之

謂生曰『兒定仍舊曲 請自製一章 以侑如何?』生欣然應之曰『諾.』
乃製滿江紅一闋 命侍兒歌之曰

惻惻春寒羅衫薄 幾回腸斷金鴨[27]冷. 晚山凝黛 暮雲張纈. 錦
帳鴛衾無與伴 寶釵半倒吹龍管[28]. 可惜許光陰易跳丸 中情懑[29].
燈無焰銀屏短 徒收淚誰從款. 喜今宵 鄒律[30]一吹回暖. 破我佳
城[31]千古恨 細歌金縷[32]傾銀椀. 悔昔時抱恨 蹙眉兒眠孤館.

歌竟 女愀然[33]曰『曩者蓬島 失當時之約 今日瀟湘 有故人之逢
得非天幸耶. 郎若不我遐棄 終奉巾櫛 如失我願 永隔雲泥[34].』生
聞此言 一感一驚曰『敢不從命.』然其態度不凡 生熟視所爲 時月
掛西峯 鷄鳴荒村 寺鐘初擊 曙色將暝. 女曰『兒可撤席而歸.』隨
應隨滅 不知所之. 女曰『因緣已定 可同携手.』生執女手 經過閭
閻[35] 犬吠[36]於籬[37] 人行於路 而行人不知與女同歸 但曰『生早歸何
處?』生答曰『適醉臥萬福寺 投故友之村墟[38]也.』

　至詰朝[39] 女引至草莽[40]間 零露[41]瀼瀼[42] 無逕路可遵[43]. 生曰『何
居處之若此也?』女曰『孀婦之居 固如此耳.』女又譙之曰『於邑行
路 豈不夙夜 謂行多露.』生乃和之曰『有狐綏綏[44] 在彼淇梁[45]. 魯
道有蕩[46] 齊子翱翔[47].』吟而笑傲. 遂同去開寧洞 蓬蒿蔽野 荊棘[48]
參天[49] 有一屋 小而極麗 邀生俱入 裯褥帳幃極整 如昨夜所陳. 留
三日 歡若平生. 然其侍兒 美而不黠 器皿潔而不文 意非人世 而繾
綣意篤 不復思慮已而[50]. 女謂生曰『此地三日 不下[51]三年 君當還家

以顧生業也.』遂設離宴以別. 生悵然曰『何遽別之速也?』女曰『當
再會 以盡平生之願爾. 今日到此弊居 必有夙緣 宜見隣里族親 如
何[52]?』生曰『諾.』卽命侍兒 報四隣以會 其一曰鄭氏 其二曰吳氏
其三曰金氏 其四曰柳氏 皆貴家巨族 而與女子 同閭閈[53]親戚 而處
子者也. 性俱溫和 風韻不常 而又聰明識字 能爲詩賦 皆作七言短
篇四首以贐[54]. 鄭氏態度風流 雲鬟掩鬢 乃噫而吟曰

春宵花月兩嬋娟[55]	長把春愁不記年.
自恨不能如比翼[56]	雙雙相戲舞青天.
漆燈無焰夜如何	星斗[57]初橫月半斜.
怊悵幽宮[58]人不到	翠衫撩亂鬢鬖髿.
摽梅[59]情約竟蹉跎	辜負春風事已過.
枕上淚痕幾圓點	滿庭山雨打梨花.
一春心事已無聊	寂寞空山幾度宵.
不見藍橋經過客	何年裴航遇雲翹[60].

吳氏 丫鬟妖弱 不勝情態 繼吟曰

寺裏燒香[61]歸去來	金錢暗擲竟誰媒.
春花秋月無窮恨	銷却[62]樽前酒一盃.
溥溥[63]曉露浥桃腮	幽谷春深蝶不來.
却喜隣家銅鏡合[64]	更歌新曲酌金疊.

年年燕子舞東風　　　　　腸斷春心事已空[65].

羨却芙蓉猶並蒂　　　　　夜深同浴一池中[66].

一層樓在碧山中　　　　　連理枝[67]頭花正紅.

却恨人生不如樹　　　　　青年薄命淚凝瞳.

　金氏整其容儀　儼然染翰　責其前詩　淫佚太甚而言曰『今日之事
不必多言　但叙光景.　胡乃陳懷　以失其節　傳鄙懷於人間[68].』遂朗
然[69]賦曰

杜鵑鳴了五更風　　　　　寥落星河[70]已轉東.

莫把玉簫重再弄　　　　　風情恐與俗人通[71].

滿酌烏程金叵羅　　　　　會須取醉莫辭多[72].

明朝捲地東風惡　　　　　一段春光奈夢何[73].

綠紗衣袂懶[74]來垂　　　　絃管聲中酒百巵[75].

清興未闌歸未可　　　　　更將新語製新詞[76].

幾年塵土惹雲鬟　　　　　今日逢人一解顏[77].

莫把高唐神境事　　　　　風流話柄落人間[78].

　柳氏　淡妝素服　不甚華麗　而法度有常　沈默不言　微笑而題曰

確守幽貞經幾年　　　　　香魂玉骨掩重泉.

春宵每與姮娥[79]伴　　　　叢桂花邊愛獨眠.

却笑春風桃李花　　　　飄飄萬點落人家.
平生莫把青蠅[80]點　　　誤作崑山玉上瑕[81].
脂粉慵拈首似蓬　　　　塵埋香匣綠生銅.
今朝幸預隣家宴　　　　羞看冠花別樣紅.
娘娘今配白面郎　　　　天定因緣契闊香[82].
月老已傳琴瑟線　　　　從今相待似鴻光[83].

　女乃感柳氏終篇之語　出席而告曰『余亦粗知字畵　獨無語乎.』
乃製近體七言四韻以賦曰

開寧洞裏抱春愁　　　　花落花開感百憂[84].
楚峽雲中君不見　　　　湘江竹下泣盈眸[85].
晴江日暖鴛鴦並　　　　碧落雲銷翡翠遊[86].
好是同心雙綰結　　　　莫將紈扇怨清秋[87].

　生亦能文者　見其詩法清高　音韻鏗鏘　喈喈不已[88].　卽於席前　走
書古風[89]長短篇一章以答曰

今夕何夕　　　　　　　見此仙姝.
花顏何婥妁　　　　　　絳脣[90]似櫻珠.
風騷尤巧妙　　　　　　易安[91]當含糊.
織女投機下天津　　　　嫦娥抛杵[92]離清都.

靚妝照此玳瑁[93]筵　　　羽觴交飛清讌娛.

殢雨尤雲雖未慣　　　淺斟低唱相怡愉.

自喜誤入蓬萊島[94]　　　對此仙府風流徒.

瑤醬瓊液溢芳樽　　　瑞腦[95]霧噴金猊爐[96].

白玉牀前香屑飛　　　微風撼波青紗廚.

眞人會我合卺巵　　　綵雲冉冉[97]相縈紆[98].

君不見文簫[99]遇彩鸞　　　張碩[100]逢杜蘭.

人生相合定有緣　　　會須舉白相闌珊[101].

娘子何爲出輕言　　　道我掩棄秋風紈.

世世生生爲配耦　　　花前月下相盤桓[102].

　酒盡相別　女出銀椀一具　以贈生曰『明日　父母飯我于寶蓮寺　若不遺我　請遲于路上　同歸梵宇　觀我父母如何[103]?』生曰『諾.』生如其言　執椀[104]待于路上　果見巨室右族　薦女子之大祥　車馬駢闐　上于寶蓮　見路傍　有一書生　執椀而立　從者曰『娘子殉葬之物　已爲他人所偷矣.』主曰『如何?』從者曰『此生所執之椀.』遂聚馬[105]以問　生如其前約以對. 父母感訝良久曰『吾止有一女子　當寇賊傷亂之時　死於干戈　不能窆窆　殯于開寧寺之間　因循不葬　以至于今[106]. 今日大祥已至　暫設齋筵　以追冥路. 君如其約　請唤女子以來　願勿愕也[107].』言訖先歸　生竚立[108]以待. 及期　果一女子　從侍婢　腰曩[109]而來　卽其女也. 相喜携手而歸　女入門禮佛　投于素帳之內　親戚寺僧　皆不之信　唯生獨見. 女謂生曰『可同茶飯.』生以其言　告于

父母. 父母試驗之　遂命同飯　唯聞匙箸聲　一如人間. 父母於是驚歎　遂勸生　同宿帳側　中夜言語琅琅　人欲細聽　驟止其言[110]曰『妾之犯律　自知甚明. 少讀詩書[111]　粗知禮義　非不諳褰裳之可媿　相鼠之可板. 然而久處蓬蒿　抛棄原野　風情一發　終不能戒[112]. 曩者　梵宮祈福　佛殿燒香　自歎一生之薄命　忽遇三世之因緣. 擬欲荊釵椎髻[113]　奉高節於百年　冪酒縫裳　修婦道於一生　自恨業不可避　冥道當然　歡娛未極　哀別遽至. 今則步蓮[114]入屏[115]　阿香[116]輾車　雲雨霽於陽臺[117]　烏鵲散於天津　從此一別　後會難期. 臨別凄惶　不知所云.』送魂之時　哭聲不絶　至于門外　但隱隱有聲曰

冥數有限	慘然將別[118].
願我良人	無或踈闊[119].
哀哀父母	不我匹兮[120].
漠漠九原	心糾結兮[121].

餘聲漸滅　嗚哽不分　父母已知其實　不復疑問. 生亦知其爲鬼　尤增傷感　與父母聚頭[122]而泣　父母謂生曰『銀椀任君所用. 但女子有田數頃　蒼赤[123]數人　君當以此爲信[124]　勿忘吾女子.』

翌日　設牲牢[125]朋酒　以尋前迹　果一殯葬處也. 生設奠哀慟　焚楮鏹[126]于前　遂葬焉. 作文以弔之曰

惟靈　生而溫麗　長而清淳. 儀容侔於西施　詩賦高於淑眞[127]. 不

出香閨之內常聽鯉庭之箴[128]. 逢亂離而璧完 遇寇賊而珠沈[129]. 托蓬蒿而獨處 對花月而傷心. 腸斷春風 哀杜鵑之啼血 膽裂秋霜 歎紈扇之無緣. 嚮者 一夜邂逅 心緒纏綿 雖識幽明之相隔 實盡魚水之同歡[130]. 將謂百年以偕老 豈期一夕而悲酸[131]. 月窟驂鸞之姝 巫山行雨之娘[132] 地黯黯而莫歸 天漠漠而難望. 入不言兮況忽 出不逝兮蒼茫. 對靈幃而掩泣 酌瓊漿而增傷[133]. 感音容之窈窈 想言語之琅琅. 嗚呼哀哉. 爾性聰慧 爾氣精詳 三魂縱散 一靈何亡[134]. 應降臨而陟庭 或薰蒿而在傍. 雖死生之有異 庶有感於些章.

後 極其情哀 盡賣田舍 連薦再三夕 女於空中 唱曰『蒙君薦拔 已於他國 爲男子矣. 雖隔幽明 寔深感佩. 君當復修淨業 同脫輪回[135].』生後不復婚嫁 入智異山採藥 不知所終.

1 萬福寺(만복사) : 전북 남원(南原)에 있던 절. 고려 문종(文宗) 대에 창
건되었지만 지금은 보물로 지정된 만복사지 오층석탑, 만복사지 석좌,
만복사지 당간지주, 만복사지 석불입상 등과 절터만 남아있음.

2 外有梨花一株 方春盛開 如瓊樹銀堆(외유이화일주 방춘성개 여경수은
퇴) : 밖에는 배나무 한 그루가 서 있었는데 바야흐로 봄을 맞아 꽃이
만개(滿開)하여 옥수(玉樹)에 은(銀)덩이가 달려 있는 것 같았다. 瓊은
옥 경.

3 卜燈花(복등화) : 등불의 밝기로 길흉을 점치는 것.

4 君欲得好逑 何憂不遂(군욕득호구 하우불수) : 그대가 좋은 짝을 얻으
려 할진대 어찌 이루어지지 않을 것을 근심하는고? 逑는 짝, 배필.

5 祈福(기복) : 복을 빌다.

6 士女(사녀) : 남녀.

7 呈(정) : 드리다. 바치다.

8 摴蒲(저포) : 백제 때에 있었던 놀이. 주사위 같은 것을 나무로 만들어
던져서 승부를 겨루는 것으로, 윷놀이와 비슷하다고 전해진다.

9 擲(척) : 던지다.

10 祝訖 遂擲之 生果勝 卽跪於佛前曰 業已定矣 不可誑矣 遂隱於几下 以候
其約(축글 수척지 생과승 즉궤어불전왈 업이정의 불가광의 수은어궤
하 이후기약) : 빌기를 마치고 마침내 저포를 던지니 과연 양생이 이겼
다. 그러자 그는 바로 불전(佛前)에 무릎 꿇고 말했다. "업(業)은 이미
정해졌습니다. 속이지는 마시기 바랍니다." 그리고는 불좌(佛座) 아래
에 숨어 약속이 이루어지기를 기다렸다. 跪는 무릎 꿇을 궤. 業은 일,
사업. 几는 안석(案席)이나 책상 같은 것이지만 여기에서는 불좌. 候는
기다릴 후.

11 俄而有一美姫 年可十五六 丫鬟淡飾 儀容婥妁 如仙姝天妃 望之儼然(아
이유일미희 연가십오륙 아환담식 의용작작 여선주천비 망지엄연) : 조
금 있으려니까 한 미인이 나타나는데 나이는 십 오륙 가량이고 머리는
두 갈래로 쪽찌고 엷게 치장을 했는데 자태와 얼굴의 아름답기가 하
늘의 선녀와 같아 바라볼수록 엄연했다. 儼然은 의젓하다.

12 曩者(낭자) : 지난번. 접때.

13 干戈滿目 烽燧連年 焚蕩室廬 虜掠生民 東西奔竄 左右逋逃 親戚僮僕
各相亂離(간과만목 봉수연년 분탕실려 노략생민 동서분찬 좌우포도
친척동복 각상난리) : 방패와 창은 눈에 가득했고 봉화는 해를 이었으
며 집을 불태우고 백성들을 잡아갔으므로 동서로 달아나고 좌우로 도
망하여 친척들과 하인들도 각기 서로 어지러이 헤어졌습니다.

14 蒲柳弱質(포류약질) : 갯버들 같은 약한 몸.

15 行露之沾(행로지첨) : 여자의 도리에 어긋나는 행실.

16 幽居在空谷 歎平生之薄命 獨宿度良宵 傷彩鸞之獨舞(유거재공곡 탄평생
지박명 독숙도양소 상채란지독무) : 외로운 골짜기에 숨어 살면서 평생
에 박명함을 한탄했고 좋은 밤을 혼자 지내면서 난새가 홀로 춤춤을
슬퍼했습니다. 彩鸞之獨舞는 짝 잃은 난새가 홀로 살아감을 이르는 말.

17 覺皇(각황) : 부처. 지혜가 갖추어져 가장 높은 지위에 있다는 뜻.

18 生於隙中 見其姿容 不能定情 突出而言曰 向者投狀 爲何事也(생어극중
견기자용 불능정정 돌출이언왈 향자투장 위하사야) : 양생은 틈사이
로 그녀의 자태와 용모를 보고 마음을 억제하지 못하여 뛰쳐 나가며
말했다. "아까 부처님께 바친 글은 무슨 일 때문인가요?"

19 溢(일) : 넘치다.

20 廊廡(낭무) : 정전(正殿) 아래에 동서로 붙여 지은 건물.

21 窄(착) : 좁다.

22 生挑女而入 女不之難 相與講歡 一如人間(생도녀이입 여부지난 상여강
환 일여인간) : 양생이 그녀를 유혹하여 들어가니 여자는 어려워하지
않고 서로 즐거움을 나누었는데 살아있는 사람과 똑같았다.

23 跫音(공음) : 발자국소리.

24 今日之事 蓋非偶然 天之所助 佛之所佑 逢一粲者 以爲偕老也(금일지사
개비우연 천지소조 불지소우 봉일찬자 이위해로야) : 오늘 일은 아마
도 우연이 아닐 것이다. 하늘이 돕고 부처가 도우서서 아름다운 낭군
을 만났으니 해로해야겠다.

25 不告而娶 雖違明敎之法典 式燕以遨 亦云平生之奇遇也 可於茅舍 取裀
席酒果來(불고이취 수위명교지법전 식연이오 역운평생지기우야 가어
모사 취인석주과래) : 부모께 알리지 않고 혼인하는 것은 비록 예법에
는 어긋나는 것이지만 즐겁게 노는 것 또한 평생의 기이한 만남이라
하겠으니 너는 집에 가서 깔 자리와 주과(酒果)를 내 오너라.

26 生雖疑怪 見其談笑淸婉 儀貌舒遲 意必貴家處子 踰墻而出 亦不之疑也
(생수의괴 견기담소청완 의모서지 의필귀가처자 유장이출 역부지의야)
: 양생은 비록 의심스럽고 이상했지만 여자의 말씨와 웃음소리가 맑고
고우며 거동과 용모가 여유가 있고 풍아(風雅)하여 반드시 귀한 집 처
녀가 담장을 넘어 나온 것이라 생각하여 또한 의심하지 않았다. 舒遲
는 여유가 있고 풍아(風雅)하다.

27 金鴨(금압) : 쇠붙이로 만든 향로. 모양이 오리같이 생겨서 그렇게 이름.

28 龍管(용관) : 퉁소.

29 懣(만) : 마음이 답답하다. 번민하다.

30 鄒律(추율) : 추연(鄒衍)의 피리. 전국시대 연(燕)나라에 추운 골짜기가
있어 곡식이 자라지 못했는데 추연이 곡(曲)을 지어 부니 온기가 이르
러 곡식을 심게 되었다 함.

31 佳城(가성) : 무덤의 미칭.

32 金縷(금루) : 당(唐)나라 때 여류시인이었던 두추낭(杜秋娘)의 시 금루
의(金縷衣)를 이름. 勸君莫惜金縷衣 勸君惜取少年時 花開堪折直須折
莫待無花空折枝 그대에게 권하노니 비단옷을 아끼지 말고, 젊음을 누
림에 주저하지 말라. 꽃이 탐이 나면 모름지기 바로 꺾지, 꽃 진 뒤를
기다려 빈 가지를 꺾지는 말게나.

33 愀然(초연) : 수심에 잠겨 안색이 달라지는 모양.

34 曩者蓬島 失當時之約 今日瀟湘 有故人之逢 得非天幸耶 郎若不我遐棄
終奉巾櫛 如失我願 永隔雲泥(낭자봉도 실당시지약 금일소상 유고인지
봉 득비천행야 낭약불아하기 종봉건즐 여실아원 영격운니) : 지난번
봉래산(蓬萊山)에서는 약속을 어겼습니다만 오늘 소상(瀟湘)에서 옛
임과 만났으니 하늘이 준 다행이 아니겠습니까? 낭군께서 저를 멀리하
거나 버리지 않는다면 끝까지 건즐(巾櫛)을 받들 생각입니다만, 만약
제 원(願)을 들어주시지 않는다면 영원히 멀리 떠나겠습니다. 蓬島는
봉래산(蓬萊山). 당(唐)나라 현종과 양귀비가 봉래산에서 만나기로 했
다는 고사가 있음. 瀟湘은 소수(瀟水)와 상수(湘水)의 두 강으로 당나
라 유운(柳惲)의 시 강남곡(江南曲)에 나오는 洞庭有歸客 瀟湘逢故人
의 구절에서 따온 부분. 雲泥는 구름과 진흙으로 멀리 떨어져 있음을
뜻하는 말.

35 閭閻(여염) : 일반 백성의 살림집이 많이 모여 있는 곳. 마을.

36 吠(폐) : 개가 짖다.

37 籬(리) : 울타리.

38 墟(허) : 옛터. 언덕.

39 詰朝(힐조) : 아침. 詰은 아침 힐.

40 草莽(초망) : 풀이 우거진 곳. 莽은 풀 우거질 망.

41 零露(영로) : 이슬이 맺히다.

42 瀼瀼(양양) : 이슬이 많이 내린 모양.

43 遵(준) : 가다.

44 綏綏(수수) : 느릿느릿 걷는 모양.

45 淇梁(기량) : 기수(淇水)의 다리. 기수는 하남성에서 발원하여 위하(衛河)로 흘러 들어가는 황하의 지류.

46 蕩(탕) : 평탄하다.

47 翺翔(고상) : 달려가다.

48 荊棘(형극) : 가시나무.

49 參天(참천) : 하늘을 찌를 듯이 울창하다.

50 留三日 歡若平生 然其侍兒 美而不黠 器皿潔而不文 意非人世 而繾綣意篤 不復思慮已而(유삼일 환약평생 연기시아 미이불힐 기명결이불문 의비인세 이견권의독 불부사려이이) : 사흘을 머물렀는데 즐겁기는 평상시와 같았다. 그러나 그 시녀는 아름다우면서도 교활하지 않고 그릇은 깨끗하지만 무늬가 없어서 인간 세상의 것이 아니라는 생각도 들었지만 견권(繾綣)의 뜻이 도타워지니 다시는 그런 생각을 하지 않게 되었다. 黠은 교활할 힐. 文은 무늬 문. 繾綣은 마음에 굳게 맺혀 잊히지 않음.

51 不下(불하) : 못하지 않다.

52 當再會 以盡平生之願爾 今日到此弊居 必有夙緣 宜見隣里族親 如何(당재회 이진평생지원이 금일도차폐거 필유숙연 의견인리족친 여하) : 마땅히 다시 만나 평생의 원을 다 풀 수 있게 될 것입니다. 오늘 여기 제 집에 오신 것은 반드시 묵은 인연이 있었기 때문입니다. 그러니 이웃 마을 친척들과 만나보는 것이 어떻겠어요? 弊居는 자기 집의 겸칭.

53 閭閈(여한) : 마을.

54 贐(신) : 전별(餞別)하다.

55 嬋娟(선연) : 아름답다.

56 比翼(비익) : 비익조(比翼鳥). 눈과 날개가 하나씩만 있다는 상상의 새로 두 마리가 나란히 해야 날 수 있다고 함.

57 星斗(성두) : 북두칠성(北斗七星)과 남두육성(南斗六星)을 통틀어 이르는 말.

58 幽宮(유궁) : 무덤.

59 摽梅(표매) : 매화의 열매가 익어 땅에 떨어지다. 처녀의 혼기가 되다.

60 不見藍橋經過客 何年裴航遇雲翹(불견남교경과객 하년배항우운교) : 남교(藍橋)에 지나는 객(客)이 보이지 않아 하나니, 어느 해에 배항(裴航)처럼 운교(雲翹)를 만날까. 이 구절은 둘의 만남을 태평광기 속의 배항과 운영(雲英)의 만남에 비유한 것. 藍橋는 신선굴이 있는 곳으로 배항이 운영을 만난 곳. 雲翹는 배항에게 운영이 있는 곳을 가르쳐 준 여선(女仙).

61 燒香(소향) : 향을 피움.

62 銷却(소각) : 지워서 없애버리다.

63 漙漙(단단) : 이슬이 많은 모양.

64 銅鏡合(동경합) : 나뉘어 있던 거울이 합쳐졌다는 것은 헤어졌던 두 남녀가 다시 만남을 의미함.

65 年年燕子舞東風 腸斷春心事已空(연년연자무동풍 장단춘심사이공) : 해마다 오는 제비 동풍에 춤을 추지만, 애끊는 이내 사랑은 헛되고 말았구나.

66 羨却芙蓉猶並蔕 夜深同浴一池中(선각부용유병체 야심동욕일지중) : 부러워라 저 연꽃은 나란히 꼭지까지, 깊은 밤 한 못에서 함께 목욕하는구나. 羨은 부러워할 선. 芙蓉은 연꽃. 蔕는 꼭지 체.

67 連理枝(연리지) : 한 나무의 가지와 다른 나무의 가지가 서로 붙어 하나로 이어진 것.

68 金氏整其容儀 儼然染翰 責其前詩 淫佚太甚而言曰 今日之事 不必多言 但叙光景 胡乃陳懷 以失其節 傳鄙懷於人間(김씨정기용의 엄연염한 책기전시 음일태심이언왈 금일지사 불필다언 단서광경 호내진회 이실기절 전비회어인간) : 김씨(金氏)는 그 자태를 가다듬고 엄숙하고 점잖게 붓을 적시면서 앞의 시가 음탕하기가 너무 심하다고 책망하면서 말했다. "오늘의 모임에서는 여러 말이 필요치 않고 다만 벌어진 일의 상태와 모양만 읊어야 하는데 어찌 마음의 회포를 토로하여 그 절조(節操)를 잃게 하고 우리의 품은 생각을 세상에 전하려 합니까?" 翰은 붓

한. 光景은 벌어진 일의 상태와 모양. 鄙懷는 마음속에 품은 자기 생각
을 겸손하게 이르는 말.

69 朗然(낭연) : 낭랑하게. 또랑또랑하게.

70 星河(성하) : 맑은 날 밤, 흰 구름 모양으로 길게 남북으로 보이는 수많
은 천체의 무리.

71 莫把玉簫重再弄 風情恐與俗人通(막파옥소중재롱 풍정공여속인통) : 옥
퉁소를 다시 불지는 마오, 이 풍정(風情) 속인 알까 두려워라.

72 滿酌烏程金叵羅 會須取醉莫辭多(만작오정금파라 회수취취막사다) : 오
정주(烏程酒)를 금잔(金盞) 가득 부어 취토록 마시시오 많다는 말 하
지 말고. 烏程은 술 이름으로 환우기(寰宇記)에 古烏程能釀酒 故以名
縣 又指酒爲烏程이란 기록이 있음. 金叵羅는 금 술잔을 이르는 말.

73 明朝捲地東風惡　一段春光奈夢何(명조권지동풍악　일단춘광내몽하) :
내일 아침 땅을 말아 동풍이 거세게 불면 한 조각 봄빛은 꿈일러니 어
찌할까나.

74 懶(라) : 나른하다.

75 卮(치) : 잔.

76 淸興未闌歸未可 更將新語製新詞(청흥미란귀미가 갱장신어제신사) : 맑
은 흥취 다하기 전엔 돌아가지 못하리니 가사를 새로 지어 새 노래를
부르리라. 闌은 다할 란.

77 幾年塵土惹雲鬟 今日逢人一解顔(기년진토야운환 금일봉인일해안) : 구
름 같던 고운 머리 진토(塵土)된지 몇 해던가, 오늘에야 임을 만나 얼
굴 펴고 웃어보네. 惹는 불러오다, 초래하다. 解顔은 얼굴을 부드럽게
펴며 웃음.

78 莫把高唐神境事 風流話柄落人間(막파고당신경사 풍류화병락인간) : 고
당(高唐)의 그 일을 신비하다 말하지 마소, 풍류스런 그 사연은 인간 세
상에 전해지리니. 高唐은 초(楚)나라 양왕(襄王)이 꿈에 무산(巫山)의
선녀를 만나 동침했다는 곳. 여기에서는 고당에서의 그 일을 가리킴.

79 姮娥(항아) : 남편인 예(羿)가 서왕모로부터 불사약을 얻었는데 이를
훔쳐가지고 월궁으로 달아났다고 함.

80 靑蠅(청승) : 쉬파리. 더러운 짓을 하는 것.

81 瑕(하) : 작은 흠.

82 娘娘今配白面郎 天定因緣契闊香(낭낭금배백면랑 천정인연계활향) : 아

가씨는 이제 글 읽는 선비와 짝이 되었으니 하늘이 정한 인연 내내 꽃 다우리. 白面郎은 글만 읽는 선비.

83 月老已傳琴瑟線 從今相待似鴻光(월로이전금슬선 종금상대사홍광) : 월로(月老) 이미 금슬의 끈을 전해주었으니 이제부터는 서로가 양홍 (梁鴻) 맹광(孟光)처럼 대하리로다. 月老는 남녀의 인연을 맺어주는 전설의 노인인 월하노인(月下老人). 鴻光은 서로에게 예를 지키며 백 년해로한 양홍(梁鴻)과 맹광(孟光). 맹광은 남편의 밥상을 언제나 눈 썹 위까지 들어서 바쳤다는 거안제미(擧案齊眉)의 주인공이다.

84 開寧洞裏抱春愁 花落花開感百憂(개녕동리포춘수 화락화개감백우) : 개녕동(開寧洞) 속 지내면서 봄 시름 부여안고, 꽃 피고 질 때마다 온 갖 근심 많았었네.

85 楚峽雲中君不見 湘江竹下泣盈眸(초협운중군불견 상강죽하읍영모) : 초(楚)나라 골 구름 중에 임은 안보이고, 상강(湘江) 대 아래에서 눈 물 흘리더니. 楚峽雲中은 초나라 양왕(襄王)이 선녀를 만나 동침한 무산(巫山)을 말함. 湘江은 순(舜)임금이 죽자 아황(娥皇)과 여영(女 英) 두 아내가 몸을 던져 따라죽었다는 강.

86 晴江日暖鴛鴦並 碧落雲銷翡翠遊(청강일난원앙병 벽락운소비취유) : 강 맑고 따스한 날엔 원앙이 짝을 짓고, 푸른 하늘에 구름 걷히니 비 취새가 노니는구나. 碧落은 푸른 하늘. 翡翠는 청호반새와 물총새를 아울러 이르는 말.

87 好是同心雙縮結 莫將紈扇怨淸秋(호시동심쌍관결 막장환선원청추) : 좋기는 동심결(同心結)을 맺는 것이니, 비단 부채 가지고 가을을 탓 하지는 말기를. 同心結은 부부가 서로 마음이 변치 않기로 맹세하기 위하여 맺는 실. 紈扇은 얇은 비단으로 만든 부채.

88 生亦能文者 見其詩法淸高 音韻鏗鏘 嘖嘖不已(생역능문자 견기시법 청고 음운갱장 차차불이) : 양생 또한 글에 능한 사람인지라 그 시법 (詩法)이 깨끗하고 높으며 음운이 맑음을 보고 감탄해 마지않았다. 鏗鏘은 금과 옥이 부딪혀 나는 소리. 嘖嘖는 감탄하다.

89 古風(고풍) : 고체(古體) 시. 구(句)의 수, 자(字)의 수에 제한이 없고 압운(押韻)에도 일정한 법칙이 없음.

90 絳脣(강순) : 진홍빛 입술.

91 易安(이안) : 송(宋)나라 때의 여류시인 이청조(李淸照)의 호(號).

92 抛杵(포저) : 공이를 버리다.

93 玳瑁(대모) : 거북과에 속하는 열대지방의 바다거북. 이 거북의 등껍 데기는 각종 장식에 쓰임.

94 蓬萊島(봉래도) : 봉래산(蓬萊山)을 이르는 말. 중국 전설상 세 신산 (神山)의 하나로, 동쪽 바다 가운데 있는데 신선이 산다고 함.

95 瑞腦(서뇌) : 향 이름으로 용뇌향(龍腦香)의 준말. 동인도에서 나는 용뇌수(龍腦水)의 줄기에서 나는 무색투명의 결정체.

96 金猊爐(금예로) : 도금을 하여 사자 모양으로 만든 향로. 猊는 사자 예.

97 冉冉(염염) : 향기가 나는 모양.

98 縈紆(영우) : 빙 둘러싸다.

99 文簫(문소) : 진(晉)나라 때의 서생으로 선녀 오채란(吳彩鸞)을 만나 부부가 되었다는 고사(古事)가 있음.

100 張碩(장석) : 한(漢)나라 때의 신선으로 선녀 두난향(杜蘭香)을 만나 부부가 되었다는 고사(古事)가 있음.

101 闌珊(난산) : 나른하다.

102 盤桓(반환) : 거닐다. 어정이다.

103 明日 父母飯我于寶蓮寺 若不遺我 請遲于路上 同歸梵宇 觀我父母如何 (명일 부모반아우보련사 약불유아 청지우로상 동귀범우 근아부모여 하) : 내일 부모님은 제게 보련사(寶蓮寺)에서 음식을 먹게 해 주시기 로 하였으니 만약 저를 버리지 않으신다면 길에서 기다렸다가 함께 절로 가서 제 부모님 좀 뵙지 않으시겠습니까? 飯은 동사로서 먹여주 다. 梵宇는 절. 覲은 뵐 근.

104 椀(완) : 주발.

105 聚馬(취마) : 말을 모으다. 여기에서는 말을 다가세우다의 뜻.

106 吾止有一女子 當寇賊傷亂之時 死於干戈 不能窆窆 殯于開寧寺之間 因 循不葬 以至于今(오지유일녀자 당구적상난지시 사어간과 불능둔폄 빈우개녕사지간 인순부장 이지우금) : 나에게는 다만 딸 하나뿐이었 는데 왜구의 난리 때 싸움판에서 죽었다오. 미처 장례를 치루지 못 하고 개녕사(開寧寺) 옆에 묻었었는데 머뭇거리다가 아직까지 장례를 못 치루고 지금에 이르렀다네. 寇賊은 왜구(倭寇). 干戈는 방패와 창, 즉 전쟁터를 말함. 窆窆은 구덩이에 관을 내려 묻는 것. 循은 머뭇거 릴 순.

107 今日大祥已至 暫設齋筵 以追冥路 君如其約 請竢女子以來 願勿愕也(금
일대상이지 잠설재연 이추명로 군여기약 청사여자이래 원물악야) :
오늘이 대상(大祥)날이라 재(齋)를 베풀어 명복이나 빌어주려 한다
오. 그대가 약속을 지키려면 내 딸을 기다렸다 같이 오구려. 그런데
놀라지는 마시오.

108 竚立(저립) : 우두커니 서 있는 모습.

109 裊(뇨) : 간들거리다.

110 父母於是驚歎 遂勸生 同宿帳側 中夜言語琅琅 人欲細聽 驟止其言(부모
어시경탄 수권생 동숙장측 중야언어낭랑 인욕세청 취지기언) : 부모
는 이에 놀라 탄식하면서 마침내 양생에게 권하여 휘장 옆에서 함께
자게 하였는데 밤중에 말소리가 낭랑하게 나다가도 사람들이 가만히
엿들으려고 하면 하던 말을 갑자기 멈추곤 하였다. 驟는 갑자기.

111 詩書(시서) : 시경(詩經)과 서경(書經).

112 非不諳褰裳之可媿 相鼠之可赧 然而久處蓬蒿 抛棄原野 風情一發 終不
能戒(비불암건상지가괴 상서지가난 연이구처봉호 포기원야 풍정일발
종불능계) : 시경의 건상장(褰裳章)과 상서장(相鼠章)의 내용이 다 부
끄러운 것인 줄 모르는 것은 아니지만, 다북쑥 우거진 속에 오랫동안
묻혀 들판에 버림받은 몸이 되고 보니 사랑의 정서가 한 번 일어나자
끝내 억제할 수가 없었습니다. 諳은 알다. 褰裳의 내용은 子惠思我
褰裳涉溱 子不我思 豈無他人. 당신이 나를 사랑한다면 치마 걷고 진
수(溱水)라도 건너련만, 사랑하지 않는다면 어찌 다른 이는 없으리.
相鼠의 내용은 相鼠有皮 人而無儀 人而無儀 不死何爲. 쥐에게는 가죽
이 있는데 사람에게 예의가 없으면 사람에게 예의가 없으면 죽지 않
고 무엇 하리.

113 荊釵椎髻(형차추계) : 가시나무 비녀와 몽치 상투. 부인의 검소한 차
림을 이름.

114 步蓮(보련) : 보보생연화(步步生蓮花)의 준말. 걸을 때마다 연꽃이 난
다는 것에서 귀한 걸음을 이르는 말.

115 入屛(입병) : 병풍 속으로 들어감. 유양잡조(酉陽雜俎)의 고사에 병풍
속의 부인들이 병풍 밖으로 나와서 노래하다가 이를 본 선비가 꾸짖
자 다시 병풍 속으로 들어가 버렸다는 이야기가 있음.

116 阿香(아향) : 중국 전설에 나오는 우뢰(雨雷)를 맡은 여인.

117 陽臺(양대) : 초(楚)나라 양왕(襄王)이 무산(巫山)의 양대(陽臺)에 사
는 선녀와 고당(高唐)에서 만나 동침하였다는 고사(古事)가 있음.

118 冥數有限 慘然將別(명수유한 참연장별) : 저승의 법도는 어길 수 없
어 애달프게 떠납니다.

119 願我良人 無或疎闊(원아양인 무혹소활) : 낭군께 비옵나니 저버리진
마옵소서.

120 哀哀父母 不我匹兮(애애부모 불아필혜) : 슬프도다 우리 부모 내 배필
못 지었네.

121 漠漠九原 心紏結兮(막막구원 심규결혜) : 아득한 구천에서 원한만이
맺히리.

122 聚頭(취두) : 머리를 맞대다.

123 蒼赤(창적) : 노비. 창두남노(蒼頭男奴) 적각여비(赤脚女婢)의 준말.

124 爲信(위신) : 신물(信物)로 삼다.

125 牲牢(생뢰) : 제물로 바치는 소, 양, 돼지 따위의 산 짐승.

126 楮鏹(저강) : 종이돈.

127 儀容侔於西施 詩賦高於淑眞(의용모어서시 시부고어숙진) : 태도와 몸
가짐은 서시(西施)에 견줄 만하고 시부(詩賦)는 숙진(淑眞)보다 높았
도다. 侔는 가지런할 모. 서시(西施)는 원래 춘추시대 월(越)나라 촌
가(村家)에 살며 땔나무를 팔아 생계를 잇던 여인이었다. 오(吳)나라
에 패한 월왕 구천(句踐)은 회계(會稽)의 치욕을 씻으려고 대부(大夫)
종(種)의 책략을 이용하여, 두 미녀 서시와 정단(鄭旦)을 데려와 아름
다운 옷을 입히고 여러 가지 기예를 가르친 뒤 재상 범려(范蠡)를 사
신으로 보내 오왕 부차(夫差)에게 바쳤다. 오왕은 서시의 미모에 사로
잡혀 정사를 게을리 하여 마침내 월에 패했다. 淑眞은 송(宋)나라의
이름난 여류시인인 주숙진(朱淑眞).

128 不出香閨之內 常聽鯉庭之箴(불출향규지내 상청리정지잠) : 스스로 규
문(閨門) 밖을 나가지 않았고 언제나 가정의 가르침을 잘 받았소. 箴
은 경계(警戒) 함.

129 逢亂離而璧完 遇寇賊而珠沈(봉난리이벽완 우구적이주침) : 난리를 만
나고도 몸을 온전히 지켰으나 끝내는 왜구들에게 목숨을 잃었소. 璧
完은 옥(玉)을 온전히 보존하다. 즉 정조를 지켰다는 말. 珠沈은 구
슬이 물에 잠기다. 즉 목숨을 잃었다는 말.

130 嚮者 一夜邂逅 心緒纏綿 雖識幽明之相隔 實盡魚水之同歡(향자 일야 해후 심서전면 수식유명지상격 실진어수지동환) : 지난번 우연히 만나 하룻밤을 지내고는 정에 얽혀 유명(幽明)은 서로 막혀 있어도 실로 물 만난 고기처럼 즐거워했었소. 纏綿은 애정 따위가 깊이 얽혀 떨어지지 않음을 비유적으로 이르는 말.

131 悲酸(비산) : 몹시 슬퍼서 마음이 쓰라림.

132 月窟驂鸞之姝 巫山行雨之娘(월굴참란지주 무산행우지낭) : 달나라에서 난새 타는 선녀요, 무산에서 비 내리는 낭자로다. 驂은 타다.

133 對靈幃而掩泣 酌瓊漿而增傷(대영위이엄읍 작경장이증상) : 영혼 모신 휘장을 대하면 가리고 울게 되고, 좋은 술을 따를 때엔 더욱 슬퍼지오. 瓊漿은 맛이 좋은 술.

134 爾性聰慧 爾氣精詳 三魂縱散 一靈何亡(이성총혜 이기정상 삼혼종산 일령하망) : 당신의 성품은 총명하고 그 기상은 맑고 아름다우니 삼혼(三魂)은 흩어졌다한들 영혼까지 죽었겠소. 三魂은 사람의 마음 안에 있는 세 가지 영혼.

135 蒙君薦拔 已於他國 爲男子矣 雖隔幽明 寔深感佩 君當復修淨業 同脫輪回(몽군천발 이어타국 위남자의 수격유명 식심감패 군당부수정업 동탈윤회) : 저는 낭군의 은혜를 입어 이미 타국에서 남자가 되었습니다. 비록 유명(幽明)은 격해 있지만 깊이 감사드립니다. 낭군께서도 마땅히 다시금 정업(淨業)을 닦아 함께 윤회(輪回)에서 벗어나기를 바랍니다.

5. 李生窺牆傳

金時習

松都[1]有李生者 居駱駝橋之側. 年十八 風韻淸邁 天資英秀 常詣
國學[2] 讀詩路傍. 善竹里[3]有巨室處崔氏. 年可十五六 態度艷麗 工
於刺繡 而長於詩賦 世稱『風流李氏子 窈窕崔家娘. 才色若可餐
可以療飢腸[4].』

李生嘗挾册詣學 常過崔氏之家 北牆外 垂楊裊裊[5] 數十株環列
李生憩於其下 一日窺牆內 名花盛開 蜂鳥爭喧. 傍有小樓 隱映於
花叢之間 珠簾半掩 羅幃低垂. 有一美人 倦繡停針 支頤[6]而吟曰

獨倚紗窓刺繡遲　　　　百花叢裏囀[7]黃鸝.

無端暗結東風怨　　　　不語停針有所思.

路上誰家白面郎　　　　靑衿大帶[8]映垂楊.

何方可化堂中燕　　　　低掠珠簾斜度牆.

生聞之 不勝技癢 然其戶高峻 庭闈深邃 但怏怏而去[9]. 還時以白
紙一幅 作詩三首 繫瓦礫[10]投之曰

巫山[11]六六霧重回　　　　半露尖峰紫翠堆.

惱却襄王[12]孤枕夢　　　　肯爲雲雨下陽臺.

相如[13]欲挑卓文君　　　　多少情懷已十分.

紅粉牆頭桃李艶　　　　隨風何處落繽紛[14].

好因緣耶惡因緣　　　　空把愁腸日抵年.

二十八字媒已就　　　　藍橋[15]何日遇神仙.

崔氏　命侍婢香兒　往取見之　卽李生詩也. 披[16]讀再三　心自喜之 以片簡　又書八字　投之曰『將子無疑　昏以爲期.』生如其言　乘昏 而往　忽見桃花一枝　過牆而有搖裊之影. 往視之　則以秋千絨索 繫竹兜下垂[17]. 生攀緣[18]而躋　會月上東山　花影在地　淸香可愛. 生 意謂已入仙境　心雖竊喜　而情密事秘　毛髮盡竪[19]. 回眄左右　女已 在花叢裏　與香兒　折花相戴　鋪罽[20]僻地[21]　見生微笑　口占二句　先 唱曰

桃李枝間花富貴　　　　鴛鴦枕上月嬋娟[22].

生續吟曰

他時漏洩春消息　　　　風雨無情亦可憐[23].

女變色而言曰『本欲與君　終奉箕帚　永結歡娛　郎何言之若是遽 也[24]. 妾雖女類　心意泰然　丈夫意氣　肯作此語乎. 他日閨中事洩 親庭譴責　妾以身當之[25]. 香兒可於房中　賚[26]酒果以進.』兒如命而

往 四座寂寥 闃無人聲 生問曰『此是何處?』女曰『此是北園中小樓下也. 父母以我一女 情鍾甚篤 別構此樓于芙蓉池畔 方春時 名花盛開 欲使從侍兒遨遊耳[27]. 親闈之居 閨閣深邃 雖笑語啞咿 亦不能卒爾相聞也[28].』女酌綠蟻[29]一卮[30] 口占古風一篇曰

曲欄下壓芙蓉池　　　　　池上花叢人共語.
香霧霏霏[31]春融融　　　　製出新詞歌白紵[32].
月轉花陰入氍毹[33]　　　　共挽長條落紅雨.
風攪清香香襲衣　　　　　賈女初踏春陽舞.
羅衫輕拂海棠枝　　　　　驚起花間宿鸚鵡.

生卽和之曰

誤入桃源[34]花爛漫　　　　多少情懷不能語.
翠鬟雙綰金釵低　　　　　楚楚[35]春衫裁綠紵[36].
東風初拆並帶花　　　　　莫使繁枝戰[37]風雨.
飄飄仙袂影婆娑[38]　　　　叢桂陰中素娥[39]舞.
勝事[40]未了愁必隨　　　　莫製新詞敎鸚鵡.

吟罷 女謂生曰『今日之事 必非小緣 郎須尾我 以遂情款[41].』言訖 女從北窓入 生隨之 樓梯在房中. 緣梯而昇 果其樓也[42]. 文房几案 極其清楚 一壁展煙江疊嶂圖 幽篁古木圖 皆名畫也[43]. 題詩

其上 詩不知何人所作 其一曰

何人筆端有餘力　　　　　寫此江心千疊山.
壯哉方壺[44]三萬丈　　　　半出縹緲[45]烟雲間.
遠勢微茫幾百里　　　　　近見崒崔[46]靑螺鬟.
滄波淼淼[47]浮遠空　　　　日暮遙望愁鄉關.
對此令人意蕭索[48]　　　　疑泛湘江風雨灣.

其二曰

幽篁蕭颯[49]如有聲　　　　古木偃蹇[50]如有情.
狂根盤屈惹莓苔[51]　　　　老幹夭矯排風雷.
胸中自有造化窟　　　　　妙處豈與傍人[52]說.
韋偃與可[53]已爲鬼　　　　漏洩天機知有幾.
晴窓嗒然[54]淡相對　　　　愛看幻墨神三昧[55].

一壁貼四時景　各四首　亦不知爲何人所作. 其筆　則摹[56]松雪[57]眞
字　體極精姸　其一幅曰

芙蓉帳[58]暖香如縷　　　　窓外霏霏紅杏雨.
樓頭殘夢五更鐘　　　　　百舌[59]啼在辛夷[60]塢[61].
燕子日長閨閣深　　　　　懶[62]來無語停金針.

花底雙雙飛蝶蛺[63]　　　爭趁[64]落花庭院陰.

嫩寒[65]輕透綠羅裳　　　空對春風暗斷腸.

脉脉此情誰料[66]得　　　百花叢裏舞鴛鴦.

春色深藏黃四家[67]　　　深紅淺綠映窗紗.

一庭芳草春心苦　　　輕揭[68]珠簾看落花.

其二幅曰

小麥初胎乳燕[69]斜　　　南園開遍[70]石榴花.

綠窓工女并刀饗　　　擬試紅裙剪紫霞.

黃梅時節雨廉纖　　　鸎囀[71]槐陰燕入簾.

又是一年風景老　　　楝花[72]零落笋[73]生尖.

手拈[74]青杏打鴛兒　　　風過南軒日影遲.

荷葉已香池水滿　　　碧波深處浴鸂鶒[75].

藤牀筠簟[76]浪波紋　　　畫屏瀟湘[77]一抹雲.

懶慢不堪醒午夢　　　半窓斜日欲西曛[78].

其三幅曰

秋風策策秋露凝　　　秋月娟娟[79]秋水碧.

一聲二聲鴻雁歸　　　更聽金井梧桐葉.

牀下百蟲鳴唧唧[80]　　　牀上佳人珠淚滴.

良人[81]萬里事征戰　　　　今夜玉門關[82]月白.

新衣欲裁剪刀冷　　　　低喚丫兒呼熨斗[83].

熨斗火銷全未省　　　　細撥秦箏[84]又搔首.

小池荷盡芭蕉黃　　　　鴛鴦瓦上粘[85]新霜.

舊愁新恨不能禁　　　　況聞蟋蟀[86]鳴洞房.

其四幅曰

一枝梅影向窓橫　　　　風緊西廊月色明.

爐火未銷金筋[87]撥　　　　旋呼丫髻換茶鐺[88].

林葉頻驚半夜霜　　　　回風飄雪入長廊.

無端一夜相思夢　　　　都在氷河古戰場.

滿窓紅日似春溫　　　　愁鎖眉峰著睡痕.

膽瓶小梅腮半吐[89]　　　　含羞不語繡鴛鴦.

剪剪霜風掠北林　　　　寒鳥啼月正關心.

燈前爲有思人淚　　　　滴在穿絲小挫針.

　一偏　別有小室一區　帳褥衾枕　亦甚整麗. 帳外爇麝臍　燃蘭膏　熒煌映徹　恍如白晝[90]. 生與女　極其情歡　遂留數日　生謂女曰『先聖有言　父母在　遊必有方　而今我定省　已過三日　親必倚閭而望　非人子之道也[91].』女惻然而頷之　踰垣而遣之. 生自是以後　無夕而不往[92].

一夕 李生之父 問曰『汝朝出而暮還者 將以學先聖仁義之格言 今昏出而曉還 當爲何事? 必作輕薄子 踰垣牆 折樹檀[93]耳. 事如彰露[94] 人皆譴我敎子之不嚴 而如其女 定是高門右族 則必以爾之狂狡 穢[95]彼門戶 獲戾人家 其事不小 速去嶺南 率奴隷監農 勿得復還.』即於翌日 謫送蔚州.

女每夕 於花園待之 數月不還. 女意其得病 命香兒 密問於李生之隣 隣人曰『李郎 得罪於家君 去嶺南 已數月矣.』女聞之 臥病在牀 轉轉不起 水漿不入於口 言語支離 肌膚憔悴[96] 父母怪之 問其病狀 喑喑[97]不言. 搜其箱篋[98] 得李生前日唱和詩 擊節[99]驚訝曰『幾乎失我女子矣[100]!』問曰『李生誰耶?』至是 女不能復隱 細語在咽中 告父母曰『父親母親 鞠育[101]恩深 不能相匿. 竊念[102]男女相感 人情至重. 是以 摽梅迨吉[103] 咏於周南[104] 咸腓之凶[105] 刑於羲易. 自將蒲柳之質 不念桑落之詩[106] 行露沾衣[107] 竊被傍人之嗤[108]. 絲蘿托木 已作渭兒[109]之行. 罪已貫盈 累及門戶. 然而彼狡童兮 一偸賈香 千生喬怨 以眇眇[110]之弱軀 忍悄悄[111]之獨處情念日深 沈痾[112]日篤 濱於死地 將化窮鬼. 父母如從我願 終保餘生 倘違情款 斃而有已. 當與李生 重遊黃泉之下 誓不登他門也[113].』

於是 父母已知其志 不復問病 且警且誘 以寬[114]其心 復修媒妁之禮 問于李家. 李氏問崔家門戶優劣曰『吾家豚犬[115] 雖年少風狂 學問精通 身彩似人 所冀捷龍頭[116]於異日 占鳳鳴[117]於他年 不願速求婚媾也.』媒者 以言返告 崔氏復遣曰『一時朋伴 皆稱令嗣才華邁人 今雖蟠屈 豈是池中之物[118]. 宜速定嘉會之辰 以合二姓之好.』

媒者　又以其言　返告李生之父　父曰『吾亦自少　把册窮經　年老無
成. 奴隷逋逃　親戚寡助　生涯疎闊　家計伶俜[119]　而況巨家大族　豈
以一人寒儒　留意爲贅郞[120]乎. 是必好事者　過譽吾家　以誣高門也.』
媒者又告崔家　崔家曰『納采之禮　裝束之事　吾盡辨矣. 宜差[121]穀
旦[122] 以定花燭之期.』媒者　又返告之　李家至是　稍回其意　卽遣人
召生問之. 生喜不自勝　乃作詩曰

破鏡重圓會有時　　　　天津烏鵲助佳期.
從今月老纏繩[123]去　　　莫向東風怨子規.

女聞之　病亦稍愈　又作詩曰

惡因緣是好因緣　　　　盟語終須到底圓.
共輓鹿車[124]何日是　　　倩人扶起理花鈿.

於是　擇吉日　遂定婚禮　而續其絃[125]焉. 自同牢之後　夫婦愛而敬
之　相待如賓　雖鴻光鮑桓　不足言其節義也[126]. 生翌年　捷高科　登
顯仕　聲價聞于朝著.
辛丑年[127]　紅賊[128]據京城　王移福州[129]　賊焚蕩室廬　臠炙人畜[130].
夫婦親戚　不能相保　東奔西竄　各自逃生. 生挈家隱匿窮崖　有一賊
拔劍而逐　生奔走得脫　女爲賊所虜　欲逼之　女大罵曰『虎鬼殺啗
我. 寧死於豺狼之腹中　安能作狗彘之匹乎?』賊怒　殺而剐之[131].

生竄于荒野　僅保餘軀. 聞賊已滅　遂尋父母舊居　其家已爲兵火
所焚. 又至女家　廊廡荒凉　鼠喞鳥喧. 悲不自勝　登于小樓　收淚長
噓. 奄至日暮　塊然[132]獨坐　竚思前遊　宛如一夢. 將及二更　月色微
吐　光照屋梁. 漸聞廊下　有跫然之音　自遠而近　至則崔氏也　生雖
知已死　愛之甚篤　不復疑訝　遽問曰『避於何處　全其軀命?』女執
生手　慟哭一聲　乃敍情曰『妾本良族　幼承庭訓　工刺繡裁縫之事
學詩書仁義之方　但識閨門之治　豈解境外之修. 然而一窺紅杏之
牆　自獻碧海之珠. 花前一笑　恩結平生　帳裏重遘[133]　情愈百年. 言
至於此　悲懇曷勝. 將謂偕老而歸居　豈意橫折而顚溝[134]　終不委身
於豺虎　自取磔肉於泥沙　固天性之自然　匪人情之可忍. 却恨一別
於窮厓　竟作分飛之匹鳥. 家亡親沒　傷殯魄之無依　義重命輕　幸
殘軀之免辱[135]. 誰憐寸寸之灰心[136]　徒結斷斷之腐腸　骨骸暴野　肝
膽塗地. 細料昔時之歡娛　適爲當日之愁冤. 今則鄒律已吹於幽谷
倩女[137]再返於陽間　蓬萊一紀之約綢繆　聚窟[138]三生之香芬郁　重契
闊於此時　期不負乎前盟　如或不忘　終以爲好　李郎其許之乎?』生
喜且感曰『固所願也.』相與款曲抒情　言及家産被寇掠有無　女曰
『一分不失　埋於某山某谷也.』又問『兩家父母骸骨安在?』女曰
『暴棄某處.』敍情罷　同寢極歡如昔.

明日　與生俱往尋瘞[139]處　果得金銀數錠及財物若干. 又得收拾兩
家父母骸骨. 貿金賣財　各合葬於五冠山麓　封樹祭獻　皆盡其禮. 其
後　生亦不求仕官[140]　與崔氏居焉. 幹僕之逃生者　亦自來赴. 生自是
以後　懶於人事　雖親戚賓客賀弔　杜門不出　常與崔氏　或酬或和　琴

瑟偕樂 荏苒數年.

一夕 女謂生曰『三遇佳期 世事蹉跎 歡娛不厭 哀別遽至[141].』遂嗚咽 生驚問曰『何故至此?』女曰『冥數不可躲也. 天帝以妾與生緣分未斷 又無罪障 假以幻體 與生暫割愁腸 非久留人世 以惑陽人[142].』命婢兒進酒 歌玉樓春一闋 以侑生 歌曰

干戈滿目交揮處　　　　玉碎花飛鴛失侶[143].

殘骸狼籍竟誰埋　　　　血污遊魂無與語.

高唐一下巫山女　　　　破鏡重分心慘楚[144].

從茲一別兩茫茫　　　　天上人間音信阻[145].

每歌一聲 飲泣數下 殆不成腔[146]. 生亦悽惋不已曰『寧與娘子 同入九泉 豈可無聊獨保殘生. 向者 喪亂之後 親戚僮僕 各相亂離 亡親骸骨 狼藉原野 儻非娘子 誰能奠埋. 古人云 生事之以禮 死葬之以禮 盡在娘子 天性之純孝 人情之篤厚也. 感激無已 自媿可勝. 願娘子 淹留人世 百年之後 同作塵土.』女曰『李郎之壽 剩有餘紀 妾已載鬼籙 不能久視. 若固眷戀人間 違犯條令 非唯罪我 兼亦累及於君[147]. 但妾之遺骸 散於某處 倘若垂恩 勿暴風日.』相視泣下數行云『李郎珍重.』言訖漸滅 了無踪迹. 生拾骨 附葬于親墓傍. 既葬 生亦以追念之故 得病數月而卒. 聞者莫不傷歎 而慕其義焉.

1 松都(송도) : 지금의 개성(開城).

2 國學(국학) : 국가가 설립한 학교로 성균관(成均館)을 말함.

3 善竹里(선죽리) : 선죽교 부근에 있던 마을.

4 風流李氏子 窈窕崔家娘 才色若可餐 可以療飢腸(풍류이씨자 요조최가낭 재색약가찬 가이료기장) : 풍류재자(風流才子) 이수재(李秀才)와 아리따운 최낭자. 그 재주와 자색이 먹는 것이라면 보기만 해도 배부르리라. 秀才는 미혼 남성에 대한 존칭임.

5 裊裊(요뇨) : 연약한 것이 나부끼는 모양. 한들한들.

6 支頤(지이) : 턱을 괴다.

7 囀(전) : 지저귀다.

8 靑衿大帶(청금대대) : 푸른 옷깃에 넓은 띠. 성균관 학생의 옷차림임.

9 生聞之 不勝技癢 然其戶高峻 庭闈深邃 但怏怏而去(생문지 불승기양 연기호고준 정위심수 단앙앙이거) : 이생은 시를 듣고 재주를 자랑하고 싶어 안달이 났지만 집의 담장이 높고 가파른데다 안채가 깊숙한 곳에 있었으므로 못내 서운한 마음으로 학교에 갔다. 技癢은 재주를 자랑하고 싶어 안달이 나다. 庭闈는 부모가 거처하는 방. 怏怏은 마음에 차지 않거나 야속해 하다.

10 瓦礫(와륵) : 깨진 기와조각.

11 巫山(무산) : 사천성(四川省) 무산현(四川縣) 동쪽에 있는 산.

12 襄王(양왕) : 초(楚)나라의 양왕(襄王).

13 相如(상여) : 사마상여(司馬相如)를 말함. 전한(前漢) 때의 문인으로 젊어서 촉중(蜀中)에 가서 임공(臨邛)을 지나다가 거문고를 타서 부잣집 딸인 과부 탁문군(卓文君)을 유혹하여 부부가 되었다 함.

14 繽紛(빈분) : 어지러이 흩날리다.

15 藍橋(남교) : 신선굴(神仙窟)이 있는 곳으로 배항(裴航)이 운영(雲英)을 만난 곳.

16 披(피) : 펼치다.

17 生如其言 乘昏而往 忽見桃花一枝 過牆而有搖裊之影 往視之 則以秋千絨索 繫竹兜下垂(생여기언 승혼이왕 홀견도화일지 과장이유요뇨지영 왕시지 즉이추천융삭 계죽두하수) : 이생이 그 말과 같이 어둠을 타서

가니 홀연 복숭아 꽃가지 하나가 담을 넘어와 한들거리는 모양이 보였다. 가서 보니 그네 줄에 대바구니가 묶여 아래로 드리워져 있었다. 秋千은 그네. 絨索은 가는 베를 꼬아 만든 동아줄.

18 攀緣(반연) : 어떤 것을 잡고 끌어당기며 기어 올라감.

19 生意謂已入仙境 心雖竊喜 而情密事秘 毛髮盡竪(생의위이입선경 심수절희 이정밀사비 모발진수) : 이생은 이미 선경(仙境)에 들어왔다고 생각하여 마음은 은근이 기뻤지만 몰래 들어온 까닭에 머리카락이 모두 곤두섰다. 竪는 설 수.

20 鋪罽(포계) : 융단을 깔다. 鋪는 깔 포. 罽는 융단 계.

21 僻地(벽지) : 으슥하고 외진 곳.

22 桃李枝間花富貴 鴛鴦枕上月嬋娟(도리지간화부귀 원앙침상월선연) : 복숭아 오얏 가지 사이엔 꽃이 탐스럽고, 원앙베개 위엔 달빛도 아름답도다. 嬋娟은 아름답다.

23 他時漏洩春消息 風雨無情亦可憐(타시누설춘소식 풍우무정역가련) : 이후에 봄소식이 새나간다면 무정한 비바람에 또한 가련하리라.

24 本欲與君 終奉箕帚 永結歡娛 郎何言之若是遽也(본욕여군 종봉기추 영결환오 낭하언지약시거야) : 본래 저는 낭군을 남편으로 모시고 영원토록 즐거움을 함께할 생각이었는데, 낭군께서는 어찌 이렇게 두려운 듯이 말씀하십니까? 箕帚는 쓰레받기와 비. 遽는 두려워할 거.

25 妾雖女類 心意泰然 丈夫意氣 肯作此語乎 他日閨中事洩 親庭譴責 妾以身當之(첩수여류 심의태연 장부의기 긍작차어호 타일규중사설 친정견책 첩이신당지) : 저는 비록 여자의 몸이지만 마음은 태연한데 낭군은 장부(丈夫)의 의기를 가지고 어찌 이런 말씀을 하십니까? 훗날 규중의 일이 누설되어 부모님께 책망을 받는다면 저 혼자 감당하겠습니다.

26 賚(뢰) : 주다.

27 父母以我一女 情鍾甚篤 別構此樓于芙蓉池畔 方春時 名花盛開 欲使從侍兒遨遊耳(부모이아일녀 정종심독 별구차루우부용지반 방춘시 명화성개 욕사종시아오유이) : 부모님은 제가 무남독녀라 사랑을 심히 하셔서 따로 이 누각을 부용(芙蓉) 못가에 지으시고 봄날에 꽃들이 만개할 때 시비(侍婢)와 놀게 해 주셨습니다. 鍾은 모을 종. 構는 지을 구. 芙蓉은 연꽃. 遨遊는 놀다.

28 親闈之居 閨閤深邃 雖笑語啞咿 亦不能卒爾相聞也(친위지거 규합심수

수소어아이 역불능졸이상문야) : 부모님이 계신 곳은 내실 깊숙한 곳
에 있어서 비록 웃으며 큰 소리로 말해도 끝내 서로 들리지가 않습니
다. 閨閤은 집안에서 부녀자가 거처하는 곳.

29 綠蟻(녹의) : 녹의주(綠蟻酒). 용수를 박아 그 속에 괸 맑은 술을 뜰 때
  밥알을 거르지 않고 함께 떠낸 술. 蟻는 동동주 위에 뜨는 술 찌꺼기.

30 巵(치) : 잔.

31 霏霏(비비) : 비나 눈이 부슬부슬 오는 모양.

32 白紵(백저) : 백저가(白紵歌).

33 氍毹(구유) : 털방석.

34 桃源(도원) : 선경(仙境)을 말함.

35 楚楚(초초) : 정결하다. 산뜻하다.

36 紵(저) : 모시.

37 戰(전) : 흔들리다.

38 婆娑(파사) : 옷자락이 너울거리는 모양. 너울너울 춤추는 모양.

39 素娥(소아) : 항아(姮娥).

40 勝事(승사) : 좋은 일.

41 今日之事 必非小緣 郎須尾我 以遂情款(금일지사 필비소연 낭수미아 이
  수정관) : 오늘 일은 반드시 작은 인연이 아니니 낭군께서는 저를 따
  라 오셔서 정다운 마음을 나누는 것이 좋겠습니다. 尾는 동사로서 뒤
  따르다. 情款은 정다운 마음.

42 言訖 女從北窓入 生隨之 樓梯在房中 緣梯而昇 果其樓也(언글 여종북
  창입 생수지 누제재방중 연제이승 과기루야) : 말을 마치고 여자가 북
  쪽 창으로 들어가니 이생도 그녀를 따랐다. 누(樓)로 올라가는 사다리
  가 방안에 있어 그것을 통해 올라가니 과연 그 누각이 나왔다.

43 文房几案 極其淸楚 一壁展煙江疊嶂圖 幽篁古木圖 皆名畵也(문방궤안
  극기청초 일벽전연강첩장도 유황고목도 개명화야) : 서재의 책상은 극
  히 말끔하고 한쪽 벽에는 안개 낀 강 뒤로 산봉우리가 첩첩이 있는 그
  림과, 그윽한 대밭에 오래된 나무가 있는 그림이 펼쳐있었는데 모두 이
  름난 그림들이었다. 文房은 서재(書齋). 几案은 책상. 嶂은 산봉우리 장.

44 方壺(방호) : 방호산(方壺山). 신선이 산다는 산의 이름.

45 縹緲(표묘) : 멀고 어렴풋하다.

46 崒崒(줄률) : 험하고 가파른 모습.

47 淼淼(묘묘) : 그지없이 넓고 아득하다.

48 蕭索(소삭) : 쓸쓸하다.

49 蕭颯(소삽) : 쓸쓸하다.

50 偃蹇(언건) : 거만하다.

51 莓苔(매태) : 이끼.

52 傍人(방인) : 옆 사람. 다른 사람.

53 韋偃與可(위언여가) : 韋偃은 당(唐)나라 때의 유명한 화가. 與可는 송(宋)나라 때의 유명한 화가.

54 嗒然(탑연) : 아무 생각 없이 멍하다.

55 三昧(삼매) : 잡념을 버리고 한 가지 대상에만 정신을 집중하는 경지. 삼매경(三昧境).

56 摹(모) : 본뜨다.

57 松雪(송설) : 원(元)나라의 명필인 조맹부(趙孟頫)의 호(號).

58 芙蓉帳(부용장) : 부용 꽃 무늬가 있는 휘장.

59 百舌(백설) : 백설조(百舌鳥). 백설조는 지빠귓과에 속한 새를 통틀어 이르는 말로 검은지빠귀, 개똥지빠귀, 노랑지빠귀, 붉은배지빠귀, 호랑지빠귀, 흰배지빠귀 따위가 있다.

60 辛夷(신이) : 목련과에 속한 낙엽 교목. 높이는 15미터에 달한다. 봄에 잎보다 먼저 종 모양의 희고 향이 강한 꽃이 핀다. 가을에 갈색 골돌과(蓇葖果)가 익는다.

61 塢(오) : 둑.

62 懶(나) : 나른하다.

63 蝶蛺(접협) : 호랑나비. 蛺은 호랑나비 협.

64 趁(진) : 좇아가다. 따라붙다.

65 嫩寒(눈한) : (초겨울의) 약한 추위. 嫩은 연약하다.

66 料(료) : 헤아리다.

67 四家(사가) : 천지.

68 揭(계) : 들어 올리다. 걷다.

69 乳燕(유연) : 어린 제비.

70 遍(편) : 두루. 온통.

71 囀(전) : 지저귀다.

72 楝花(연화) : 멀구슬나무 꽃. 멀구슬나무는 낙엽 교목으로 꽃은 5월에

자줏빛으로 피고 열매는 9월에 황색으로 익음.

73 笋(순) : 죽순.

74 拈(념) : (손가락으로) 집다.

75 鸕鷀(노자) : 가마우짓과에 속하는 물새. 부리가 길고 발가락 사이에 물갈퀴가 있으며 물고기를 먹고 삼.

76 藤牀筠簟(등상균점) : 藤牀은 등나무로 만든 평상. 筠簟은 대나무로 만든 자리, 즉 대자리.

77 畫屛瀟湘(화병소상) : 소상강 그림이 있는 병풍.

78 曛(훈) : 석양빛.

79 娟娟(연연) : 아름답고 환하다.

80 喞喞(즉즉) : 풀벌레가 우는 소리를 나타내는 말. 의성어.

81 良人(양인) : 남편. 좋은 사람.

82 玉門關(옥문관) : 중국의 옛 관문(關門)의 이름. 감숙성(甘肅省) 돈황(燉煌) 서쪽에 있었던 서역으로 통하던 관문. 지금은 허물어진 폐허만 남아있음.

83 熨斗(위두) : 다리미. 熨는 눌러 덥게 할 위.

84 箏(쟁) : 쟁. 거문고 비슷하게 13줄로 만들어진 악기.

85 粘(점) : 붙다. 달라붙다.

86 蟋蟀(실솔) : 귀뚜라미.

87 金筋(금근) : 부저. 부젓가락.

88 鐺(쟁) : 솥.

89 腮半吐(시빈토) : 腮는 뺨 시. 吐는 드러낼 토. 뺨을 반쯤 드러내다. 이것은 매화꽃이 반쯤 피었다는 말.

90 帳外爇麝臍 燃蘭膏 熒煌映徹 恍如白晝(장외설사제 연난고 형황영철 황여백주) : 휘장 밖에는 사향노루 배꼽을 태우고 난향(蘭香)의 기름으로 불을 밝혀 놓았는데 환한 불빛이 비치어 마치 대낮과 같았다. 爇은 태우다. 麝臍는 사향노루 배꼽. 蘭膏는 난초 향기와 같은 좋은 향기가 나는 기름. 恍如는 마치 ~같다.

91 先聖有言 父母在 遊必有方 而今我定省 已過三日 親必倚閭而望 非人子之道也(선성유언 부모재 유필유방 이금아정성 이과삼일 친필의려이망 비인자지도야) : 옛 성인의 말에 부모가 계실 때에는 놀되 반드시 그 가는 곳을 알려야 한다고 하였습니다. 그런데 지금 나는 부모를 뵌 지

가 이미 사흘이 지났으니 부모님은 반드시 마을 어귀에 나와서 기다릴
것입니다. 이는 사람의 자식의 도리가 아닙니다. 定省은 밤에는 부모의
잠자리를 봐 드리고 아침에는 부모의 밤새의 안부를 묻는다는 뜻으로
부모를 잘 섬기고 효성을 다함을 이르는 말.

92 女惻然而頷之 踰垣而遣之 生自是以後 無夕而不往(여측연이암지 유원
   이견지 생자시이후 무석이불왕) : 여자는 측은히 여겨서 고개를 끄덕
   이고는 담장을 넘어서 그를 보내주었다. 이생은 이로부터 이후로는
   그녀의 집에 가지 않는 저녁이 없었다. 惻然은 측은히 여기다. 頷은
   고개 끄덕일 암.

93 折樹檀(절수단) : 남의 집 단향목(檀香木)을 꺾는다는 말이니 곧 남의
   집 처녀를 엿본다는 뜻.

94 彰露(창로) : 밝게 드러나다.

95 穢(예) : 더럽히다.

96 女聞之 臥病在牀 輾轉不起 水漿不入於口 言語支離 肌膚憔悴(여문지
   와병재상 전전불기 수장불입어구 언어지리 기부초췌) : 여자는 그 말
   을 듣고 병이 나 침상에 누워서는 몸을 뒤척이기만 하고 일어나지를
   못하였다. 그리고 물이나 미음 같은 것도 입에 넣지 못하고 말은 조
   리가 없어지고 피부는 초췌해졌다. 水漿은 물과 미음. 言語支離는 말
   에 조리가 없다.

97 喑喑(음음) : 입을 다물다. 喑은 벙어리 음.

98 箱篋(상협) : 상자.

99 擊節(격절) : 무릎을 치다.

100 幾乎失我女子矣(기호실아여자의) : 하마터면 내 딸을 잃을 뻔했구나.
    幾乎는 하마터면, 거의.

101 鞠育(국육) : 잘 자라도록 돌보아 기르다.

102 竊念(절념) : 가만히 생각하건대.

103 摽梅迨吉(표매태길) : 처녀는 혼기가 되면 시집가기를 원한다. 摽梅는
    매화 열매가 익어서 땅에 떨어진다는 것으로 처녀의 혼기가 됐다는
    뜻이며, 迨는 원할 태, 吉은 혼례 길이므로 迨吉은 혼례를 원한다는
    뜻임.

104 周南(주남) : 시경(詩經)의 주남편(周南篇).

105 咸腓之凶(함비지흉) : 여자가 정조를 지키지 못하면 흉하다. 역경(易
    經)의 함괘(咸卦)에 六二咸其腓凶에서 나온 말.

106 桑落之詩(상락지시) : 뽕잎이 시들어 떨어지듯 여자의 몸도 기울어간

다는 시로 시경(詩經) 위풍(衛風)의 맹장(氓章)에 있음. 桑之落矣 其
黃而隕 自我徂爾 三歲食貧.

107 行露沾衣(행로첨의) : 여자가 절개를 지키지 못함을 이르는 말. 시경
(詩經)의 厭浥行路 豈不夙夜 謂行多露에서 따온 말.

108 嗤(치) : 비웃음.

109 渭兒(위아) : 위당(渭塘)의 처녀. 전등신화(剪燈新話)의 위당기우기(渭
塘奇遇記)에는 원(元)나라 때 왕생(王生)이 위당에 가서 위당의 처녀
와 눈이 맞아 마침내 부부가 되었다는 이야기가 실려 있음.

110 眇眇(묘묘) : 아주 작은 모양.

111 悄悄(초초) : 근심하는 모양.

112 痾(아) : 병(病).

113 父母如從我願 終保餘生 倘違情款 斃而有已 當與李生 重遊黃泉之下 誓
不登他門也(부모여종아원 종보여생 상위정관 폐이유이 당여이생 중
유황천지하 서불등타문야) : 부모님이 만약 제 소원을 들어주신다면
끝내 남은 생을 보존하겠지만 간곡한 뜻을 거절하신다면 죽음만이
있을 뿐입니다. 마땅히 이생과 황천에서 다시 만날지언정 맹세코 다
른 집에는 시집가지 않겠습니다. 如는 만약. 斃는 죽을 폐.

114 寬(관) : 누그러뜨리다. 느슨하게 하다.

115 豚犬(돈견) : 자기 자식을 낮추어 일컫는 말.

116 捷龍頭(첩용두) : 장원급제함을 이름. 捷은 이길 첩.

117 鳳鳴(봉명) : 세상에 이름을 드러낸다는 뜻.

118 一時朋伴 皆稱令嗣才華邁人 今雖蟠屈 豈是池中之物(일시붕반 개칭영
사재화매인 금수반굴 기시지중지물) : 지금 친구들은 모두 댁의 영
식(令息)은 재주가 남보다 뛰어나다고 말하고 있습니다. 지금은 비록
뜻을 이루지 못하고 있지만 어찌 초야에 묻혀있을 인물이겠습니까?
令嗣는 남의 집의 대를 잇는 아들.

119 伶俜(영빙) : 고독하다. 외롭다.

120 贅郞(췌랑) : 데릴사위.

121 差(차) : 가리다. 선택하다.

122 穀旦(곡단) : 길일(吉日).

123 纏繩(전승) : 끈을 맺어주다.

124 輓鹿車(만녹거) : 작은 수레를 끌다. 輓은 끌 만. 鹿車는 작은 수레.

125 續其絃(속기현) : 거문고 줄을 잇다. 즉 끊어졌던 사랑을 다시 잇다.

126 自同牢之後 夫婦愛而敬之 相待如賓 雖鴻光鮑桓 不足言其節義也(자동
    뢰지후 부부애이경지 상대여빈 수홍광포환 부족언기절의야) : 부부
    가 된 이후에는 서로 사랑하고 공경하여 마치 손님을 대하듯 하니
    비록 양홍(梁鴻)·맹광(孟光)과 포선(鮑宣)·환소군(桓少君)의 부부일
    지라도 그 절의(節義)를 말하기에는 부족하였다. 同牢는 부부가 한자
    리에서 음식을 같이 먹는 일, 즉 혼례식.

127 辛丑年(신축년) : 고려 공민왕(恭愍王) 10년(1361년). 이 해에 홍건적
    (紅巾賊) 10만 명이 압록강을 넘어 고려를 침범하였음.

128 紅賊(홍적) : 홍건적(紅巾賊). 원(元)나라 말기에 하북(河北)의 한산동
    (韓山童)을 두목으로 하여 일어난 한족(漢族) 반군.

129 福州(복주) : 지금의 경상북도 안동(安東)의 옛 이름.

130 臠炙人畜(연자인축) : 사람을 죽이고 가축을 잡아먹다.

131 虎鬼殺啗我 寧死於豺狼之腹中 安能作狗彘之匹乎 賊怒 殺而剮之(호귀
    살담아 영사어시랑지복중 안능작구체지필호 적노 살이과지) : 이 호
    랑이 악귀 같은 놈아 나를 죽여 처먹어라. 차라리 승냥이 이리의 밥
    이 될지언정 어찌 개돼지의 짝이 되겠느냐? 도적이 화가 나서 그녀를
    죽여 살을 도려내었다. 啗은 먹을 담. 豺狼은 승냥이와 이리. 狗彘는
    개와 돼지. 剮는 살 바를 과.

132 塊然(괴연) : 망연자실한 모양.

133 遘(구) : 만나다.

134 顚溝(전구) : 구렁에 넘어지다.

135 家亡親沒 傷殢魄之無依 義重命輕 幸殘軀之免辱(가망친몰 상체백지무
    의 의중명경 행잔구지면욕) : 집도 없어지고 부모님도 돌아가셨으니
    고단한 혼백이 의지할 곳 없음이 한스러웠습니다. 의리는 중하고 목
    숨은 가벼우므로 쇠잔한 몸이 욕을 면한 것은 다행이었습니다. 殢는
    고단할 체.

136 灰心(회심) : 의기소침하다. 낙심하다.

137 倩女(천녀) : 당(唐)나라 청하(淸河) 사람으로 장일(張鎰)의 막내딸.
    어릴 때 아버지가 왕주(王宙)에게 혼사를 허락했다가 후에 혼처를
    바꾸려고 하니 병들어 누웠는데 혼령이 빠져나와 왕주를 따라 촉
    (蜀)으로 가서 살다가 5년 만에 돌아와 본체와 합해져서 다시 본래

모습으로 돌아왔다고 함.

138 聚窟(취굴) : 신선이 산다는 섬 이름.

139 瘞(예) : (땅에) 묻다.

140 仕官(사관) : 벼슬. 관직.

141 三遇佳期 世事蹉跎 歡娛不厭 哀別遽至(삼우가기 세사차타 환오불염
애별거지) : 세 번이나 만나 가약을 맺었습니다만 세상일이 뜻대로
되지 않아 즐거움을 다 누리지도 못했는데 슬픈 이별이 갑자기 이르
렀습니다.

142 冥數不可躲也 天帝以妾與生 緣分未斷 又無罪障 假以幻體 與生暫割愁
腸 非久留人世 以惑陽人(명수불가타야 천제이첩여생 연분미단 우무
죄장 가이환체 여생잠할수장 비구류인세 이혹양인) : 저승길은 피할
수가 없습니다. 천제(天帝)께서 저와 낭군의 연분이 아직 끊어지지
않았고 또한 죄장(罪障)도 없었으므로 저를 환체(幻體)로 만들어 잠
시 낭군과 근심을 덜도록 해 주신 것입니다. 그러니 인간 세상에 오
래 머물러 양계의 사람을 유혹할 수는 없습니다. 躲는 피할 타. 罪障
은 극락왕생에 방해가 되는 죄업(罪業). 愁腸은 근심스러운 마음.

143 侶(려) : 짝.

144 慘楚(참초) : 애처롭고 아프다.

145 阻(조) : 막히다.

146 腔(강) : 가락. 곡조.

147 李郎之壽 剩有餘紀 妾已載鬼錄 不能久視 若固眷戀人間 違犯條令 非
唯罪我 兼亦累及於君(이랑지수 잉유여기 첩이재귀록 불능구시 약고권
련인간 위범조령 비유죄아 겸역누급어군) : 낭군의 수명은 아직 남아
있지만 저는 이미 귀록(鬼錄)에 실려 있어 오래 모실 수가 없습니다.
만일 정말로 인간 세상에 미련을 둔다면 저승의 법을 어기는 죄를 범
하게 되고 그러면 저에게만 죄가 되는 것이 아니라 낭군에게도 누가
미치게 될 것입니다. 視는 돌보다, 대접하다. 眷戀은 간절히 생각하며
그리워하다.

6. 烏圓傳

柳本學

　烏圓字午直　魯人也. 其先[1]有烏公者　游魏人西閭之門　善捕家鹿
閭愛之　給俸日百錢　封爲百錢君[2]. 母夢巨斗覆身　孕[3]三月生圓. 幼
甚屝劣[4]　不能自持　及長狀貌精悍[5]　驍勇絶倫　眼光爍爍[6]　其瞳至午
則纖如線[7]. 有以善詞[8]盜　薦於其君　其君甚愛之　常置左右　坐之以
氍毹　賜之以魚肉　圓必伏以食之[9]　飽卽曲卷而眠　或終日不覺　君亦
不罪之　其親寵如此. 圓爲人　剛猛剽戾　力折羣小　每朝着玄衣縞
裳　諤諤聲唱而入　羣小皆驚避之[10]. 其君嘗與圓　戲殿上　偶觸其鼻
甚冷　君驚曰『何汝鼻之冷也?』圓悚[11]而對曰『臣有鼻病　四時皆寒
至夏至則少熱.』君笑之　命瘍醫　賜烏藥手灌之　終不瘳[12].

　圓嘗直禁廬[13]　昏夜有黑衣小賊　自內庫偷入宮中　從複道　攀援欲
上　見圓還入壁罅[14]　圓知之　乃屏氣[15]潛伏於閾[16]外　賊復入室　齧傷
器物　竊食方丈[17]之膳　圓用力一踴　扼其項而殪之[18]. 君嘉其功　封
爲烏程候　食邑於鳥鼠山　圓辭曰『此所謂鼠竊狗偷之盜　臣安敢受
封[19]?』君不聽. 圓由是氣益驕　媢害同類　與獵者盧令　有隙[20]相爭
令以拳搏[21]之　圓不能當　批[22]其頰[23]　大嗔[24]之　入訴於君　君不悅曰
『烏程候　而受搏於獵者　焉用之[25]?』自此寵少衰　而且年老　貌甚龍
鐘　尤嗜眠　不能制羣小　君憎之.

　一日侍左右　君起如厠[26]　圓暗喭[27]床炙　見君走入床下　君怒曰『不

能除鼠竊之盜 而反效鼠竊乎[28]?』乃劾不敬 收烏程候印綬 盛以鴟夷 棄之於道[29]. 圓董[30]得脫 寄食於人家 然善偷 人甚惡之. 其後病死 子孫甚多 遍於國中.

太史公曰 烏圓之所可稱者 卽剛猛能憎[31]羣小 而及其老也 與獵者爭鬭 又竊其君之膳 此所謂耄荒失其常者耶[32]? 夫人之有初有終 誠亦難矣. 然圓有捕賊奇功 而以微過見黜 功不能掩過 豈不冤哉[33]?

1 先(선) : 선조(先祖).

2 善捕家鹿 聞愛之 給俸日百錢 封爲百錢君(선포가록 여애지 급봉일백전 봉위백전군) : 가록(家鹿)을 잘 잡아서 봉급을 하루에 백전(百錢)을 주고 백전군(百錢君)에 봉하였다. 家鹿은 쥐의 별명.

3 孕(잉) : 잉태하다. 임신하다.

4 孱劣(잔열) : 잔약하고 옹졸함.

5 精悍(정한) : 날래고 사나움.

6 爍爍(삭삭) : 반짝반짝. 의태어.

7 其瞳至午 則纖如線(기당지오 즉섬여선) : 그 눈동자는 낮이 되면 실처럼 가늘어졌다. 고양이의 눈동자가 밝은 낮에는 빛의 통과를 줄이기 위해 세로로 길게 가늘어짐을 표현한 말.

8 詗(형) : 살피다.

9 坐之以氍毹 賜之以魚肉 圓必伏以食之(좌지이구유 사지이어육 원필복이식지) : 털방석에 앉히고 어육(魚肉)을 주면 오원은 반드시 엎드려 그것을 먹었고. 氍毹는 털방석.

10 圓爲人 剛猛剽戾 力折羣小 每朝着玄衣縞裳 謣謣聲唱而入 羣小皆驚避之(원위인 강맹표려 역절군소 매조착현의호상 악악성창이입 군소개경피지) : 오원은 위인이 굳세고 사나워서 힘으로 군소배(群小輩)들을 꺾었는데 매일아침 검은 저고리에 흰 치마를 입고 거리낌 없이 소리를 내며 들어가면 군소배들은 모두 놀라 그를 피하였다. 검은 저고리(玄衣) 흰 치마(縞裳)는 고양이 몸에 있는 검고 흰 반점을 표현한 것. 거리낌 없이 소리 낸다는 것(謣謣聲唱)은 고양이가 야옹야옹하는 것을 말함.

11 悚(송) : 송구하다.

12 命瘍醫 賜烏藥手灌之 終不瘳(명양의 사오약수관지 종불추) : 외상(外傷)을 보는 의원에게 명하여 오약(烏藥)을 내리고 손으로 먹여주었지만 병은 끝내 낫지 않았다. 본래 고양이의 코는 찬 것이 정상이기에 이렇게 표현한 것임. 瘍醫는 외과의(外科醫). 瘳는 병 나을 추.

13 禁廬(금려) : 궁궐.

14 壁罅(벽하) : 벽 틈.

15 屛氣(병기) : 숨을 죽이다.

16 闥(달) : 문.

17 方丈(방장) : 가로 세로가 한 장(丈)인 방.

18 圓用力一踴 扼其項而殪之(원용력일용 액기항이에지) : 오원이 힘써 한 번 뛰어올라 그 목을 물어 죽여 버렸다. 踴은 뛸 용. 扼은 누를 액. 殪는 쓰러질 에.

19 此所謂鼠竊狗偸之盜 臣安敢受封(차소위서절구투지도 신안감수봉) : 이는 이른 바 쥐나 개와 같은 좀도둑인데 신(臣)이 어찌 봉함을 받겠습니까?

20 隙(극) : 틈.

21 搏(단) : 치다.

22 批(비) : 치다.

23 頰(협) : 뺨.

24 嗔(진) : 성내다.

25 烏程候 而受搏於獵者 焉用之(오정후 이수단어엽자 언용지) : 오정후면서 사냥꾼에게 맞는다면 어디에 쓰리오. 焉은 어디 언.

26 如厠(여측) : 측간에 가다. 如는 갈 여.

27 嘬(최) : 입에 넣다.

28 不能除鼠竊之盜 而反効鼠竊乎(불능제서절지도 이반효서절호) : 쥐도둑도 없애지 못하면서 오히려 쥐도둑을 흉내내?

29 乃劾不敬 收烏程候印綬 盛以鴟夷 棄之於道(내핵불경 수오정후인수 성이치이 기지어도) : 이에 불경죄를 물어 오정후의 인장(印章)과 끈을 거두고는 말가죽으로 만든 자루에 넣어 길에다 버렸다. 劾은 캐물을 핵.

30 菫(근) : 겨우. 간신히.

31 慴(접) : 겁주다.

32 此所謂耄荒失其常者耶(차소위모황실기상자야) : 이것이 이른바 늙으면 그 떳떳함을 잃는다는 것인가?

33 然圓有捕賊奇功 而以微過見黜 功不能掩過 豈不寃哉(연원유포적기공 이미과견출 공불능엄과 기불원재) : 하지만 오원에게는 도둑을 잡은 뛰어난 공이 있는데도 작은 과실로 쫓겨남을 당하니 공(功)이 과실(過失)을 가리지 못함이라 어찌 원통치 않으리오. 見黜은 쫓겨남을 당하다. 寃은 원통할 원.

7. 雲英傳

壽聖宮 卽安平大君舊宅也. 在長安城西仁旺山之下 山川秀麗 龍盤虎踞 社稷在其南 慶福在其東. 仁旺一脈 迤逦而下 臨宮屹起 雖不高峻 而登臨俯覽 則通衢市廛 滿城第宅 碁布星羅 歷歷可指 宛若絲列分派. 東望則宮闕縹緲 複道橫空 雲烟積翠 朝暮獻態 眞所謂絶勝之地也. 一時酒徒射伴 歌兒笛童 騷人墨客 三春花柳之節 九秋楓菊之時 則無日不遊於其上 吟風咏月 嘯翫忘歸.

青坡士人柳泳 飽聞此園之勝槪 思欲一遊焉. 而衣裳藍縷 容色埋沒 自知爲遊客之取笑 況將進而趑趄者久矣. 萬曆辛丑春三月旣望 沽得濁醪一壺 而旣乏童僕 又無朋知 躬自佩酒 獨入宮門 則觀者相顧 莫不指笑. 生慙而無聊 乃入後園 登高四望 則新經兵燹之餘 長安宮闕 滿城華屋 蕩然無有 壤垣破瓦 廢井堆砌 草樹茂密 唯東廊數間 歸然獨存.

生步入西園 泉石幽邃處 則百草叢芊 影落澄潭 滿地落花 人跡不到 微風一起 香氣馥郁. 生獨坐岩上 乃咏東坡'我上朝元春半老 滿地落花無人掃'之句 輒解所佩酒 盡飮之 醉臥岩邊 以石支頭. 俄而酒醒 擡頭視之 則遊人盡散 山月已吐 烟籠柳眉 風動花腮. 時聞一條軟語 隨風而至. 生異之 起而訪焉 則有一少年 與絶色靑娥 斑荊對坐 見生至 欣然起迎. 生與之揖 因問曰『秀才何許人? 未卜其晝 只卜其夜.』少年微哂曰『古人云傾蓋若舊 正謂此也.』相與鼎足而坐話. 女低聲呼兒 則有二丫鬟 自林中出來. 女謂

其兒曰『今夕邂逅故人之處 又逢不期之佳客 今日之夜 不可寂寞
而虛度. 汝可備酒饌 兼持筆硯而來.』二丫鬟承命而往 少旋而返
飄然若飛鳥之往來. 琉璃樽盃 紫霞之酒 珍果奇饌 皆非人世所有.
酒三行 女口新詞 以勸其酒 詞曰

重重深處別故人　　　　天緣未盡見無因.
幾番傷春繁花時　　　　爲雲爲雨夢非眞.
消盡往事成塵後　　　　空使今人淚滿巾.

　歌竟 欷歔飲泣 珠淚滿面. 生異之 起而拜曰『僕雖非錦繡之腸
早事儒業 稍知文墨之事. 今聞此詞 格調清越 而意思悲凉 甚可
怪也. 今夜之會 月色如晝 清風徐來 猶足可賞 而相對悲泣 何哉?
一盃相屬 情義已孚 而姓名不言 懷抱未展 亦可疑也.』生先言己
名而强之 少年歎息而答曰『不言姓名 其意有在 君欲强之 則告之
何難 而所可道也 言之長也.』愀然不樂者久之 乃曰『僕姓金 年
十歲 能詩文 有名學堂 而年十四 登進士第二科 一時皆以金進士
稱之. 僕以年少俠氣 志意浩蕩 不能自抑. 又以此女之故 將父母
之遺體 竟作不孝之子 天地間一罪人之名 何用强知? 此女之名雲
英 彼兩女之名 一名緣珠 一名宋玉 皆故安平大君之宮人也.』生
曰『言出而不盡 則初不如不言之爲愈也. 安平盛時之事 進士傷懷
之由 可得聞其詳乎?』進士顧雲英曰『星霜屢移 日月已久 其時之
事 汝能記憶否?』雲英答曰『心中畜怨 何日忘之? 妾試言之 郎君

在傍 補其闕漏.』乃言曰『莊憲大王子 八大君中 安平大君最爲英
睿. 上甚愛之 賞賜無數 故田民財貨 獨步諸宮. 年十三 出居私宮
宮名卽壽聖宮也. 以儒業自任 夜則讀書 晝則或賦詩 或書隷 未嘗
一刻之放過. 一時文人才士 咸萃其門 較其長短 或知鷄叫參橫講
論不怠 而大君尤工於筆法 鳴於一國. 文廟在邸時 每與集賢殿諸
學士 論安平筆法曰「吾弟若生於中國 雖不及於王逸少 豈後於趙
松雪乎!」稱賞不已.

　一日 大君語妻等曰「天下百家之才 必就安靜處 做工而後可成.
都城門外 山川寂寥 閭落稍遠 於此做業 可以專精.」卽搆精舍十
數間于其上 扁其堂曰‘匪懈堂’又築一壇于其側 名曰‘盟詩壇’皆
顧名思義之意也. 一時文章鉅筆 咸集其壇 文章則成三問爲首 筆
法則崔興孝爲首. 雖然 皆不及於大君之才也.

　一日 大君乘醉 呼諸侍女曰「天之降才 豈獨豊於男而嗇於女乎?
今世以文章自許者 不爲不多 而皆莫能相尙 無出類拔萃者 汝等亦
勉之哉!」於是 宮女中 擇其年少美容者十人敎之. 先授諺解小學
讀誦而後 庸學論孟詩書通史盡敎之. 又抄李杜唐音數百首敎之
五年之內 果皆成才.

　大君入則使妾等 不離眼前 作詩斥正 第其高下 明用賞罰 以爲
勸獎 其卓犖之氣像 縱不及於大君 而音律之淸雅 句法之婉熟 亦
可以窺盛唐詩人之蕃籬也. 十人之名 則小玉 芙蓉 飛瓊 翡翠 玉
女 金蓮 銀蟾 紫鸞 寶蓮 雲英 雲英卽妾也. 大君皆甚撫恤 常畜
宮內 使不得與人對語 日與文士 盃酒戰藝 而未嘗以妾等 一番相

近者 盖慮外人之或知也. 常下令曰「侍女一出宮門 則其罪當死 外人知宮女知名 其罪亦死.」

　一日 大君自外而入 呼妾等曰「今日與文士某某飮酒 有祥靑烟起自宮樹 或籠城堞 或飛山麓. 我先占五言一絶 使坐客次之 皆不稱意. 汝等以年次 各製以進.」小玉先呈曰

　　　緣烟細如織　　　　隨風伴入門.
　　　依微深復淺　　　　不覺近黃昏.

芙蓉次呈曰

　　　飛空遙帶雨　　　　落地復爲雲.
　　　近夕山光暗　　　　幽思尙楚君.

翡翠呈曰

　　　覆花蜂失勢　　　　籠竹鳥迷巢.
　　　黃昏成小雨　　　　窓外聽蕭蕭.

飛瓊呈曰

　　　小杏難成眼　　　　孤篁獨保靑.

輕陰暫見重　　日暮又昏冥.

玉女呈日

蔽日輕紈細　　橫山翠帶長.
微風吹漸散　　猶濕小池塘.

金蓮呈日

山下寒烟積　　橫飛宮樹邊.
風吹自不定　　斜日滿蒼天.

銀蟾呈日

山谷繁陰起　　池臺緣影流.
飛歸無處覓　　荷葉露珠留.

紫鸞呈日

早向洞門暗　　橫連高樹低.
須臾忽飛去　　西岳與前溪.

妾亦呈曰

| 望遠靑烟細 | 佳人罷織紈. |
| 臨風獨惆悵 | 飛去落巫山. |

寶蓮呈曰

| 短壑春陰裡 | 長安水氣中. |
| 能令人世上 | 忽作翠珠宮. |

大君看罷 大驚曰「雖比於晚唐之詩 亦可伯仲 而謹甫以下 不可執鞭也.」再三吟咏 莫知其高下 良久曰「芙蓉詩 思戀楚君 余甚嘉之. 翡翠詩 比前騷雅. 玉女詩 意思飄逸 末句有隱隱然餘意 以此兩詩當爲居魁.」又曰「我初見時 優劣莫辨 一再翫繹 則紫鸞之詩 意思深遠 令人不覺嗟嘆而蹈舞也. 餘詩亦皆淸雅 而獨雲英之詩 顯有惆悵思人之意 未知其所思者何人 事當訊問 而其才可惜 故姑置之.」

妾卽下庭 伏泣而對曰「追辭之際 偶然而發 豈有他意乎! 今見疑於主君 妾萬死無惜.」大君命之坐曰「詩出於性情 不可掩匿 汝勿復言.」卽出綵帛十端 分賜十人. 大君未嘗有私於妾 而宮中之人 皆知大君之意 在於妾也.

十人皆退在洞房 晝燭高燒 七寶書案 置唐律一卷 論古人宮怨詩

高下 妾獨倚屏風 悄然不語 如泥塑之人. 小玉顧見妾曰「日間賦
烟之詩 見疑於主君 以此隱憂而不語乎? 抑主君向意 當有錦衾之
歡 故暗喜而不語乎? 汝心所懷 未可知也.」妾歛容而答曰「汝非
我 安知我之心哉? 我方賦一詩 搜奇未得 故苦思不語耳.」銀蟾曰
「意之所向 心不在焉 故旁人之言 如風過耳. 汝之不言 不難知也
我將試之.」卽以窓外葡萄爲題 使作七言四韻促之 妾應口卽吟
其詩曰

蜿蜒藤草似龍行　　　翠葉成陰忽有情.

署日嚴威能徹照　　　晴天寒影反虛明.

袖絲攀檻如留意　　　結果垂珠欲效誠.

若待他時應變化　　　會乘雨雲上三淸.

　小玉見詩 起而拜曰「眞天下之奇才也! 風格之不高 雖似舊調 而
倉卒製作如此 此詩人之最難處也. 我之心悅誠服 如七十子之服
孔子也.」紫鸞曰「言不可不愼也 何其許如之太過耶? 但文字婉曲
且有飛騰之態 則有之矣.」一座皆曰「確論也.」妾雖以此詩解之
而群疑猶未盡釋.

　翌日 門外有車馬駢闐之聲 閽者奔入而告曰「衆賓至矣.」大君掃
東閣延入 皆文人才士也. 坐定 大君以妾等所製賦烟詩示之 滿坐
大驚曰「不意今日復見盛唐音調. 非我等所可比肩也 如此至寶 進
賜何從得之?」大君微笑曰「何爲其然耶? 童僕偶然得於街上而來.

未知何人之所作 而想必出於閨閣才之手也.」

　群疑未定 俄而成三問至曰「才不借於異代 自前朝迄于今 而已六百餘年 以詩鳴於東國者 不知其幾人 或沈濁而不雅 或輕淸而浮藻 皆不合音律 失其性情 吾不欲觀諸. 今觀此詩 風格淸眞 思意超越 小無塵世之態 此必深宮之人 不與俗人相接 只讀古人之詩 而晝夜吟誦 自得於心者也. 詳味其意 其曰'臨風獨惆悵'者 有思人之意. 其曰'孤篁獨保靑'者 有守貞節之意. 其曰'風吹自不定'者 有難保之態. 其曰'幽思向楚君'者 有向君之誠. 其曰'荷葉露珠留'者 '西岳與前溪'者 非天上神仙 則不得如此形容矣. 格調雖有高下 而薰陶氣象 則大約皆同. 進賜宮中 必儲養此十仙人 願毋隱一見.」大君內自心服 而外不頷可曰「誰謂謹甫有詩鑑乎 我宮中豈有此等人哉! 可謂惑之甚矣.」

　于時 十人從窓隙暗聞 莫不歎服. 是夜 紫鸞以至誠問於妾曰「女子生而願爲有嫁之心 人皆有之. 汝之所思 未知何許情人 悶汝之形容 日漸減舊 以情悃問之 妾須毋隱.」妾起而謝曰「宮人甚多 恐有囑喧 不敢開口 今承悃愊 何敢隱乎?」上年秋 黃菊初開 紅葉漸凋之時 大君獨坐書堂 使侍女磨墨張縑 寫七言四韻十首. 小童自外而進曰「有年少儒生 自稱金進士見之.」大君喜曰「金進士來矣.」使之迎入 則布衣革帶士 趨進上階 如鳥舒翼 當席拜坐 容儀神秀 若仙中人也. 大君一見傾心 卽趨席對坐 進士避席而拜辭曰「猥荷盛眷 屢辱尊命 今承警咳 無任悚恢.」大君慰之曰「久仰聲華 坐屋冠盖 光動一室 錫我百朋.」

進士初入 已與侍女相面 而大君以進士年少儒生 中心易之 不令以妾等避之. 大君謂進士曰「秋景甚好 願賜一詩 以此堂生彩.」進士避席而辭曰「虛名蔑實 詩之格律 小子安敢知乎?」大君以金蓮唱歌 芙蓉彈琴 寶蓮吹簫 飛瓊行盃 以妾奉硯. 于時 妾年十七 一見郎君 魂迷意闌. 郎君亦顧妾 而含笑頻頻送目. 大君謂進士曰「我之待君 誠款至矣. 君何惜一吐瓊琚 使此堂無顏色乎?」進士卽握筆 書五言四韻一首曰

旅雁向南去	宮中秋色深.
水寒荷折玉	霜重菊垂金.
綺席紅顏女	瑤絃白雪音.
流霞一斗酒	先醉倚難禁.

大君吟咏再三而驚之曰「眞所謂天下之奇才也. 何相見之晚耶!」侍女十人 一時回顧 莫不動容曰「此必王子晋 駕鶴而來于塵寰. 豈有如此人哉!」大君把盃而問曰「古之詩人 孰爲宗匠?」進士曰「以小子所見言之 李白天上神仙 長在玉皇香案前 而來遊玄圃 餐盡玉液 不勝醉興 折得萬樹琪花 隨風雨散落人間之氣象也. 至於盧王海上仙人 日月出沒 雲華變化 滄波動搖 鯨魚噴薄 島嶼蒼茫 草樹薈鬱 浪花菱葉 水鳥之歌 蛟龍之淚 悉藏於胸襟 此詩之造化也. 孟浩然音響最高 此學師曠 習音律之人也. 李義山學得仙術 早沒詩魔 一生篇什 無非鬼語也. 自餘紛紛 何足盡陳.」大君曰「日與

文士論詩 以草堂爲首者多 此言何謂也?」進士曰「然. 以俗儒所
尙言之 猶膾炙之悅人口 子美之詩 眞膾與炙也.」大君曰「百體俱
備 比興極精 豈以草堂爲輕哉?」進士謝曰「小子何敢輕之. 論其長
處 則如漢武帝 御未央之宮 憤四夷之猖夏 命將薄伐 百虎萬熊之
士 連互數千里. 言其短處 則如使相如賦長楊 馬遷草封禪. 求神
仙 則如使東方朔侍左右 西王母獻天桃. 是以杜甫之文章 可謂百
體之俱備矣. 至比於李白 則不啻天壤之不侔 江海之不同也. 至比
於王孟 則子美驅車先適 而王孟執鞭爭道矣.」大君曰「聞君之言
胸中惝怳 若御長風上太淸. 第杜詩 天下之高文 雖不足於樂府 豈
與王孟爭道哉? 雖然 姑舍是非 願君又費一吟 使此堂增倍一般光
彩.」進士卽賦七言四韻一首 其詩曰

烟散金塘露氣凉　　　　碧天如水夜何長.
微風有意吹垂箔　　　　白月多情入小堂.
庭畔陰開松反影　　　　盃中波好菊留香.
阮公雖少頗能飮　　　　莫怪瓮間醉後狂.

　大君益奇之 前席摻手曰「進士非今世之才 非余之所能論其高
下也. 且非徒能文章 筆法又極神妙 天之生君於東方 必非偶然
也.」又使草書 揮筆之際 筆墨誤落於妾之手指 如蠅翼. 妾以此爲
榮 不爲拭除 左右宮人 咸顧微笑 比之登龍門.
　時夜將半 更漏方催 大君欠伸思睡曰「我醉矣. 君亦退休 勿忘'明

朝有意抱琴來'之句.」翌日 大君再三吟其兩詩而歎曰「當與謹甫爭雄 而其清雅之態 則過之矣.」妾自是 寢不能寐 食減心煩 不覺衣帶之緩 汝未能識之乎?」紫鸞曰「我忘之矣. 今聞汝言 恍若酒醒.」

其後 大君頻接進士 而以妾等不相見. 故妾每從門隙而窺之 一日 以薛濤牋寫五言四韻一首曰

布衣革帶士　　玉貌如神仙.
每從簾間望　　何無月下緣.
洗顔淚作水　　彈琴恨鳴絃.
無限胸中怨　　撞頭獨訴天.

以詩及金鈿一隻同裏 重封十襲 欲寄進士 而無便可達. 其夜月夕 大君開酒大會賓客 咸稱進士之才 以二詩示之 俱各傳觀 稱贊不已 皆願一見 大君卽送人馬請之. 俄而 進士至而就坐 形容癯瘦 風槪消沮 殊非昔日之氣象. 大君慰之曰「進士未憂楚之心 而先有澤畔之憔悴乎?」滿坐大笑. 進士起而謝曰「僕以寒賤儒生 猥蒙進賜之寵眷 福過災生 疾病纏身 食飮專廢 起居須人 今承厚招 扶曳來謁矣.」坐客皆歛膝而致敬.

進士以年少儒生 坐於末席 與內只隔一壁 夜已將闌 衆賓大醉. 妾穴壁作孔而窺之 進士亦知其意 向隅而坐 妾以封書 從穴投之. 進士拾得歸家 拆而視之 悲不自勝 不忍釋手 思念之情 倍於曩時 如不能自存. 卽欲答書以寄 而靑鳥無憑 獨自愁歎而已.

聞有一巫女 居在東門外 以靈異得名 出入其宮中 甚見寵信. 進士訪至其家 則其巫年未三旬 姿色殊美 早寡 以淫女自處. 見進士至 盛備酒饌 而待之甚厚. 進士把盃不飲曰「今日有忙迫之事 明日再來矣.」翌日又往 則亦如之. 進士不敢開口 但曰「明日又再來矣.」

巫見進士容貌脫俗 中心悅之 而連日往來 不出一言. 意謂年少之人 必以羞澁不言 我先以意挑之 挽留繼夜 要以同枕. 明日 沐浴梳洗 盡態凝粧 多般盛飾 布滿花氈瓊瑤席 使小婢坐門外候之. 進士又至 見其容飾之華 鋪陳之美 中心怪之. 巫曰「今夕何夕? 見此至人.」進士意不在焉 不答其語 愀然不樂. 巫怒曰「寡女之家 年少之男 何往來之不憚煩!」進士曰「巫若神異 則豈不知我來之意乎?」巫卽就靈座 拜于神前 搖鈴祝說 遍身寒戰 頃之 動身而言曰「郎君誠可怜也. 以齟齬之策 欲逐其難成之計 非但其意不成 未及三年 其爲泉下之人哉.」進士泣而謝曰「巫雖不言 我亦知之. 然中心怨結 百藥未解. 若因神巫 幸傳尺素 則死亦榮矣.」巫曰「卑賤巫女 雖因神祀 時或出入 而非有招命 則不敢入. 然爲郎君 試一往焉.」進士自懷中出一封書 以贈曰「愼毋枉傳以作禍機.」

巫持入宮門 則宮中之人皆怪其來 巫權辭以對 乃得間目引妾于後庭無人處 以封書授之. 妾還房拆而視之 其書云「自一番目成之後 心飛魂越 不能定情 每向城西 幾斷寸腸. 曾因壁間之傳書 敬承不忘之玉音 開未盡而咽塞 讀未半而淚滴濕字. 自是之後 寢不能寐 食不下咽 病入膏盲 百藥無效 九原可見 唯願溘然而從. 蒼天俯憐 神鬼默佑 倘使生前 一洩此恨 則當紛身磨骨 以祭于天地百神之靈

矣. 臨楮哽咽 夫復何言 不備謹書.」書下復有七韻一詩云

樓閣重重掩夕扉　　　樹陰雲影總依微.

落花流水隨溝出　　　乳燕含泥趁檻歸.

倚枕未成蝴蝶夢　　　回眸空望鴈魚稀.

玉容在眼何無語　　　草綠鸎啼淚濕衣.

　妾覽罷 聲斷氣塞 口不能言 淚盡繼血 隱身於屏風之後 唯畏人知.

　自是厥後 頃刻不忘 如癡如狂 見於辭色 主君之疑 人言之怪 實不虛矣. 紫鸞亦怨女 及聞此言 含淚而言曰「詩出於性情 不可欺也.」一日 大君呼翡翠曰「汝等十人 同在一室 業不專一 當分五人 置之西宮.」妾與紫鸞 銀蟾 玉女 翡翠 卽日移焉. 玉女曰「幽花細草 流水芳林 正似山家野庄 眞所謂讀書堂也.」妾答曰「旣非舍人 又非僧尼 而鎖此深宮 眞所謂長信宮也.」左右莫不嗟惋. 其後 妾欲作一書 以致意於進士 以至誠事巫 請之甚懇 而終不肯來 蓋不無挾憾於進士之無意於渠也.

　一夕 紫鸞密言于妾曰「宮中之人 每歲仲秋 浣紗於蕩春臺下之水 仍設盃酌而罷. 今年則設於昭格署洞 而往來尋見其巫 則此第一良策.」妾然之 苦待仲秋 度一日如三秋. 翡翠微聞其語 佯若不知 而語妾曰「汝初來時 顏色如梨花 不施鉛粉 而有天然綽約之恣. 故宮中之人 以虢國夫人稱之. 比來容色減舊 漸不如初 是何

故耶?」妾答曰「稟質虛弱 每當炎節 則例有署渴之病 梧桐葉落 繡幕生凉 則自至稍蘇矣.」翡翠賦一詩戲贈 無非翫弄之態 而意思絶妙 妾奇其才而羞其弄.

荏苒數月 節屬清秋 凄風夕起 細菊吐黃 草虫歛聲 皓月流光. 妾知西宮之人 已不可隱 以實告之曰「願勿使南宮之人知之.」于時 旅雁南飛 玉露成團 清溪浣紗. 正當其時 欲與諸女 牢定日期 而論議甲乙 未定浣濯之所. 南宮之人曰「清溪白石 無踰於蕩春臺下.」西宮之人曰「昭格署洞泉石 不下於門外 何必舍邇而求諸遠乎.」南宮之人 固執不許 未決而罷.

其夜 紫鸞曰「南宮五人中 小玉主論 我以奇計 可回其意.」以玉燈前導至南宮 金蓮喜迎曰「一分西南 如隔秦楚 不意今夕玉體左臨 深謝厚意.」

小玉曰「何謝之有? 此乃說客也.」紫鸞歛袵正色曰「他人有心 予忖度之 其子之說歟?」小玉曰「西宮之人 欲往昭格署洞 而我獨堅執. 故汝中夜來訪 其謂說客 不亦宜乎.」紫鸞曰「西宮五人中 吾獨欲往城內也.」小玉曰「獨思城內 其何意哉?」

紫鸞曰「吾聞昭格署洞 乃祭天星之處 而洞名三清云. 吾徒十人 必是三清仙女 誤讀黃庭經 謫下人間. 旣在塵寰 則山家野村 農墅漁店 何處不可? 而牢鎖深宮 有若籠中之鳥 聞黃鸝而歎息 對綠楊而歔欷. 至於乳燕雙飛 棲鳥兩眠 草有合歡 木有連理 無知草木 至微禽鳥 亦稟陰陽 莫不交歡. 吾儕十人 獨有何罪 而寂寞深宮 長鎖一身 春花秋月 伴燈消魂 虛抛靑春之年 空遺黃壤之恨 賦命之

薄 何其至此之甚耶! 人生一老 不可復少 子更思之 寧不悲哉! 今可沐浴於淸川 以潔其身 入于太乙祠 扣頭百拜 合手祈祝 冀資冥佑 欲免來世之此苦也. 豈有他意哉? 凡我宮之人 與汝等情若同氣 而因此一事 疑人於不當疑之地耶? 緣我無狀 言不見信之致也!」

小玉起而謝曰「我獨理未瑩 不及於君遠矣. 初不許城內者 城中素多無賴俠客之徒 慮有意外强暴之辱 故疑之 今汝能使余 不遠而復通. 自今以後 雖白日昇天 而吾可從之 雖憑河入海 而亦可從之 所謂因人成事 而及其成功則一也.」芙蓉曰「凡事心定上言未定 兩人爭之 終夜未決 事不順矣. 一家之事 主君不知 而僕妾密議 心不忠矣. 日間所爭之事 宵未半而屈之人 人不信矣. 且淸湫玉川 無處不有 而必往城祠 似不宜矣. 匪懈堂前 水淸石白 每歲浣洗於此 而今欲改故轍 亦不宜矣. 一舉而有此五失 妾不從命.」寶連曰「言者文身之具 謹與不謹 慶殃隨之. 是故 君子愼之 守口如甁. 漢時 丙吉 張相如 終日不語 而事無不成 嗇夫喋喋利口 而張釋之 秦詆之. 以妾觀之 紫鸞之言 隱而不發 小玉之言 强而勉從 芙蓉之言 務在文飾 皆不合吾意 今此之行 妾不與焉.」金蓮曰「今夜之論 終不歸一 我且穆卜.」卽展羲經而占之 得卦解之曰「明日 雲英必遇丈夫矣. 雲英容貌擧止 似非人世間者也. 主君傾心已久 而雲英以死拒之 無他故也 不忍負夫人之恩也. 主君之威令雖嚴 而恐傷雲英之身 故不敢近之. 今舍此寂寞之處 而欲往彼繁華之地 遊俠少年見其色 則必有喪魂欲狂者. 雖不能相近 而指點送目 斯亦辱矣. 前日 主君下令曰"宮女出門 外人知名 其罪皆死."

今此之行 妾不與焉.」

　紫鸞知事不儕 憮然不樂 方欲辭去. 飛瓊泣把羅帶 强留之 以鸚鵡盃 酌雲乳勸之 左右皆飲. 金蓮曰「今夕之會 務在從容 而飛瓊之泣 妾實悶之.」飛瓊曰「初在南宮時 與雲英交道甚密 死生榮辱 約與同之 今雖異居 寧忍忘之. 前日 主君前問安時 見雲英於堂前 纖腰瘦盡 容色憔悴. 聲音細縷 若不出口. 起拜之際 無力仆地 妾扶而起之 以善言慰之. 雲娘答曰「不幸有疾 朝夕將死. 妾之微命 死無足惜 而九人之文章才華 日就月長 他日 佳篇麗什 聳動一世 而妾不及見矣 是以悲不能禁.」其言頗極悽切 妾爲之下淚 到今思之 其疾實在於所思也. 嗟呼! 紫鸞 雲娘之友也. 欲以垂死之人 置之於天壇之上 不亦難哉. 今日之計 若不得成 則泉壤之下 死不瞑目 怨歸南宮 其有旣乎? 書曰"作善降之百祥 不善降之百殃"今此之論 善乎? 不善乎?」小玉曰「妾旣許諾 三人之志 旣已順矣 豈可半塗而廢乎. 設或事泄 雲英獨被其罪 他人何與焉哉. 妾不爲再言 當爲雲英死之.」紫鸞曰「從之者半 不從者半 事不諧矣.」欲起而還坐 更探其意 或欲從之 而以兩言爲恥. 紫鸞曰「天下之事 有正有權 權而得中 是亦正矣. 豈無變通之權 而膠守前言乎.」左右一時從之. 紫鸞曰「余非好辯 爲人謀忠 不得不爾.」飛瓊曰「古者蘇秦 使六國合從 今紫鸞能使五人承順 可謂辯士.」紫鸞曰「蘇秦能佩六國相印 今吾以何物贈之乎?」金蓮曰「合從者 六國之利也. 今此承順 有何所利於五人乎?」因相對大笑. 紫鸞曰「南宮之人皆善 而能使雲英復繼垂絶之命 豈不拜謝?」乃起而再拜 小玉亦起而

拜. 紫鸞曰「今日之事 五人從之 上有天 下有地 燈燭照之 鬼神臨之 明日 豈有他意乎?」乃起拜而去 五人皆拜送于中門之外.

紫鸞歸於妾 妾扶壁而起 再拜而謝曰「生我者父母也 活我者娘也. 入地之前 誓報此恩.」坐以待朝 小玉與南宮四人 入而問安 退會於中堂. 小玉曰「天朗水冷 正當浣紗之時 今日設帳於 昭格署洞 可乎?」八人皆無異辭.

妾退還西宮 以白羅衫 書滿腔哀怨而懷之 與紫鸞故爲落後 謂執馬者曰「東門外巫女 最爲靈驗云 我將往其家 問病而行.」僮僕如其言. 至其家 巽辭哀乞曰「今日之來 本欲爲一見金進士耳. 可急通之 則終身報恩.」巫如其言送人 則進士顚到而至矣. 兩人相見不得出一言 但流涕而已. 妾以封書給之曰「乘夕當還 郎君於此留待.」即上馬而去.

進士拆封書而視之 其辭曰

曩者 巫山神女 傳致一札 琅琅玉音 滿紙叮嚀. 敬奉三復 悲歡交至 意不自定. 即欲答書 而旣無信便. 且恐漏泄 引領懸望 欲飛無翼 斷腸消魂. 只待死日 而未死之前 憑此尺素 吐盡平生之懷 伏願郎君留神焉. 妾鄉南方也 父母愛妾 偏於諸子中 出遊嬉戲任其所欲. 園林溪水之涯 梅竹橘柚之蔭 日以遊翫爲事. 苔磯釣漁之徒 罷牧弄笛之兒朝暮入眼. 其他山野之態 田家之興 難以毛舉. 父母初敎以三綱行實 七言唐音. 年十三 主君招之 故別父母 遠兄弟 來入宮門. 不禁思歸之情 日以蓬頭垢面 襤褸衣

裳 欲爲觀者之陋 伏庭而泣 宮人曰 "有一朵蓮花 自生庭中." 夫
人愛之 無異已出. 主君亦不以尋常視之. 宮中之人 莫不親愛如
骨肉. 一自從事學問之後 頗知義理 能審音律 故宮人莫不敬服.
及徙西宮之後 琴書專一 所造益深. 凡賓客所製之詩 無一掛眼
才難不其然乎! 恨不得爲男立身揚名 而爲紅顏薄命之軀 一閉深
宮 終成枯落而已 豈不哀哉! 人生一死之後 誰復知之. 是以恨結
心曲 怨塡胸臆. 每停刺繡 而付之燈火 罷織錦 而投杼下機 裂
破羅幃 折其玉簪. 暫得酒興 則脫爲散步 剝落階花 手折庭草
如癡如狂情不自抑. 上年秋月之夜 一見君子之容儀 意謂天上神
仙 謫下塵寰. 妾之容色 最出於九人之下 而有何宿世之緣 那知
筆下之一點 竟作胸中怨結之祟. 以簾間之望 擬作奉箒之緣 以
夢中之見 將續不忘之恩. 雖無一番衾裡之歡 玉貌秀容 恍在眼
中. 梨花杜鵑之啼 梧桐夜雨之聲 慘不忍聞 庭前細草之生 天際
孤雲之飛 慘不忍見. 或倚屛而坐 或憑欄而立 搥胸頓足 獨訴蒼
天而已. 不識郎君亦念妾否? 只恨此身未見郎君之前 先自溘然
則地老天荒 此情不泯. 今日浣紗之行 兩宮侍女皆已集 故不得
久留於此. 淚和墨汁 魂結羅縷 伏願郎君 俯賜一覽. 又以拙句
謹答前惠 非此之爲弄 聊以寓咏好意.

其文則傷秋之賦 其詩則相思之詩也.
是夕來時 紫鸞與妾又先出. 而向東門 則小玉微笑 賦一絶以贈
之 無非譏妾之意也. 妾中心羞赧 而含忍受之 其詩曰

太乙祠前一水回　　　　天壇雲盡九門開.
細腰不勝狂風急　　　　暫避林中日暮來.

　紫鸞卽次其韻　翡翠玉女　相繼次之　亦皆譏妾之意也.

　妾騎馬　而先來至巫家　則巫顯有含慍之色　向壁而坐　不借顔色.
進士抱羅衫　終日飮泣　喪魂失性　尙不知妾之來矣.　妾解左手所着
雲南玉色金環　納于進士之懷中曰「郎君不以妾爲菲薄　屈千金之
軀　來待陋舍　妾雖不敏　亦非木石　敢不以死許之　妾若食言　有此
金環」行色忽遽　起以將別　流涕如雨.　與進士附耳語曰「妾在西宮
郎君來.　暮夜　由西墻而入　則三生未盡之緣　庶可續矣.」言訖　拂
衣而去　先入宮門　則八人繼至.

　其夜二更　小玉與飛瓊　明燭前導　而來西宮曰「日間之詩　出於無
情　而言涉戲翫.　是以不避深夜　負荊來謝耳.」紫鸞曰「五人之詩
皆出南宮.　一自分宮之後　頗有形跡　有似唐時牛李之黨　何不爲其
然也.　女子之情則一也.　久閉離宮　長弔隻影　所對者燈燭而已　所
爲者絃歌而已.　百花含葩而笑　雙燕交翼而戲　薄命妾等　同銷深宮
覽物懷春　情思如何.　朝雲岱神　而頻入楚王之夢　王母仙女　而幾參
瑤臺之宴.　女子之意　宜無異同　而南宮之人　何獨與姮娥苦守貞節
不悔靈藥之偸乎!」

　飛瓊與玉女　皆不禁淚流曰「一人之心　卽天下人之心也.　今承盛
敎　悲憾之懷　油然而出矣.」起拜而去.　妾謂紫鸞曰「今夕　妾與進士
有金石之約.　今若不來　明日必踰墻而來矣.　來則何以待之?」紫鸞曰

「繡幕重重　綺席燦爛　有酒如河　有肉如坡　有不來則已　來則待之何難.」其夜果不來.

　進士密窺其處　則墻垣高峻　自非身俱羽翼　莫能至矣. 還家　脉脉不語　憂形於色. 其奴名特者　素稱能而多術. 見進士之顏色　進而跪曰「進士主　必不久於世矣.」伏庭而泣. 進士跪而執其手　悉陳其懷抱　特曰「何不早言? 吾當圖之.」卽造槎橋　甚爲輕捷　能捲能舒. 捲之則如貼屛風　舒之則五六丈許　而可運於掌上. 特敎之曰「持此橋　上宮墻而還　捲舒於內　下之來時　亦如之.」

　進士使特試於庭　果如其言　進士甚喜之. 其夕將往時　特又自懷中出給豹皮襪曰「非此難越.」進士用着而行之　輕如飛鳥　所踐無足聲. 進士用其計　踰墻而入　伏於竹林中　月色如晝　宮中寂廖. 少焉　有人自內而出　散步微吟. 進士披竹出頭曰「何人來此?」其人笑而答曰「郎出郎出.」進士趨而揖曰「年少之人　不勝風流之興　冒犯萬死　敢至于此　願娘怜我.」紫鸞曰「苦待進士之來　若大旱之望雲霓也. 今幸得見　妾等蘇矣. 郎君　願勿疑焉.」卽引而入　進士由層階循曲欄　竦肩而入.

　妾開紗窓　明玉燈而坐　以獸形金爐　燒鬱金香　琉璃書案　展太平廣記一卷　見進士至　起而迎拜. 郎亦答拜　以賓主之禮　分東西坐　使紫鸞設珍羞奇饌　而酌紫霞酒飮之. 酒三行　進士佯醉曰「夜如幾何?」紫鸞會知其意　垂帳閉門而出. 妾滅燈同枕　喜可知矣. 夜旣向晨　群鷄報曉　進士起而去. 自是以後　昏入曉出　無夕不然. 喜深意密　自不知止. 墻內雪上　頗有蹬痕. 宮人皆知其出入　莫不危之.

一日 進士忽慮好事之終成禍機 中心大懼 終日不樂. 特奴自外而進曰「吾功甚大 迄不論賞可乎?」進士曰「銘懷不忘 早晚當重賞矣.」特曰「今見顏色 亦似有憂 未知何故耶?」進士曰「不見則病在心骨 見之則罪在不測 何之不憂?」特曰「然則何不竊負而逃乎?」進士然之 其夜 以特之謀告於妾曰「特之爲奴 素多智謀 以此計指揮 其意如何?」妾許之曰「妾之父母 家財最饒. 故妾來時衣服寶貨 多載而來. 且主君之所賜甚多 此不可棄置而去. 今欲運之 則雖馬十匹 不能盡輸矣.」

進士歸於特 特大喜曰「何難之有?」進士曰「若然則計將安出?」特曰「吾友力士十七人 以日强韌爲事 人莫能當 而與我甚結 唯命是從. 使此輩運之 則泰山亦可移矣.」進士入語妾 妾然之 夜夜收拾 七日之夜 盡輸于外. 特曰「如此重寶 積置于本宅 則大上典必疑之 積置于奴家 則人必疑之. 無已則堀坑於山中 深瘞而堅守之可矣.」進士曰「若或見失 則吾與汝難免盜賊之名矣 汝可愼守.」特曰「吾計如此之深 吾友如此之多 天下無難事 有何畏乎? 況持長劍 晝夜不離 則吾目可抉 此寶不可奪. 吾足可斷 則此寶不取願勿疑焉.」蓋特意 得此重寶而後 妾與進士 引入山谷 屠殺進士而妾與財寶 自占之計 而進士迂儒 不可知也.

大君以前搆匪懈堂 欲得佳製懸板 而諸客之詩 皆未滿意 强邀進士 設宴懇之 一揮而就 文不加點 而山水之景色 堂搆之形容無不盡焉 可以驚風雨 泣鬼神. 大君句句稱賞曰「不意今日復見王子安!」吟咏不已. 但一句有隨墻暗竊風流曲之語 停口疑之. 進士

起而拜曰「醉不省人事 願爲之辭退.」大君命童僕 扶而送之.

翌日之夜 進士入語妾曰「可以去矣. 昨日之詩 疑入大君之意 今夜不去 恐有後禍.」妾對曰「昨夕夢見一人 狀貌獰惡 自稱冒頓單于曰"旣有宿約 故久待長城之下."覺而驚起 甚怪夢兆之不祥 郎君其亦思之乎?」進士曰「夢裡虛誕之事 何可信也? 妾曰「其曰長城者 宮墻也. 其曰冒頓者 此特也. 郎君熟知此奴之心乎?」進士曰「此奴素頑兇 然於我則前日盡忠 今日與娘結此好緣 皆此奴之計也. 豈獻忠於始 而爲惡於後乎?」妾曰「郎君之言 如是懇眷 何敢辭乎? 但紫鸞 情若兄弟 不可不告也.」即呼紫鸞.

三人鼎足而坐 妾以進士之計告之 紫鸞大驚 罵之曰「相歡日久 無乃自速禍敗耶! 一兩月相交 亦可足矣 踰墻逃走 豈人之所忍爲也? 主君之傾意已久 其不可去一也. 夫人之慈恤甚重 其不可去二也. 禍及兩親 其不可去三也. 罪及西宮 其不可去四也. 旦天地一網罟 非陞天入地 則逃之焉往. 倘或被捉 則其禍豈止於子之身乎? 夢兆之不祥 不須言之 而若或吉祥 則汝肯往之乎? 莫如屈心抑志 守貞安坐 以聰於天耳. 娘子若年貌衰謝 則主君之恩眷漸弛矣. 觀其事勢 稱病久臥 則必許還鄉矣. 當此之時 與郎君携手同歸 與之偕老 計莫大焉 不此之思耶. 當此之計 汝雖欺人 敢欺天乎?」進士知事不成 嗟歡含淚而出.

一日 大君坐西宮繡軒 矮躑蠋盛開. 命侍女各賦五言絶句以進. 大君大加稱賞曰「汝等之文 日漸就將 余甚嘉之 而第雲英之詩 顯有思人之意. 前日賦烟之詩 微見其意 今又如此 汝之欲從者 何人

耶? 金生之檄文 語涉疑異 汝無乃金生有思乎.」妾即下庭 叩頭而
泣曰「主君之一番見疑 即欲自盡 而年未二旬 且以更不見父母而
死 九泉之下 死有餘憾. 故偸生至此 又今見疑 一死何惜? 天地鬼
神 昭布森列 侍女五人 頃刻不離 淫穢之名 獨歸於妾 生不如死
妾今得所死矣.」即以羅巾 自縊於欄干. 紫鸞曰「主君如是英明 而
使無罪侍女自就死地 自此以後 妾等誓不把筆作句矣.」大君雖盛
怒 而中心則實不欲其死 故使紫鸞救之而不得死. 大君出素縑五
端 分賜五人曰「製作最佳 是以賞之.」

　自是進士不復出入 杜門病臥 淚濺衾枕 命如一縷. 特來見曰「大
丈夫死則死矣 何忍相思怨結 屑屑如兒女之傷懷 自擲千金之軀乎?
今當以計 取之不難也. 半夜入寂之時 踰墻而入 以綿塞其口 負而
超出 則孰敢追我.」進士曰「其計亦危矣. 不如以誠叩之.」其夜入
來 而妾病不能起 使紫鸞迎入. 酒三行 妾以封書寄之曰「自此以後
不得更見 三生之緣 百年之約 今夕盡矣. 如或天緣未絶 則當可相
尋於九泉之下矣.」進士抱書佇立 脉脉相看 叩胸流涕而出. 紫鸞慘
不忍見 倚柱隱身 揮淚而立. 進士還家 拆而視之 其書曰

　薄命妾雲英 再拜白金郎足下. 妾以菲薄之資 不幸以爲郎君之
留意 相思幾日 相望幾時. 幸成一夜之交歡 未盡如海之深情 人
間好事 造物多猜 宮人知之 主君疑之 禍迫朝夕 死而後已. 伏
願郎君 此別之夜 毋以賤妾置於懷抱間 以傷思慮 勉加學業 擢
高第 登雲路 揚名於世 以顯父母 而妾之衣服寶貨 盡賣供佛 百

般祈祝 至誠發願 使三生未盡之緣分 再續於後世 至可至可矣.

　進士不能盡看 氣絶踣地 家人急救乃甦. 特自外而入曰「宮人答之何語 如是其欲死!」進士無他語 只曰「財寶汝愼守乎? 我將盡賣 薦誠於佛 以踐宿約矣.」特還家自思曰「宮女不出來 其財寶天與我也.」向壁竊笑 而人莫知之矣.

　一日 特自裂其衣 自打其鼻 以其流血 遍身糢糊 被髮跣足奔入伏庭而泣曰「五爲强賊所擊.」仍不復言 若氣絶者然. 進士慮特死則不知埋寶之處 親灌藥物 多般救活 供饋酒肉 十餘日乃起曰「孤單一身 獨守山中 衆賊突入 勢將剝殺 故捨命而走 僅保縷命. 若非此寶 我安有如此之危乎? 賦命之險如此 何不速死!」卽以足頓地 以拳叩胸而哭. 進士懼父母知之 以溫言慰之而送之.

　進士知特之所爲 率奴十餘名 不意圍其第搜之 則只有金釧一雙雲南寶鏡一面. 以此爲贓物 欲呈官推得 而恐事泄. 不得此物 則無以供佛之需. 心欲殺特 而力不能制 電默不語. 特自知其罪 問於宮墻外盲人曰「我向者晨過此宮墻之外 有人自宮中踰西垣而出. 我知其爲賊 高聲進逐 其人棄所持物而走. 我持歸藏之 以待本主之來推. 吾主素乏廉隅 聞吾得物 躬來索出 吾答以無他寶 只得釧鏡二物云 則主人躬入搜之 果得二物. 亦其無饜 方欲殺之 故吾欲走去 走之吉乎?」盲曰「吉矣.」其隣在旁 多聞其語 謂特曰「汝主何許人? 虐奴如是耶?」特曰「吾主年少能文 早晚應爲及第者 而爲貪婪如此 他日立朝 用心可知.」

此言傳播　入於宮中　告于大君. 大君大怒　使南宮人搜西宮　則妾
之衣服寶貨盡無矣. 大君招致西宮侍女五人于庭中　嚴具刑杖於眼
前　下令曰「殺此五人　以警他人.」又敎執杖者曰「勿計杖數　以死
爲準.」五人曰「願一言而死.」大君曰「所言何事? 悉陳其情.」

銀蟾招曰「男女情欲　稟於陰陽　無貴無賤　人皆有之. 一閉深宮
形單隻影　看花掩淚　對月消魂. 梅子擲鶯　使不得雙飛　簾帳燕幕
使不得兩巢　此無他　自不勝健羨之意　妬忌之情耳. 一踰宮垣　則可
知人間之樂　而所不爲者　豈力不能而心不忍哉? 唯畏主君之威　固
守此心　以爲枯死宮中之計. 今無所犯之罪　而欲置之於死地　妾等
黃泉之下　死不暝目矣.」

翡翠招曰「主君撫恤之恩　山不高　海不深. 妾等憾懼　惟事文墨絃
歌而已. 今不洗之惡名　偏及西宮　生不如死矣　惟伏願速就死地矣.」

鸞鸞招曰「今日之事　罪在不測　中心所懷　何忍諱之. 妾等皆閭巷
賤女　父非大舜　母非二妣　則男女情欲　何獨無乎? 穆王天子　而每思
瑤臺之樂　項羽英雄　而不禁帳中之淚　主君何使雲英獨無雲雨之情
乎? 金生乃當世之端士也. 引入內堂　主君之事也. 命雲英奉硯　主
君之命也. 雲英久鎖深宮　秋月春花　每傷性情　梧桐夜雨　幾斷寸腸.
一見豪男　喪心失性　病入骨髓　雖以長生之樂　難以見效. 一夕如朝
露之溘然　則主君雖有惻隱之心　顧何益哉? 妾之愚意　一使金生得
見雲英　以解兩人之怨結　則主君之積善　莫大乎此　前日雲英之毀節
罪在妾身　不在雲英. 妾之一言　上不欺主君　下不負同儕　今日之死
死亦榮矣. 伏願主君　以妾之身續雲英之命矣.」

玉女招曰「西宮之榮 妾旣與焉 西宮之厄 妾獨免哉? 火炎崑崗 玉石俱焚 今日之死 得其所死矣.」

妾之招曰「主君之恩 如山如海 而不能苦守貞節 其罪一也. 前日所製之詩 見疑於主君 而終不直告 其罪二也. 西宮無罪之人 以妾之故 同被其罪 其罪三也. 負此三大罪 生亦何顏? 若或緩死 妾當自決 以待處分矣.」大君覽畢 又以紫鸞之招 更展留眼 怒色稍霽.

小玉跪而告泣曰「前日浣紗之行 勿爲於城內者 妾之議也. 紫鸞夜至南宮 請之甚懇 妾怜其意 排群議從之. 雲英之毀節 罪在妾身 不在雲英. 伏願主君 以妾之身續雲英之命.」大君之怒稍解 囚妾于別堂 而其餘皆放之 其夜妾以羅巾 自縊而死.」

進士把筆而記 雲英引古而敍 甚詳悉. 兩人相對 悲不自抑. 雲英謂進士曰『自此以下 郎君言之.』進士曰『雲英自決之後 一宮之人莫不號慟 如喪考妣. 哭聲出於宮門之外 我亦聞之 氣絶久矣 家人將招魂發喪 一邊救活 日暮時乃甦. 方定精神 自念事已決矣. 無負供佛之約 庶慰九泉之魂 其金釧寶鏡及文房諸具盡賣之 得四十石之米 欲上淸寧寺設佛事 而無可信使喚者 呼特而言曰「我盡宥前日之罪 今爲我盡忠乎?」特伏泣而對曰「奴雖冥頑 亦非木石 一身所負之罪 擢髮難數 今而宥之 是枯木生葉 白骨生肉 敢不爲進士致死乎!」我曰「我爲雲英 設醮供佛 以冀發願 而無信任之人 汝未可往乎?」特曰「謹受敎矣.」卽上寺 三日叩臀而臥 招僧謂之曰「四十石之米何用? 盡入於供佛乎? 今可多備酒肉 廣招俗客而饋之宜矣.」

適有村女過之 特強劫之 留宿於僧堂 已過數十日 無意設齋. 寺

僧皆憤之 及其建醮日 諸僧曰「供佛之事 施主爲重 而施主不潔如此 事極未安 可沐浴於淸川 潔身而行禮可矣.」特不得已出 暫以水沃濯 而入跪於佛前祝曰「進士今日速死 雲英明日復生 爲特之配.」三晝夜發願之說 唯此而已. 特歸語我曰「雲英閣氏 必得生道矣. 設齋之夜 現於奴夢曰 至誠供佛 不勝感謝. 拜且泣之 寺僧之夢 亦皆然矣.」我信之其說矣.

適當槐黃之節 雖無赴擧之意 托以做工 上淸寧寺 留數日 細聞特之事 不勝其憤 而無特如何. 沐浴潔身 而就佛前面拜 叩頭薦香 合掌而祝曰「雲英死時之約 慘不忍負 使特奴虔誠設齋 冀資冥佑 今聞所祝之言 極其悖惡 雲英之遺願 盡歸虛地 故小子敢復祝願. 能使雲英復生 使金生得免如此之寃痛 伏望世尊 殺特奴 着鐵架 囚于地獄. 伏乞世尊 苟如此發願 則雲英爲尼 燒十指 作十二層金塔 金生爲僧舍五戒 創三巨刹 以報其恩.」祝訖 起而百拜 叩頭而出 後七日 特壓於陷井而死. 自是我無意於世事 沐浴潔身 着新衣 臥于安靜之房 不食四日 長吁一聲 因遂不起.』

寫畢擲筆 兩人相對悲泣 不能自抑. 柳泳慰之曰『兩人重逢 志願畢矣. 讐奴已除 憤悗洩矣. 何其悲痛之不止耶? 以不得再出人間而恨乎?』金生垂淚而謝曰『吾兩人皆含怨而死. 冥司怜其無罪 欲使再生人世 而地下之樂 不減人間 況天上之樂乎! 是以不願出世矣. 但今夕之悲傷 大君一敗 故宮無主人 鳥雀哀鳴 人跡不到 已極悲矣. 況新經兵火之後 華屋成灰 粉墻摧毀 而唯有階花芬菲 庭草藪榮 春光不改昔時之景 而人事之變易如此 重來憶舊 寧

不悲哉!』柳泳曰『然則子皆爲天上之人乎?』金生曰『吾兩人素是天上仙人　長侍玉皇前　一日　帝御太淸宮　命我摘玉園之果　我多取蟠桃瓊玉　私與雲英而見覺　謫下塵寰　使之備經人間之苦. 今則玉皇已宥前愆　俾陞三淸　更侍香案前　而時乘飆輪　復尋塵世之舊遊耳.』乃揮淚而執柳泳之手曰『海枯石爛　此情不泯　地老天荒　此恨難消. 今夕與子相遇　攄此悃愊　非有宿世之緣　何可得乎? 伏願尊君　俯拾此藁　傳之不朽　而勿浪傳於浮薄之口　以爲戲翫之資　幸甚!』進士醉倚雲英之身　吟一絶句曰

花落宮中燕雀飛　　　春光依舊主人非.
中宵月色凉如許　　　碧露未沾翠羽衣.

雲英繼吟曰

故宮柳花帶新春　　　千載豪華入夢頻.
今夕來遊尋舊跡　　　不禁哀淚自沾巾.

柳泳亦醉暫睡　小焉　山鳥一聲　覺而視之　雲烟滿地　曉色蒼茫　四顧無人　只有金生所記册子而已. 泳悵然無聊　收神册而歸　藏之篋笥　時或開覽　則茫然自失　寢食俱廢　後遍遊名山　不知所終云爾.

　수성궁(壽聖宮)은 안평대군(安平大君)[1]의 옛집이다. 장안성(長安城) 서쪽 인왕산(仁旺山) 아래 있었는데 산천이 수려하고 용이 서리고 범이 걸터앉은 듯 했다. 사직(社稷)이 그 남쪽에 있고 경복궁(景福宮)이 그 동쪽에 있어 인왕산 한 줄기가 구불구불 내려와 궁에 임하여 우뚝 솟았으니, 비록 높고 가파르진 않아도 그곳에 올라 굽어보면 사방으로 통한 길과 시전(市廛)[2]들과 만성(滿城)의 제택(第宅)이 바둑을 펼친 듯 별들이 늘어선 듯 역력하였고 완연히 명주실을 벌여놓은 것 같았다. 동쪽을 바라보면 아득히 궁궐 복도(複道)[3]가 공중을 비끼고, 상서로운 구름과 연기에 싸이어 조석으로 고운 태도를 자랑하니 참으로 이른 바 절승(絕勝)의 명지(名地)였다. 그러므로 한 때는 술 좋아하고 활 잘 쏘는 무리들과, 노래하고 피리 부는 아이들과, 시인묵객(詩人墨客)들이 삼춘(三春) 화류지절(花柳之節)과 구추(九秋) 풍국지시(楓菊之時)[4]마다 그 위에 올라가 놀면서 음풍영월(吟風咏月)하고 경치를 완상(玩賞)하느라 돌아가기를 잊기도 하였었다.

　청파사인(青坡士人) 유영(柳泳)은 이 원(園)의 경개(景概)가 좋음을 익히 듣고 한 번 놀러 가고자 생각하였지만 의상이 남루하고 용색이 초라하여 유객(遊客)들의 웃음을 살 것을 알고 가기를 머뭇거린 지가 오래였다. 만력(萬歷) 신축(辛丑) 춘삼월(春三月) 기망(既望)[5]에 탁주(濁酒) 한 병을 샀으나 이미 심부름하는 아이도 벗도 없는지라 몸소 차고 홀로 궁문(宮門)으로

---

1. 조선 세종의 삼남(三男). 단종 즉위 후 둘째형인 수양대군과 권력다툼을 벌였으나 수양대군이 일으킨 계유정란으로 교동(喬桐)에 유배되었다가 사사(賜死)됨. 이름은 용(瑢), 호는 비해당(匪懈堂). (1418~1453).
2. 조선시대, 종로를 중심으로 도로변에 있었던 점포.
3. 집과 집 사이에 비를 맞지 않도록 지붕을 씌워 이어놓은 통로.
4. 단풍이 들고 국화가 피는 때.
5. 음력으로 매달 열엿샛날.

들어가니 보는 이마다 서로 돌아보며 손가락질 하며 웃지 않는 자가 없었다. 생(生)이 부끄럽고 무료(無聊)[6]하여 후원(後園)으로 들어가 높은 곳에 올라 사방을 바라보니 새로 병화(兵火)를 겪은 끝이라 장안(長安) 궁궐과 만성의 화옥(華屋)들은 탕연(蕩然)히 남아있는 것이 없고 무너진 담과 깨어진 기와며 폐한 우물과 거친 섬돌에 잡초만 무성했는데 다만 동쪽 낭무(廊廡)[7] 몇 칸만 우뚝 남아 있었다.

생이 걸어 서원(西園) 깊숙한 곳으로 들어가니 백초(百草)가 무성하고 그림자는 맑은 못에 드리웠는데 땅 가득 낙화(落花)요 인적이 없는 곳이었다. 그때 미풍이 한 번 이니 향내가 복욱(馥郁)[8]하였다. 생은 바위 위에 홀로 앉아 동파(東坡)의 「아상조원춘반로(我上朝元春半老) 만지락화무인소(滿地落花無人掃)」라는 글귀를 읊조리고는 차고 온 술병을 끌러 다 마시고 바위 가에 돌을 베고 취하여 누웠다. 그러다 이윽고 술이 깨어 머리를 들어보니 놀던 사람들은 다 돌아가고 산 위로 달이 돋아 오르는데 연기는 버들눈썹에 아롱지고 바람은 꽃뺨에 움직였다. 이때 한 줄기 가는 말소리가 바람을 좇아 들리거늘 생이 이상히 여겨 일어나 가 본즉 한 소년이 절세 미인과 더불어 마주앉아 있다가 생이 이름을 보고 흔연히 일어나 맞이하는 것이었다. 생은 소년과 서로 읍(揖)하고 인하여 물었다.

"수재(秀才)[9]는 뉘시기에 낮을 두고 밤에 나다니시는가요?"

소년은 미소를 지으며 대답했다.

"옛사람이 이르기를 「경개약구(傾蓋若舊)」[10]라 하였으니 참으로 이를 두고 하는 말이군요."

---

6. 부끄럽고 열없음.
7. 정전(正殿)에 부속된 건물.
8. 풍기는 향기가 그윽함.
9. 미혼 남자의 미칭.
10. 우연히 노상에서 만나 수레 덮개를 젖히고 서로 이야기함. 잠시 만나보고도 친해짐을 이름.

하고는 더불어 셋이 둘러 앉아 말할 새 여자가 낮은 소리로 아이를 부르니 곧 계집종 둘이 숲 가운데로부터 나오니 여자가 말하였다.

"오늘 저녁 옛 사람과 해후한 곳에서 또 기약하지 않은 가객(佳客)을 만났으니 오늘밤은 가히 적막히 헛되이 보내지 못할지라. 너희들은 주찬(酒饌)을 준비하고 아울러 붓과 벼루를 가지고 오도록 해라."

두 계집종이 명을 받들어 가더니 잠시 뒤에 돌아왔는데 빠르기가 나는 새가 오가는 것 같았고, 유리 술통에 담은 자하주(紫霞酒)와 진기한 과실이며 기이한 음식들은 모두 인간세상의 것이 아니었다.

술이 세 차례 돌자 여자가 새로 만든 노래로 권주가를 불렀는데 노래에 이르기를

중중(重重)한[11] 깊은 곳에 옛 사람을 이별하였으니
천연(天緣)은 미진(未盡)이나 다시 볼 수 없네.
몇 번이나 번화시(繁華時)에 봄빛을 상해 왔던가
구름 되고 비 되어 즐기던 것이 꿈만 같도다.
옛 일은 다 사라져 티끌이 되었는데
공연히 지금 사람으로 수건에 눈물 가득케 하는도다.

노래를 마치자 한숨 쉬고 흐느껴 울어 구슬 같은 눈물이 얼굴에 가득했다. 생이 이상히 여겨 일어나 절하며 가로되,

"제가 비록 금수(錦繡)의 문장은 아니지만 일찍이 유업(儒業)을 일삼아 문묵(文墨)의 일은 조금 압니다만 이제 이 노래를 들으니 격조(格調)는 청월(淸越)[12]하나 의사(意思)는 비량(悲凉)한지라 심히 괴이한 일입니다. 오늘

---

11. 겹겹으로 쳐진.
12. 소리가 맑고 가락이 높음.

밤 만남에 달빛은 낮과 같고 맑은 바람은 서서히 불어오니 오히려 족히 즐겨야 할 일이거늘, 서로를 대하여 슬피 우는 것은 무슨 까닭입니까? 한 잔 술을 서로에게 따르고 정의(情義)가 이미 두텁거늘 성명도 말하지 않고 회포도 펴지 않음 또한 가히 의심스럽습니다."

하고는 자기 이름을 먼저 말하고 상대도 억지로 말하게 하니 소년이 탄식하며 대답하였다.

"성명을 말하지 않음은 그 뜻이 있는 바이러니, 그대가 굳이 알려고 한다면 고(告)하는 것이 뭐가 어렵겠습니까만 말하려니 이야기가 깁니다."

하고 슬퍼 즐거워하지 않는 낯빛으로 한참 있다가 말하였다.

"복(僕)[13]의 성(姓)은 김가(金哥)라 나이 십 세에 시문(詩文)에 능하여 학당에서 유명하더니 나이 열넷에 진사(進士)[14] 제2과(第二科)에 올라 일시에 모두 김진사라 칭하였습니다. 복이 소년 협기와 호탕한 기운을 능히 억제치 못하고, 이 여자로 인하여 부모가 끼쳐준[15] 몸으로 마침내 불효의 자식이 되었으니, 천지간(天地間) 죄인의 이름을 어찌 억지로 알려고 하시오? 이 여자의 이름은 운영(雲英)이요 저 두 여자의 이름은 하나는 녹주(綠珠)이고 하나는 송옥(宋玉)인데 모두 옛 안평대군(安平大君)의 궁인(宮人)이었습니다."

생이 말하기를

"말을 내매 다하지 않으면 처음부터 하지 않음만 못하리니 안평대군 성시(盛時)의 일과 진사가 슬퍼하는 이유를 자세히 들려줄 수 있겠소?"

하니 진사가 운영을 돌아보며 말하였다.

"성상(星霜)[16]은 여러 번 바뀌었고 일월(日月)은 오래 되었는데 그때의 일

---

13. 본뜻은 하인이나 종이지만 여기서는 자기의 겸칭으로 쓰이었음.
14. 조선 때 소과(小科)의 초장(初場)에 급제한 사람.
15. 뒤에 남겨준.
16. 한 해 동안의 세월.

을 네 능히 기억하겠느냐?"

운영이 대답하기를

"심중(心中)에 쌓인 원한을 어느 날인들 잊으리오. 첩(妾)[17]이 시험 삼아 말하리니 낭군은 옆에서 그 빠진 것을 도와주십시오."

그리고는 말하였다.

"장헌대왕(莊憲大王)[18]의 아들 팔대군(八大君) 중에 안평대군이 가장 뛰어난지라 상(上)이 심히 사랑하사 상(賞)을 내리심이 수(數)도 없어 전택(田宅)과 재화(財貨)가 제군(諸君) 중에 독보(獨步)하였습니다. 나이 열 셋에 사궁(私宮)으로 출거(出居)하였으니 궁의 이름은 바로 수성궁입니다. 유업으로 자처하여 밤이면 글을 읽고 낮이면 시를 짓든가 글씨를 쓰기도 하면서 일각(一刻)도 헛되이 보내지 않으시니 당대의 문인재사(文人才士)들이 다 그 문(門)에 모여 장단(長短)을 비교하면서 닭이 울고 별이 질 때까지 강론(講論)을 게을리 하지 않으셨습니다. 그리고 대군은 또 필법(筆法)도 공교(工巧)하여 일국(一國)에 유명한지라 문묘(文廟)[19]께서 잠저(潛邸)[20]에 계실 때에 매양 집현전(集賢殿)의 제학사(諸學士)와 더불어 안평의 필법을 논하여 가로되

'내 아우가 만약 중국(中國)에서 났다면 비록 왕일소(王逸少)[21]에는 미치지 못하나 어찌 조송설(趙松雪)[22]에 뒤지겠는가.'

하며 칭찬해 마지않았습니다.

하루는 대군이 첩 등에게 이르되

'천하 백가지 재주는 반드시 편안하고 고요한 곳에 나아가 공부한 뒤에

---

17. 여자가 자신을 낮추어 부르는 말.
18. 세종의 시호(諡號).
19. 문종(文宗).
20. 왕위에 오르기 전(前)의 상태.
21. 진(晉)의 서예가인 왕희지(王羲之). (307~365).
22. 원초(元初)의 문인이며 명필가인 조맹부(趙孟頫). (1254~1322).

야 가히 이루는지라 도성문(都城門) 밖이 산천(山川)이 고요하고 마을이 좀 머니 이런 곳에서 공부한다면 가히 오로지 할 수 있을 것이다.'

하고는 즉시 그곳에 정사(精舍)[23] 십여 칸을 짓고 이름하여 비해당(匪懈堂)이라 하고, 또 그 옆에 한 단(壇)을 짓고는 이름을 맹시단(盟詩壇)이라 하였으니 모두 공명(功名)에 힘쓰고 의리(義理)를 생각하란 뜻이었습니다. 이때 문장거필(文章巨筆)이 모두 그 단에 모였으니 문장은 성삼문(成三問)[24]이 위수(爲首)요 필법은 최흥효(崔興孝)[25]가 위수였습니다. 하지만 비록 그러하지만 모두 대군의 재주에는 미치지 못하였습니다.

하루는 대군이 취(醉)함을 타 모든 궁인을 불러 가로되

'하늘이 재주를 내릴 때에 어찌 홀로 남자들에게만 넉넉히 하고 여자들에게는 인색하였겠느냐? 금세(今世)에 문장으로 자허(自許)[26]하는 자 적다고 할 수 없지만 모두 능히 받들 자 없고 무리에서 빼어난 자 없으니 너희들 또한 힘쓰라!'

하고 이에 궁녀 중에서 나이 젊고 자색(姿色)이 있는 자 열 명을 골라 가르칠 때에, 먼저 소학언해(小學諺解)를 가르쳐 외어 읽을 수 있게 한 뒤에 사서삼경(四書三經)을 전부 가르치고 또한 이두(李杜)[27]의 당음(唐音)[28] 수백 수(首)를 가르치니 오년 안에 과연 모두 재인(才人)이 되었습니다.

대군이 안에 들어오면 첩 등으로 하여금 안전(眼前)을 떠나지 않게 하시고, 시를 짓게 하여 바로잡아 주시고, 고하(高下)를 정하여 밝히 상벌(賞罰)로써 권장하셨으니 그 탁월한 기상이 설령 대군에게는 미치지 못하더라도 음률(音律)의 청아(淸雅)함과 귀법(句法)의 완숙(婉淑)함은 또한 가히 성

---

23. 깨끗한 집.
24. 세종 때의 문신(文臣). 호(號)는 매죽헌(梅竹軒). 사육신 중 하나. (1418~1456).
25. 태조 때의 문신으로 홍문관(弘文館) 대제학(大提學)을 역임.
26. 스스로 자신하다.
27. 이태백(李太白)과 두보(杜甫).
28. 당시(唐詩).

당(盛唐)[29] 시인(詩人)의 곁을 엿볼지니 십인의 이름은 소옥(小玉), 부용(芙蓉), 비경(飛瓊), 비취(翡翠), 옥녀(玉女), 금련(金蓮), 은섬(銀蟾), 자란(紫鸞), 보련(寶蓮), 운영(雲英)이니 운영은 곧 첩입니다. 대군은 저희를 모두 심히 사랑하셔서 항상 궁중에 두고 외인과 더불어 말하지 못하게 하시고 매일같이 문사(文士)들과 술자리를 하고 시를 강론하되 일찍이 한 번도 저희를 가까이 하지 않은 것은 대개 외인이 혹 알까 염려한 때문이었습니다. 그리고 언제나 영(令)을 내려 가로되

'시녀(侍女)가 한 번 궁문을 나가면 그 죄는 마땅히 죽을 것이요, 외인이 궁녀의 이름을 알면 그 죄 또한 죽을 것이다.'

라고 하였습니다.

하루는 대군이 밖으로부터 들어와 첩 등을 불러 가로되

'오늘은 문사 모모(某某)와 더불어 술을 마시는데 상서(祥瑞)로운 푸른 연기가 궁의 나무로부터 피어올라 혹은 성첩(城堞)[30]에 아롱지고 혹은 산 기슭으로 날리거늘 내가 먼저 오언일절(五言一絶)을 짓고 좌객(坐客)들로 차운(次韻)[31]케 하였더니 모두 뜻에 맞지 않은지라 너희들이 연차(年次)[32]로 각기 지어 바치라.'

하니 소옥이 먼저 바쳐 가로되

　　　푸른 연기가 가늘기 깁[33] 같으니

　　　바람을 따라 짝하여 문에 들어왔도다.

　　　희미한 것이 깊고 또 옅었으니

---

29. 당시(唐詩)를 말할 때 초(初)·성(盛)·중(中)·만(晚)의 네 기(期)로 나눈 둘째 시기. 곧, 현종(玄宗)에서 대종(代宗) 사이. 이백, 두보 등 유명한 시인들이 나온 시기.

30. 성가퀴.

31. 남이 지은 시의 운자(韻字)를 따서 시를 지음.

32. 나이 차례.

33. 명주실로 바탕이 좀 거칠게 짠 비단.

깨닫지 못할레라, 황혼이 가까왔도다.

부용이 다음으로 바쳐 가로되

공중으로 날아 요대(瑤臺)의 비가 되고
땅에 떨어져 다시 구름이 되었도다.
저녁이 가까워 오니 산 빛이 어둑어둑하고
그윽한 생각이 초(楚)나라 임금을 향했도다.

취취가 바쳐 가로되

꽃에 덮이니 벌이 세(勢)를 잃고
대나무에 아롱지니 새가 둥지를 잃도다.
황혼녘에 작은 비를 이루니
창밖에 빗소리 쓸쓸하도다.

비경이 바쳐 가로되

작은 살구나무는 눈 맺히기 어렵고
외로운 대나무는 홀로 푸르름을 지켰도다.
가볍고 침침함을 잠깐 다시 볼진대
날이 저물고 또한 어둡도다.

옥녀가 바쳐 가로되

가려진 날이 가볍고 가늘기가 깁 같았으니
산에 비끼어 길게 푸름을 띠었도다.
작은 바람이 불어 조금씩 흩어졌으나
도리어 작은 연못에 젖었도다.

금련이 바쳐 가로되

산 아래 찬 연기가 쌓였더니
비끼어 궁중 나뭇가에 날았도다.
바람이 부니 스스로 정(定)치 못하였으니
기운 해가 창천(蒼天)에 가득하였도다.

은섬이 바쳐 가로되

산골짜기에 무성한 그늘 일더니
연못에 푸른 그림자 흘렀도다.
날아가매 찾을 길이 없음이여
연잎에 이슬 구슬이 머물렀도다.

자란이 바쳐 가로되

일찍이 동문(洞門)[34]으로 향하여 어두웠더니
비끼어 높은 나무 밑에 연(連)하였도다.
잠깐 사이에 홀연히 날아가니

---

34. 동굴의 입구.

서편의 산과 앞 시내로다.

첩 또한 바쳐 가로되

멀리 바라보매 푸른 연기가 가늘이여
가인(佳人)이 깁 짬을 파(罷)하였도다.
바람에 임하여 홀로 슬퍼하니
날아가 무산(巫山)에 떨어졌도다.

보련이 바쳐 가로되

작은 골짜기 봄 그늘 속이요
장안(長安) 물 기운 가운데로다.
능히 사람의 세상으로 하여금
홀연히 푸른 구슬 궁(宮)을 만들었도다.

대군이 보기를 마치고 크게 놀라 말하기를
'비록 만당(晚唐)의 시에 비해도 노한 백중(伯仲)할 것이요 근보(謹甫)[35]의
아래는 가히 채찍 잡을 이 없을 것이다.'
하고 재삼(再三) 읊으나 그 고하를 알지 못하더니 한참 만에 말하기를
'부용의 시는 초나라 임금을 사모한 것이니 내 심히 가상히 여기노라.
비취의 시는 전보다 아름다움이 더하였고, 옥녀의 시는 의사(意思)가 표일
(飄逸)[36]하고 끝 귀에 은은히 넉넉한 뜻이 있으니 이 두 시가 마땅히 으뜸

---

35. 성삼문(成三問)의 자(字).
36. 뛰어난 모양.

이 되리로다.'

하고 또 이르되

'내가 처음 보았을 때는 우열을 분별치 못하였는데 다시 살펴본 즉 자란의 시는 뜻이 깊고 멀어 사람으로 하여금 깨닫지 못하는 사이에 차탄(嗟嘆) 도무(蹈舞)케 하는도다. 나머지 시들 또한 모두 청아(淸雅)[37]하되 홀로 운영의 시만 현저히 추창(惆悵)[38]하여 사람을 생각하는 뜻이 있으니, 모르겠도다! 네가 생각하는 자가 누구냐? 마땅히 캐어물을 것이로되 그 재주가 아까워서 잠시 그냥 두노라.'

하시거늘 첩이 즉시 뜰에 내려 엎드려 울며 대답하기를

'글을 지을 때에 우연히 발(發)함이라 어찌 다른 뜻이 있으리이까. 이제 주군(主君)께 의심을 받으니 첩은 만 번 죽어도 아깝지 않습니다.'

하니 대군이 명(命)하여

'앉으라!'

하시고 가라사대

'시는 성정(性情)에서 나는 것이라 숨길 수 없다. 너는 다시 말하지 말라.'

하시고 바로 비단 열 단(端)을 내어 십인에게 나누어 주셨습니다. 대군은 일찍이 첩에게 뜻이 있지 않았지만 궁중에 있는 사람들은 모두 대군의 뜻이 첩에게 있는 줄 알았습니다.

십인이 모두 물러나 동방(洞房)[39]에서 초를 밝히고 칠보서안(七寶書案)[40]에 당률(唐律) 한 권을 놓고 옛 사람의 궁원시(宮怨詩)의 고하를 논할 때에 첩은 홀로 병풍에 기대어 초연(悄然)[41]히 말이 없는 것이 마치 진흙으로 빚

---

37. 맑고 그윽한 멋이 있음.
38. 한탄하며 슬퍼하는 모양.
39. 잠자는 방.
40. 칠보(七寶)로 장식된 책상.
41. 현실에 아랑곳하지 않고 의젓함.

은 사람 같거늘, 소옥이 첩을 돌아보고 말하기를

'낮에 부연(賦烟)의 시에서 주군에게 의심을 받아 이로써 근심을 감추고 말이 없는 것이냐? 주군이 네게 기운 뜻만 드러나지 않게 조심하면 마땅히 비단 금침의 즐거움이 있을 것이기에 몰래 기뻐서 말이 없는 것이냐? 네 마음 속 품은 바를 모르겠노라.'

하는지라 첩은 얼굴을 가다듬고 대답하기를

'네가 내가 아닌데 어찌 내 마음을 알겠느냐. 내 방금 시 하나를 지으매 좋은 글귀를 찾지 못하여 괴롭게 생각하느라고 말하지 않은 것뿐이다.'

하니 은섬이 가로되

'뜻이 향하는 바가 있으매 마음이 없는 까닭으로 옆 사람의 말을 바람처럼 흘려버리는 것이다. 네가 말하지 않는 까닭은 알기 어렵지 않으니 내 장차 시험해 보리라.'

하고 곧 창밖의 포도(葡萄)로 제(題)를 삼고 칠언사운(七言四韻)을 지으라 재촉하는지라 첩이 응구(應口)하여 바로 읊으니 시에 이르기를

구불구불 등(藤)풀은 용(龍)이 가는 것만 같은데
푸른 잎이 그늘을 이뤘으니 홀연 정(情)있는 것 같도다.
여름날이 엄위(嚴威)하나 능히 비추기를 서두었고
갠 하늘 찬 그림자가 오히려 헛되이 밝았도다.
실 같은 소매로 난간을 잡았으니 뜻을 머무는 듯하고
맺은 열매 구슬 드리운듯하니 정성을 본받고자 하도다.
만일 다른 때를 기다려 응당 변화할진대
모여서 구름과 비를 타고 삼청궁(三淸宮)에 오르리로라.

소옥이 시를 보고 일어나 절해 가로되

'참으로 천하의 기재(奇才)로다. 풍격(風格)[42]이 높지 않음이 비록 옛 곡조 같으나 창졸(倉卒)에 지은 것이 이와 같으니 이는 시인이 처하기에 가장 어려운 것이다. 내 마음이 기쁘고 진실로 설복(說服)됨이 칠십 제자가 공자(孔子)에게 설복됨과 같도다.'

자란이 말하기를

'말은 삼가지 않으면 아니 된다. 어찌 그리 심히 과(過)하게 말하느냐. 다만 문자(文字)의 완곡(婉曲)함이 날고뛰는 태(態)가 있는 것은 분명하다.' 하니 좌중이 모두

'확론(確論)이다!'

라고 하였습니다. 첩이 비록 이 시로써 의혹을 풀었지만 그렇다고 모든 의심이 다 풀린 것은 아니었습니다.

이튿날 문밖에 거마(車馬)들이 들어오는 소리가 들리더니 문 지키는 자가 바삐 들어와 고하기를

'중빈(衆賓)이 오십니다.'

한대 대군이 동각(東閣)을 소제하고 맞으니 모두 문인재사였습니다. 좌정(坐定)하고 대군이 첩 등이 지은 바 부연시를 보이니 만좌(滿座)[43]가 크게 놀라

'생각지도 않은 오늘 성당(盛唐)의 음조(音調)를 다시 보는지라 우리들에 가히 어깨를 견줄 바 아닙니다. 이 같은 지극한 보물을 어디서 얻으셨나요?' 하니 대군이 엷게 웃으며 말하기를

'어찌 그럴 리가 있겠소. 동복(童僕)이 우연히 거리에서 얻어온 것이니 누가 지은 것인지는 모르겠소만, 생각에는 필히 여염(閭閻)[44]의 재주 있는 사람의 솜씨인 것 같소.' 하였습니다.

---

42. 풍채와 품격.
43. 자리에 가득하게 앉은 사람들.
44. 여항(閭巷)과 같은 뜻.

모든 의심이 풀리지 않은 때에 이윽고 성삼문이 이르러 말하기를

'재주는 다른 대(代)에서 빌리지 않아도 언제나 있습니다. 전조(前朝)로부터 지금까지 육백여년에 시로써 동국(東國)[45]에 유명한 사람은 몇이나 되는지 알 수 없지만, 혹자는 탁(濁)하며 아름답지 않고 혹자는 맑지만 부잡(浮雜)[46]하여 모두 음률에 맞지 않고 성정(性情)을 잃은지라 마땅한 글을 보지 못하였더니, 이제 이 시를 보니 풍격(風格)이 청신(淸新)하고 의사(意思)가 초월(超越)하여 조금도 진세(塵世)의 태(態)가 없으니 이는 반드시 심궁(深宮) 사람의 글이라, 속인(俗人)과 상접(相接)치 못하고 다만 고인(古人)의 시만 읽고 주야로 외워서 마음에 자득(自得)함이라. 그 뜻을 자세히 알지니 그 글에 〈바람에 임하여 홀로 슬퍼한다〉는 말은 사람을 생각하는 뜻이 있음이요, 글에 〈외로운 대나무는 홀로 푸르름을 지켰다〉는 말은 정절을 지킬 뜻이 있음이요, 글에 〈바람이 부니 스스로 정(定)치 못한다〉는 말은 보전하기 어렵다는 뜻이요, 글에 〈그윽한 생각이 초나라 임금을 향한다〉는 말은 주군을 향한 정성이 있음이요, 글에 〈연잎에 이슬 구슬이 머물렀다〉는 말과 〈서편의 산과 앞 시내〉라는 말은 천상의 신선(神仙)이 아니면 이러한 형용(形容)을 얻지 못할지라, 그 격조(格調)에 고하가 있으나 훈도(薰陶)[47]의 기상(氣象)은 대략 모두 같은지라 궁중에 반드시 이 십 선인(仙人)을 두고 계실 터인즉 숨기지 마시고 한 번 보여주시기를 원하나이다.'

대군이 내심(內心)으로 자복(自服)하나 겉으로는 수긍치 않으며 말하기를

'누가 근보더러 시감(詩鑑)[48]이 있다 하더냐. 내 궁중에 어찌 이런 사람들이 있으랴! 가히 사람의 혹(惑)함이 심하다 이르리로다.'

---

45. 조선. 우리나라.
46. 됨됨이가 들뜨고 추잡함.
47. 덕(德)을 베풀어서 사람을 가르치고 감화시킴.
48. 시에 대한 식견(識見).

이 때 십인이 창틈으로 몰래 듣고 탄복치 않는 이가 없었습니다. 이날 밤 자란이 지성(至誠)으로 첩에게 물어 가로되

'여자가 세상에 태어나 시집가고자 하는 마음은 누구나 있는지라 네가 생각하고 있는 정인(情人)은 어떤 사람인지 모르겠다만, 너의 형용(形容)이 날로 점점 전만 못해가는 것이 걱정되어 정으로써 간곡히 묻나니 모름지기 숨기지 말기를 바라노라.'

하거늘 첩이 일어나 사례하여 가로되

'궁인이 심히 많아 시끄러움이 있을까 두려워 감히 말하지 못했으나 이제 이렇게 간곡히 물으니 어찌 감히 숨기겠느뇨. 작년 가을 황국(黃菊)이 처음 피고 단풍이 점점 시들 때에 대군이 서당에 홀로 앉아 시녀로 하여금 먹을 갈게 하고 비단을 펴고 칠언사운(七言四韻) 십 수(十首)를 쓰시더니 소동(小童)이 밖으로부터 들어와 이르되

-한 연소(年少)한 유생(儒生)이 자칭 김진사라면서 뵙기를 청하나이다.

하거늘 대군이 기뻐 가라사대

-김진사가 왔구나.

하고 맞아들인즉 포의혁대(布衣革帶)한[49] 선비라, 빠른 걸음으로 계단을 오르니 새가 날개를 편 듯하고, 자리를 당하여 절하고 앉으니 용의(容儀)[50]가 준수하여 신선과 같은지라 대군이 한 번 보고 마음이 기울어 즉시 마주하여 앉으니 진사가 피석(避席)하고 배사(拜辭)[51]하여 말하기를

-외람되이 환대하심을 입어 욕되이 존명(尊名)을 더럽히게 되었나이다. 이제 가르침을 받들고자 하오니 송구함을 이기지 못하겠습니다.

하니 대군이 위로하여 가로되

-오래 그대의 성화(聲華)[52]를 우러렀더니 집에 앉아 관개(冠蓋)[53]를 대하

---

49. 베옷 입고 가죽 띠를 한.
50. 몸가짐과 행동거지.
51. 삼가 공손히 사양함.

니 광채가 일실(一室)에 진동하고 백붕(百朋)을 얻은 기쁨이로다.
하시더라.

진사가 처음 들어올 때에 이미 시녀들과 상면(相面)한지라, 또한 대군이 진사가 연소 유생인 것을 마음에 쉽게 생각하여 첩 등으로 하여금 피치 않게 하심이라. 대군이 진사에게 이르기를

-추경(秋景)이 심히 좋으니 원컨대 그대는 시 한 수를 지어 이 당(堂)에 광채를 돋우라.

진사가 자리를 피하며 사양하여 말하기를

-헛된 이름뿐이요 실(實)이 없거늘 시의 격률(格律)을 소자(小子)[54]가 어찌 감히 알리이까.

대군이 금련으로 노래를 부르게 하고, 부용으로 거문고를 타게 하며, 보련으로 퉁소를 불게 하고, 비경으로 잔을 돌리게 하며, 첩으로 벼루를 받들게 하시니 이때 첩의 나이 열일곱이라. 한 번 낭군을 보매 혼(魂)이 흐려지고 뜻이 어지러워졌고 낭군 또한 첩을 돌아보며 웃음을 머금고 자주 눈길을 보내더라. 대군이 진사에게 일러 가로되

-내 그대 접대함이 진실로 관곡(款曲)[55]하거늘 그대 어찌 한 번 주옥(珠玉)을 토함을 아껴 이 당(堂)으로 하여금 무색하게 하는가.

하시니 진사가 즉시 붓을 잡아 오언사운(五言四韻) 한 수를 지어 바치니 글에 이르기를

나그네 기러기가 남(南)으로 향하여 가니

궁중에 가을빛이 깊었도다.

---

52. 세상에 드러난 명성(名聲).
53. 관(冠)과 일산(日傘). 즉, 지체가 높은 사람의 행차.
54. 부모 또는 웃어른 앞에서 자기를 겸손하게 일컫는 말.
55. 다정하고 성의가 있음.

물이 차매 연꽃이 옥 같음을 꺾었고

서리가 거듭 내리매 국화가 금빛을 드리웠도다.

비단자리에 홍안(紅顏)의 계집이

구슬 줄을 튕기며 백설곡(白雪曲)을 불렀도다.

유하주(流霞酒) 한 말의 술로

먼저 취하매 기대는 것을 금키 어렵도다.

대군이 재삼 읊조리고 놀라 말하기를

-참으로 이른바 천하의 기재로다. 어찌 서로 봄이 늦었는가.

시녀 십인이 일시에 돌아보며 얼굴빛이 변하여 말하기를

-이는 반드시 왕자진(王子晉)[56]이 학을 타고 진세(塵世)에 온 것이니 어찌 이런 사람이 있을까!

하더니 대군이 잔을 잡고 묻기를

-옛적 시인에 누가 종장(宗匠)[57]이 되겠는가?

진사가 말하기를

-소자의 소견으로 말씀드리면, 이백(李白)은 천상신선이라 옥황상제(玉皇上帝)의 향안전(香案前)에 길이 있다가 현포(玄圃)[58]에 놀아 옥액(玉液)[59]을 다 마시고 취흥을 이기지 못하여 만수기화(萬樹琪花)를 꺾고 바람을 따르고 비를 흩어 인간에 떨어진 기상이요, 노왕(盧王)에 이르면 해상선인(海上仙人)으로 일월(日月)이 출몰(出沒)하며 구름이 변하고 창파(滄波)를 흔들고 고래가 물을 뿜고 도서(島嶼)가 창망(蒼茫)[60]하며 풀과 나무가 울창하고 물

---

56. 주영왕(周靈王)의 태자로 직간(直諫)하였다가 폐하여 서인(庶人)이 됨. 즐겨 생(笙)을 불고 학(鶴)을 타고 놀았다 함.
57. 우두머리.
58. 곤륜산(崑崙山)에 있다는 선인(仙人)의 거처(居處).
59. 신선이 마시는 좋은 술.
60. 너르고 멀어서 아득함.

결이 일어 꽃과 잎을 이루며, 물새의 노래요 교룡(蛟龍)[61]의 눈물이라. 이를 모두 흉금에 감췄으니 이것이 시의 조화(造化)인 것입니다.맹호연(孟浩然)[62]은 이름이 가장 높으니 이 사람은 사광(師曠)[63]에게서 배웠고 음률을 익힌 사람이요, 이의산(李義山)[64]은 선술(仙術)을 배워 일찍이 시마(詩魔)에 빠진 고로 일생에 지은 시편(詩篇)이 귀신의 말이 아님이 없나니 나머지 분분(紛紛)한 사람들이야 어찌 족히 다 말씀드리겠습니까.

대군이 가로되

-날마다 문사들과 더불어 시를 논함에 초당(草堂)[65]으로 수위(首位)를 삼는 자가 많으니 이 말은 어찌 풀이하겠는가.

진사가 가로되

-그렇습니다. 시속(時俗) 선비의 말로 이를진대 회(膾)와 적(炙)이 사람의 입을 즐겁게 하는 것과 같이 자미(子美)[66]의 시는 참으로 회와 적 같습니다.

대군이 가라사대

-백체(百體) 구비(俱備)하며 비유(比喩)하고 흥귀(興句)[67]하는 것이 극히 정치(精緻)[68]하거늘 어찌 초당을 가볍다고 하는가.

진사가 사례(謝禮)하여 가로되

---

61. 뱀처럼 생겼고 길이가 한 길이 넘는다는 상상의 동물로서, 흔히 때를 잘못 만나 뜻을 펴지 못한 영웅호걸을 일컫는 말로 쓰임.
62. 당대(唐代)의 대표적인 산수시인(山水詩人). 왕유(王維)와 더불어 이름을 날렸으므로 왕맹(王孟)이라 병칭됨. (688~740).
63. 춘추시대 진(晉)의 악사(樂師). 소리를 잘 분별하여 길흉을 점쳤다 함.
64. 당대(唐代)의 시인.
65. 두보(杜甫).
66. 두보(杜甫)
67. 비(比), 부(賦), 흥(興)의 삼체(三体)에서 타물(他物)에 빗대어서 시상(詩想)을 일으키는 것.
68. 정세(精細)하고 치밀(緻密)함.

-소자 어찌 감히 가벼이 여기리이까마는 그 긴 곳을 논할진대 한무제(漢武帝)가 미앙궁(未央宮)[69]에 어좌(御座)하매 사이(四夷)의 창궐을 분히 여겨 장수(將帥)에게 명하여 정벌하매 백호만웅(百虎萬熊)의 군사가 수 천리를 뻗쳐 이었음 같고, 그 짧은 곳을 논할진대 사마상여(司馬相如)[70]로 하여금 장문부(長門賦)를 짓게 하고, 사마천(司馬遷)[71]으로 하여금 봉선문(封禪文)을 초(草)하게 하고, 신선을 구(求)하려 한 즉 동방삭(東方朔)[72]으로 좌우에서 모시게 하고, 서왕모(西王母)[73]로 천도(天桃)를 드리게 함 같으니 이로써 두보(杜甫)의 문장은 가히 백체를 구비했다 이르리이다. 이태백과 비함에 이르면 천양(天壤)의 같지 않음 뿐 아니라 강해(江海)의 같지 않음과 같을 것이요, 왕맹(王孟)[74]과 비함에 이르면 자미가 수레를 몰고 앞서 가면 왕맹이 채찍을 잡고 길을 다툴 것입니다.

대군이 가로되

-그대의 말을 들으매 흉중(胸中)이 창황(怊怳)함이 마치 긴 바람을 타고 태청궁(太淸宮)[75]에 오름 같도다. 다만 두시(杜詩)는 천하의 높은 문장이라 비록 악부(樂府)에는 미치지 못한다 해도 어찌 왕맹으로 더불어 길을 다투리오. 비록 그러하나 잠시 시비(是非)를 버려두고 원컨대 그대 다시 한 수를 지어 이 당중(堂中)에 일반(一般) 광채를 더하도록 하라.

---

69. 한(漢)나라 궁전의 이름.

70. 전한(前漢)의 문인. 그의 화려한 부(賦)는 한(漢), 위(魏), 육조(六朝) 시대 문인들의 모범이 됨. (BC 179~ 117).

71. 전한의 역사가이며 사기(史記)의 저자. 흉노에게 항복한 장군 이능(李陵)을 변호하였다가 무제의 노여움을 사서 궁형(宮刑)을 당함. (BC 145~86).

72. 한무제(漢武帝)때의 사람으로 벼슬은 상시랑(常侍郞), 태중대부(太中大夫). 서왕모의 복숭아를 훔쳐 먹고 오래 살았다 함.

73. 중국 신화 속의 선녀(仙女). 한무제에게 불로장생(不老長生)의 복숭아를 주었다 함.

74. 왕유(王維)와 맹호연(孟浩然).

75. 도교(道敎)에서 신선이 산다는 세 궁중 하나. 옥청궁(玉淸宮), 상청궁(上淸宮), 태청궁(太淸宮)을 일컬어 삼청궁(三淸宮)이라 함.

진사가 즉시 칠언사운(七言四韻) 한 수를 지으니 그 시에 왈

연기가 금당(金塘)에 흩어지매 이슬 기운이 서늘하였고

푸른 하늘이 물 같으니 밤이 어찌 이리 긴고.

미풍(微風)은 뜻이 있어 드리운 구슬발에 불었고

흰 달은 다정(多情)하여 작은 당(堂)에 들었도다.

뜰 가에 그늘이 열렸으매 소나무 그림자를 되돌리고

잔 가운데 술이 좋으매 국화 향기를 머물렀도다.

완공(阮公)[76]이 비록 젊으나 자못 술 마시기에 능했으니

술 마시고 취한 뒤에 미친 말을 괴이히 여기지 말라.

대군이 더욱 기이하게 여겨 자리에 나아가 손을 잡고 말하기를

-진사는 금세(今世)의 재자(才子)가 아니니 내가 능히 그 고하를 논할 바 아니로다. 게다가 문장만 능할 뿐 아니라 필법 또한 신묘(神妙)하니 하늘이 그대를 동방(東方)에 낳은 것은 반드시 우연함이 아니로다.

또 초서(草書)를 쓰게 하여 붓을 휘두를 때에 먹물이 잘못 첩의 손가락에 떨어져 파리 날개 같은지라 첩이 이로써 영예를 삼아 씻어 없애지를 아니하니 좌우의 궁인들이 다 놀아보며 미소 지으니 술세나 한 것 같았더라.

밤이 깊어지고 경루(更漏)[77]가 재촉하니 대군이 기지개를 펴며 잘 생각으로 말하기를

-나는 취했으니 그대 또한 돌아가 쉬고, 명조유의포금래(明朝有意抱琴來)[78]라는 글귀는 잊지 말라.

---

76. 진대(晉代) 죽림칠현(竹林七賢)의 하나인 완적(阮籍).

77. 물시계.

78. 이백(李白)의 산중대작(山中對酌)에 나오는 시구(詩句). 내일 아침에 생각이 있으면 거문고를 안고 오라는 뜻.

하시더라. 이튿날 대군이 재삼 그 두 시를 읊으며 탄식하여 가로되

-마땅히 근보(謹甫)로 더불어 자웅을 다투리로되 그 청아(淸雅)한 태(態)는 오히려 지나도다.

하시더라.

첩이 이로부터 잠을 자도 이루지 못하고, 밥을 먹어도 먹히지 않고, 마음은 번잡하여 의대(衣帶)가 늘어지는 것도 깨닫지 못하였는데 너는 그때 일을 알지 못한단 말이냐?'

자란이 가로되

'내 잊었는지라. 이제 네 말을 들으니 황연(恍然)히[79] 술에서 깬듯하다.'

그 후로 대군은 자주 진사와 만났지만 첩 등으로는 서로 보지 못하게 한지라 첩은 매양 문틈으로 엿보더니, 하루는 설도전(薛濤箋)에 오언사운(五言四韻) 한 수를 썼는데 가로되

베옷 입고 가죽 띠 띤 선비가

옥 같은 얼굴이 신선 같도다.

매양 발 사이로 바라보나

어찌 월하(月下)의 인연은 없는고.

얼굴을 씻으매 눈물로 물을 삼았고

거문고를 타매 줄이 옮을 한하도다.

한없는 흉중(胸中)의 원(怨)을

머리 들어 홀로 하늘에 하소연하리라.

시와 금비녀 하나를 한데 넣고 열 겹이나 싸서 진사에게 부치고자 하나 보낼 인편(人便)이 없었습니다. 그날 달이 밝은 밤에 대군이 술자리를

---

79. 환하게.

열고 빈객(賓客)을 크게 모으니 다 진사의 재주를 칭찬하는 것이었습니다.
두 편의 시를 보여주니 각기 돌려 보고 칭찬해 마지않으면서 모두 한 번
보기를 원하거늘 대군이 바로 인마(人馬)를 보내어 김진사를 청하니 이윽
고 진사가 이르러 좌정하매 모습이 야위고 풍채가 손상되어 옛날의 기상
이 아닌지라 대군이 위로하여 가로되

 '진사 초나라 근심하는 마음이 없을 것이거늘 어찌 택반(澤畔)의 초췌
(憔悴)함[80]이 있는고?'
하니 모두 크게 웃는지라 진사가 일어나 사례하여 가로되

 '복(僕)이 한천(寒賤)한 유생으로 외람되이 나으리의 은총을 입은지라 복
이 과하매 재앙이 생겨 병이 몸에 얽히매, 식음을 전폐하고 기거(起居)에
사람을 쓰는지라 이제 후한 부르심을 받들어 붙들려 끌려와서 뵈옵는 것
입니다.'

 좌객(坐客)이 모두 무릎을 가다듬으며 공경의 말을 하자 진사는 연소한
유생이라 말석(末席)에 앉았는데 내실(內室)과는 단지 벽 하나 사이였습니
다. 밤이 깊어 중빈(衆賓)이 크게 취했기에 첩이 벽에 구멍을 뚫고 들여다
보니 진사 또한 그 뜻을 알고 구석을 향하여 앉거늘 첩이 봉서(封書)를 구
멍을 통해 던졌습니다. 진사가 그것을 주워 집으로 가서 열어보고 슬픔
을 이기지 못하여 차마 손에서 놓지를 못하고, 생각하는 정이 전보다 배
(倍)나 더하여 능히 자존(自存)치 못할 듯한지라 바로 답서를 부치고자 하
나 청조(靑鳥)[81]의 신(信)이 없어 홀로 근심하고 탄식할 뿐이더니, 마침 한
무녀(巫女)가 동문 밖에 살면서 영이(靈異)로 이름을 얻고 궁중을 출입한
다는 말을 듣고 믿을만하다고 여겨 그 집을 찾아가니 그 무녀는 나이 삼

---

80. 굴원(屈原)의 어부사(漁父詞)에 나오는 구절. 유어강담(遊於江潭) 행음택반(行吟澤畔)
    안색초췌(顏色憔悴).
81. 편지를 보낼 신편(信便). 세 발 가진 푸른 새가 온 것을 보고 동방삭(東方朔)이 서왕모
    (西王母)의 사자(使者)가 편지를 가지고 왔다고 한 옛 이야기에서 유래.

십이 안 되어 자색이 아름다우나 일찍 과부가 되어 음녀(淫女)로 자처하는 자였습니다. 진사가 온 것을 보고 주찬(酒饌)을 성대히 준비하여 대접을 심히 후하게 하였으나 진사는 잔을 잡아 마시지 않고 말하기를

'오늘은 바쁜 일이 있어 내일 다시 오마.'

하고 가더니 이튿날 또 간즉 대접이 여전하였으나 진사는 감히 입을 열지 못하고 단지 말하기를

'내일 또 다시 오마.'

하는 것이었습니다. 무녀가 진사의 용모가 탈속(脫俗)한 것을 보고 마음속으로 기뻤으나 연일(連日) 왕래하면서 한 말도 꺼내지 않는 것은 연소지인이라 부끄러워서 말을 못하는 것이라 생각하여 내가 먼저 뜻을 돋우고 붙들어서 동침하리라 하고, 이튿날 목욕 소세(梳洗)[82]하고 교태를 다하여 단장하고 온갖 장식을 화려하게 하고 만화전(萬花氈)[83]과 경요석(瓊瑤席)[84]을 깔아놓고 어린 종으로 하여금 문 밖에 앉아 진사를 기다리게 하였습니다. 진사가 또 이르러 그 단장의 화려함과 포진(鋪陳)[85]의 아름다움을 보고 마음으로 괴이히 여기거늘 무녀가 가로되

'오늘 저녁이 어떤 저녁이기에 이와 같은 옥인(玉人)[86]을 보는고.'

하니 진사는 뜻이 없는지라 그 말에 대답을 않고 초연불락(愀然不樂)하거늘 무녀가 화가 나서 말하기를

'과부의 집에 연소한 남자가 어찌 왕래하기를 꺼리지 아니하느뇨!'

하니 진사가 가로되

'무녀가 만약 신이(神異)하다면 어찌 내가 온 뜻을 알지 못하리오.'

---

82. 머리를 빗고 얼굴을 씻음.
83. 꽃을 수놓은 털방석.
84. 구슬로 장식한 자리.
85. 바닥에 까는 방석, 요, 돗자리 등의 총칭.
86. 옥처럼 티없이 맑은 사람. 아름다운 사람.

하거늘 무녀가 즉시 영좌(靈座)[87]에 나아가 신령(神靈)께 절하고 방울을 흔들며 축언을 하더니, 온몸을 한기(寒氣)로 떨다가 이윽고 몸을 움직이며 말하기를

'낭군은 진실로 가련(可憐)하도다. 맞지 않는 계책(計策)으로 이루기 어려운 일을 하고자 하니 다만 그 뜻을 이루지 못할 뿐만 아니라 삼 년이 못 되어 황천(黃泉) 사람이 되리라.'

진사가 울며 사례하여 말하기를

'그대가 비록 말하지 않아도 나 또한 아는 일이다. 하지만 가슴에 원(怨)이 맺힌지라 백약(百藥)으로 풀지 못하리로다. 만약 신무(神巫)[88]로 인하여 요행히 척소(尺素)[89]를 전할 수만 있다면 죽어도 또한 영광이 되리로다.'

무녀 가로되

'비천한 무녀 비록 신사(神祀)[90]로 인하여 간혹 출입이 있으나 부르는 명(命)이 없으면 감히 들어가지 못합니다만, 그러나 낭군을 위하여 한 번 가 보겠습니다.'

진사가 품안에서 한 봉서(封書)를 내어 주며 말하기를

'삼가 잘못 전하여 화(禍)의 기틀을 만들지 말라.'

무녀가 궁문으로 들어간 즉 궁중 사람들이 모두 괴이히 여기거늘 무녀가 다른 말로 대답하고 틈을 타서 눈짓으로 첩을 뒤뜰 사람 없는 곳으로 이끌어 봉서를 주었습니다. 첩이 방으로 돌아와 열어보니 그 편지에 하였으되

'그대를 한 번 눈으로 보고부터 마음이 날고 혼이 흩어져 능히 뜻을 정하지 못하고 매양 성(城) 서편을 향하매 거의 촌장(寸腸)이 끊어지도다. 일찍이 벽 틈으로 전해준 글로 인하여 잊을 수 없는 옥음(玉音)을 공경하여

---

87. 신령(神靈)을 모신 자리.
88. 신령한 무녀.
89. 편지. 소(素)는 비단으로 옛날에는 편지를 비단에 썼음.
90. 신을 모신 사당(祠堂). 여기서는 신에게 제사를 올리는 일의 뜻.

받들었는데, 다 열기도 전에 목이 메어 반(半)도 읽지 않아 눈물이 떨어져 글자를 적시는지라, 이로부터는 잠을 자도 이루지 못하고 밥을 먹어도 삼키지 못하여 병(病)이 고황(膏肓)[91]에 들매 백약이 무효한지라 구천에서나 볼 수 있으려니와, 오직 바라기는 갑자기 죽기를 원하노라. 창천(蒼天)[92]이 불쌍히 여기시고 귀신이 도우셔서 혹시 생전에 이 한(恨)을 씻게 하시면 마땅히 몸을 빻고 뼈를 갈아 천지신령(天地神靈)께 제(祭)하리로다. 종이를 임하매 목이 메어 무릇 다시 무슨 말을 하리오. 불비근서(不備謹書)[93]'

그리고 글 아래 다시 칠운(七韻) 한 수를 지었으니 시에 이르기를

누각(樓閣)이 겹겹인데 저녁에 문 닫혔으니

나무 그늘과 구름 그림자가 모두 희미하도다.

떨어진 꽃과 흐르는 물은 도랑을 따라 나왔고

어린 제비는 진흙을 물고 난간 위로 돌아가도다.

베개를 의지하여 호접몽(胡蝶夢)을 이루지 못하니

눈을 돌려 공연히 소식 없음을 바라보도다.

옥 같은 얼굴이 눈앞에 있으나 어찌 말이 없느뇨.

초록 앵무 우는 소리에 눈물이 옷을 적시는도다.

첩이 보기를 다함에 소리가 끊기고 기운이 막혀, 입으로 말을 하지 못하고 눈물이 다하매 피가 나는지라 병풍 뒤에 몸을 감추고 오직 남이 알까 두려워했습니다. 이로부터 그 후로는 잠시도 잊을 수가 없어 미친 듯 취한 듯하여 자연 사색(辭色)에 나타나니 주군이 의심하고 사람들이 괴이하게 여김이 실로 없지 않았습니다. 자란도 또한 원한이 있는 여자라 이

---

91. 명치. 침이나 약으로 고치지 못하는 곳.
92. 푸른 하늘. 즉, 하느님.
93. 예(禮)를 갖추지 못하고 삼가 쓴다는 뜻으로 편지 끝에 부치는 말.

말을 듣고는 눈물을 머금고 가로되

　'시는 성정(性情)에서 나오는 것이니 가히 속이지 못할 것이다.'

라 하였습니다.

　하루는 대군이 취취를 불러 말하기를

　'너희들 십인이 같이 한 집에 있어 공부에 전일(專一)치 못하니 마땅히 오인을 갈라 서궁(西宮)에 두리라.'

하신즉 첩과 자란, 은섬, 옥녀, 비취는 그날로 옮겼습니다. 옥녀가 말하기를

　'그윽한 꽃과 고운 풀이며 흐르는 물과 꽃다운 수풀이 정히 산가(山家) 야장(野庄) 같으니 참으로 이른바 독서당(讀書堂)이로다.'

하니 첩이 답해 가로되

　'이미 사인(舍人)[94]도 아니요 또한 비구니도 아니거늘 이 심궁(深宮)에 갇히니 참으로 이른바 장신궁(長身宮)[95]이로다.'

하니 좌우가 한숨 쉬고 탄식하지 않는 이가 없었습니다.

　그 후 첩이 글 하나를 써서 진사에게 전하려고 지성으로 무녀를 대접하고 청하기를 심히 간절히 했건만 끝내 오려고 하지 않은 것은, 대개 진사가 그녀에게 뜻이 없는 것에 대한 유감이 없지 않은 때문이었습니다.

　하루 저녁에는 자란이 첩에게 가만히 말하되

　'궁중 사람들이 매년 중추(仲秋)[96]에는 당춘대(湯春臺)[97] 아래 물에 가서 완사(浣紗)[98]하고 이어 술자리를 갖고 파하는지라. 금년에는 소격서동(昭格署洞)[99]으로 정하고 왕래하다가 그 무녀를 찾아본다면 가장 좋은 방책이

---

94. 궁내(宮內)의 근시(近侍)의 벼슬.

95. 한대(漢代)의 태후(太后)의 궁.

96. 음력 8월.

97. 세검정(洗劍亭) 가까이에 있던 대사(臺榭).

98. 깁을 빠는 일.

99. 도교(道敎)의 삼청전(三淸殿)에서 지내는 제사를 주관하던 관청인 소격서(昭格署)가 있던 곳. 오늘날의 종로구 소격동(昭格洞).

되리라.'

하거늘 첩이 그렇게 여겨 중추 오기를 괴로이 기다릴 제 하루 지냄이 삼추(三秋) 같았습니다. 취취가 그 말을 엿듣고 거짓 모르는 척하며 첩에게 말하기를

'네가 처음에 올 때에는 안색이 배꽃 같아서 연지분을 바르지 않아도 천연작약(天然綽約)한 태(態)가 있는 고로 궁중 사람들이 괵국부인(虢國夫人)[100]이라 칭하더니, 요즘은 용색이 틀리고 점점 처음과 같지 않으니 이 무슨 까닭인고?'

하거늘 첩이 대답해 가로되

'본래 타고난 기질이 허약한지라 매번 염절(炎節)[101]을 당하면 대개 서갈지병(暑渴之病)[102]이 있어 그런지라 이제 오동잎이 지고 수놓은 휘장에 서늘한 기운이 돌면 자연 조금 나으리라.'

하니 취취가 장난으로 시 한 수를 지어 주었는데 희롱하는 태가 아님이 없었으나 의사(意思)가 절묘한지라 첩은 그 재주를 기특히 여기면서도 그 놀리는 것이 부끄러웠습니다.

세월은 흘러 몇 개월이 지나매 때는 청추(淸秋)[103]에 가까운지라 서늘한 바람이 저녁에 이니 국화는 노란 빛을 토하고 풀벌레는 소리를 거두고 흰 달이 빛을 흘리는지라. 첩은 서궁 사람들에게는 이미 숨길 수 없음을 알고 사실을 고하고 말하기를

'원컨대 남궁 사람들은 모르게 하라.'

이때 나그네 기러기는 남(南)으로 날고 옥 같은 이슬은 방울방울 모이니 맑은 시내에 완사하는 바로 그때라 궁인들과 더불어 날짜를 분명히 정하

---

100. 당(唐) 현종(玄宗)의 비(妃)인 양귀비(楊貴妃)의 언니.
101. 여름철.
102. 목이 잘 타는 병.
103. 음력 8월.

려고 갑론을박(甲論乙駁)하였으나 완사할 곳을 정하지는 못하였습니다. 남궁 사람들은 말하기를

'맑은 시내와 흰 돌은 탕춘대 아래에 지날 곳이 없다.'

하고 서궁 사람들은 말하기를

'소격서동의 물과 돌이 문 밖에 뒤지지 않거늘 어찌 반드시 가까운 데를 버리고 먼 데를 구하리오.'

하였지만 남궁 사람들이 고집하고 허락지 않아 정하지 못하고 파하였습니다.

그날 밤에 자란이 말하기를

'남궁·오인 중에 소옥이 주론(主論)이니 내가 기이한 계책으로 가히 그 뜻을 돌리겠노라.'

하고 옥등(玉燈)으로 길을 밝히고 남궁에 이르니 금련이 기뻐 맞이하며 말하기를

'한 번 서남으로 나뉘매 진초(秦楚)가 격(隔)한 것 같더니 뜻하지 않게 오늘 저녁에 옥체(玉體)가 왕림하시니 후의에 깊이 감사드립니다.'

소옥이 말하기를

'무슨 사례함이 있으리오. 이는 세객(說客)[104]이니라.'

하니 자란이 옷깃을 여미고 정색하여 가로되

'남의 마음을 내가 헤아려 짐작한다 하였으니 그대를 두고 이름이로다.'

소옥이 가로되

'서궁 사람들이 소격서동으로 가고자 하거늘 나 홀로 고집하는 고로 네가 밤중에 찾아 온 것이니 세객이라 함이 또한 옳지 아니하랴.'

자란이 가로되

'서궁 오인 중에 내가 홀로 성내(城內)로 가려 하노라.'

---

104. 능숙한 말솜씨로 유세(遊說)하러 다니는 사람. 유세객(遊說客).

소옥이 말하기를

'홀로 성내를 생각한다니 그 무슨 뜻이고.'

자란이 말하기를

'내 듣건대 소격서동은 하늘 및 성신(星辰)께 제(祭)하는 곳이요, 동명(洞名)이 삼청(三淸)인즉 우리 무리 열 사람이 반드시 삼청선녀로서 황정경(黃庭經)[105]을 잘못 읽고 인간에 적하(謫下)한지라 이미 진세(塵世)에 있을진대 산가야촌(山家野村)과 농서어점(農墅漁店)[106] 어느 곳이 불가하리오마는 굳게 심궁에 갇혀있어 농중(籠中)[107]에 있는 새 같은지라 누런 꾀꼬리 소리를 들으면 탄식하고 푸른 버들을 대하면 흐느낄 뿐이라 심지어는 어린 제비도 쌍으로 날고 깃드는 새도 짝으로 자고 풀에도 합환초(合歡草)[108]가 있고 나무에도 연리지(連理枝)[109]가 있는지라 무지(無知)한 초목과 지미(至微)한[110] 금수도 또한 음양을 품수(稟受)하여[111] 서로 즐김이 없지 않은데 우리 십인은 홀로 무슨 죄가 있어 적막한 심궁에 일신이 길이 갇혀 춘화추월(春花秋月)에 등(燈)을 짝하여 혼을 녹이고, 헛되이 젊은 날을 버리고 공연히 황양(黃壤)[112]의 한(恨)을 끼칠지라 부명(賦命)의 박함이 어찌 이리도 심하랴! 인생이 한 번 늙으매 다시 젊어지지는 못하리니 그대는 다시 생각해 보라. 어찌 슬프지 않으리오. 이제 가히 청천(淸川)에 목욕하여 그 몸을 깨끗이 하고 태을사(太乙祠)에 들어가 고두백배(叩頭百拜)하고 손을 모아 축수(祝手)하기를 하늘의 도우심을 받아 내세(來世)에는 이러한 괴로움

---

105. 도교(道敎)의 경전(經典).
106. 농촌과 어촌.
107. 새장 속.
108. 낮에는 줄기가 백 가닥으로 나누이고 밤에는 합하여 한 줄기가 된다는 풀.
109. 두 나무의 가지가 접하여 하나가 된 나무.
110. 지극히 미천한.
111. 가지고 태어나서.
112. 죽어서 땅에 묻힘.

을 면키를 바람이라 어찌 다른 뜻이 있으리오. 무릇 우리 궁 사람들과 그대들은 정이 동기(同氣)와 같거늘 이 한 가지 일로 인하여 마땅히 의심치 않을 곳에서 사람을 의심하느냐. 내가 생각이 깊지 못한 연고로 말에 믿음이 보이지 않은 까닭이로다.'

소옥이 일어나 사례하며 말하기를

'내 홀로 사리에 밝지 못한 것이 그대에 미치지 못함이 멀도다. 처음에 성내로 가기를 허락지 않음은 성중에는 본디 무뢰배와 협객들이 많아서 뜻밖에 강폭(强暴)의 욕(辱)이 있을까 염려하여 의심함이더니 이제 그대 능히 나로 하여금 이내 사리(事理)를 알게 하니 이제부터는 백일승천(白日昇天)한다고 해도 나는 쫓을 것이요, 강을 건너고 바다로 든다고 해도 또한 가히 쫓을 것이다. 소위 인인성사(因人成事)[113]라 하였으니 그 일을 이룸에는 한 가지로다.'

부용이 가로되

'범사(凡事)에 마음이 정하여야 마음도 정하는지라 둘이 다투어 밤이 다하도록 결정하지 못하니 일이 순조롭지 않음이요, 한 집안의 일을 주군이 알지 못하고 복첩(僕妾)들이 은밀히 의론하니 마음이 충성되지 못함이요, 종일 다투었던 바 일이 밤이 반이 안 되어 변하니 사람이 미쁘지 않음이요, 또한 청추(淸湫)와 옥천(玉川)이 없는 곳이 없는데 반드시 사당(祠堂) 근처로 가려 하니 의당치 않음이요, 비해당 앞이 수청석백(水淸石白)하여 매해 이곳에서 완사를 했는데 이제 바꾸고자 하니 또한 옳지 않음이라. 한 가지 일에 다섯 가지 잘못이 있으니 첩은 따르지 않겠노라.'

보련이 가로되

'말은 몸을 빛내는 도구여서 삼가고 삼가지 않음에 따라 경사와 재앙이 따르는지라 이러므로 군자는 그것을 신중히 하고 입을 지키기를 병을 틀

---

113. 사람으로 인하여 일을 이룸.

어막듯 하는 것이다. 한(漢)나라 때 병길(丙吉)[114]과 장상여(張相如)[115]는 종일토록 말하지 않고도 일을 이루지 않음이 없었고, 색부(嗇夫)[116]는 구변(口辯)이 뛰어났어도 장석지(張釋之)가 헐뜯었는지라, 첩이 보건대 자란의 말은 은은(隱隱)하되 발(發)하지 않고, 소옥의 말은 강하게 권면하여 좇고, 부용의 말은 글로 꾸미기에 힘쓰니 모두 내 뜻에 맞지 않는지라 나는 함께하지 않겠노라.'

금련이 가로되

'오늘 밤의 의론이 끝내 하나로 정해지지 않으니 나는 장차 점(占)을 쳐 보리라.'

하고 즉시 희경(羲經)[117]을 펼쳐놓고 점을 치더니 괘(卦)를 얻어 풀이하여 말하기를

'내일 운영은 반드시 장부(丈夫)를 만나리라. 운영은 용모와 거지(擧止)가 인간세상의 자가 아닌 것 같아 주군이 마음을 기울인 지 오래이나 운영은 죽기로 거절하니 이는 다름이 아니라 부인의 은혜를 차마 저버리지 못함이라. 주군의 위령(威令)[118]이 비록 엄하지만 운영의 몸이 상할까 두려운 까닭으로 감히 가까이하지 못하신지라, 이제 이 적막한 곳을 버리고 저 번화한 땅으로 가고자 하니 유협소년(遊俠少年)들이 그 자색(姿色)을 보면 반드시 넋을 잃고 미치려고 하는 자가 있을 것이니 비록 서로 가까이하지 않아도 손으로 가리키고 눈길만 주어도 이 또한 욕이라. 전일(前日) 주군께서 하령(下令)하여 가로되

---

114. 한(漢) 선제(宣帝)때의 명재상(名宰相).
115. 미상(未詳).
116. 지위가 낮은 벼슬명. 한(漢) 문제(文帝)가 구변이 좋은 한 색부(嗇夫)를 기용하려고 하였으나 장석지(張釋之)가 이를 반대하였다 함.
117. 복희씨(伏羲氏)가 처음으로 팔괘(八卦)를 만든 데서 역경(易經)을 희경(羲經)이라고도 함.
118. 위엄 있는 명령.

-궁녀가 문을 나가거나 외인이 그 이름을 알면 그 죄는 모두 죽을 것이다.

하셨으니 이번에 가는 것은 나는 함께하지 않을 것이다.'

하거늘 자란이 일이 되지 않을 것을 알고 무연불락(憮然不樂)[119]하여 바야흐로 작별하고 돌아가려 하니 비경이 울며 비단 띠를 잡아 억지로 머물게 하고 앵무잔에 운유주(雲乳酒)를 따라 권하니 좌우가 모두 마셨습니다.

금련이 말하기를

'오늘 저녁의 모임은 종용(從容)[120]에 힘쓰는 것이거늘 비경의 울음은 실로 걱정스럽도다.'

하니 비경이 말하기를

'처음 남궁에 있었을 때에 운영과의 사귐이 매우 친밀하여 사생(死生) 영욕(榮辱)을 함께하기로 약속하였더니 지금 비록 따로 살지만 어찌 차마 잊으리오. 전일에 주군 앞에 문안할 때 당전(堂前)에서 운영을 보니 가는 허리는 더 가늘어졌고 용색은 초췌하고 음성은 실같이 가늘어서 입 밖으로 나오지 않는 것 같은지라. 절하고 일어날 제 힘이 없어 땅에 쓰러지거늘 첩이 부축하여 일으키고 좋은 말로 위로하니 운영이 답해 가로되

-불행히 병이 들어 조석으로 장차 죽으리니 첩의 박명은 죽어도 아깝지 않으나 구인의 문장의 아름다움이 날로 더해 가매 훗날 아름다운 시문(詩文)이 한 세상을 울릴 것이나 첩은 보지 못하리니 이로써 슬픔을 금하지 못하겠노라.

하니 그 말이 자못 극히 처량한지라 첩은 그녀를 위해 눈물을 흘렸다. 지금 와서 생각하니 그 병은 실로 생각하는 바에 있던 것이었도다. 슬프다! 자란아! 운영의 친구야! 거의 죽게 된 사람을 천단(天壇) 위에 두려고 하니 또한 어렵지 아니하랴. 오늘의 계(計)는 만약 이루지 못하면 천양(泉壤)[121]

---

119. 허탈하여 즐겁지 않음.
120. 차분하고 침착함.
121. 저승. 구천(九泉).

의 아래에서 죽어도 명목(瞑目)¹²²지 못할 것이요 원(怨)이 남궁으로 돌아올 것이니 그것을 행할 수 있겠느냐? 글에 이르기를

-선(善)을 행하면 백가지 상서(祥瑞)를 내리고 불선(不善)을 행하면 백가지 재앙(災殃)을 내린다.

하였으니 지금 이 의론은 선한 것이냐 불선한 것이냐?'

소옥이 가로되

'첩은 이미 허락하였고 삼인의 뜻도 이미 순(順)하였거늘 어찌 가히 중도(中途)에서 폐하느냐. 설혹 일이 샌다 해도 운영 홀로 그 죄를 입을지니 타인이야 어떠하리오. 첩은 다시 말하지 않고 마땅히 운영을 위해 죽으리라.'

하니 자란이 가로되

'좇는 자가 반이요 좇지 않는 자가 반이니 일이 이루어지지 않으리라.'

하고 일어나려다가 다시 앉아 다시 그 뜻을 살피니 혹여 좇고자 하나 두 말이 되어 부끄러워하는지라 자란이 이르되

'천하의 일에는 정도(正道)도 있고 권도(權道)¹²³도 있는데 권도가 잘 맞으면 이 또한 정도라. 어찌 변통(變通)하는 권도가 없이 전언(前言)만 굳게 지킨단 말이냐.'

하니 좌우가 일시에 좇는지라 자란이 말하기를

'내가 구변이 좋은 것이 아니라 남을 위하여 일을 꾀함에 정성을 다하지 않으면 안 되었던 것뿐이다.'

비경이 가로되

'옛적 소진(蘇秦)¹²⁴은 육국(六國)으로 하여금 합종(合從)케 하였는데 이제 자란은 능히 오인으로 하여금 승순(承順)케 하니 가히 변사(辯士)라 이

---

122. 눈을 감다.
123. 수단은 옳지 않으나 목적은 옳은 처리방식. 임기응변의 수단.
124. 전국시대(戰國時代)의 책사(策士). 여섯 나라가 동맹하여 진(秦)에 대항해야 한다는 합종설(合從說)을 폈음.

르리로다.'

　자란이 가로되

　'소진은 능히 육국의 승상인(丞相印)을 찾지만 이제 나에게는 무엇을 주려 하느냐.'

　금련이 가로되

　'합종함은 육국에 이(利)가 되지만 이제 승순함은 우리 오인에게 무슨 이(利)가 되겠는가.'

하니 서로를 대하여 크게 웃었습니다.

　자란이 말하기를

　'남궁 사람들이 모두 착하여 능히 운영으로 하여금 거의 죽은 목숨을 다시 잇게 하였으니 어찌 절하지 않으리오.'

하고 이에 일어나 재배(再拜)하니 소옥 또한 일어나 절하였습니다. 그러자 자란은

　'오늘의 일을 오인이 좇은지라 위로 하늘이 있고, 아래로 땅이 있으며, 등촉(燈燭)이 비추고, 귀신이 임하였으니 내일 어찌 다른 뜻이 있으리오.'

하고 일어나 절하고 가거늘 오인도 모두 중문 밖까지 나와 절하고 보내었습니다.

　자란이 첩에게 돌아오니 첩이 벽을 붙삽고 일어나 재배하고 사례하여 말하기를

　'나를 낳은 자는 부모요 나를 살린 자는 낭자라. 맹세컨대 땅에 들어가기 전에 이 은혜를 갚으리라.'

하고 앉아서 아침을 기다렸더니 소옥과 남궁 사인(四人)이 들어와 문안하고 물러나 중당(中堂)에 모였습니다.

　소옥이 가로되

　'하늘이 명랑하고 물이 차니 정히 완사할 때라. 오늘 소격서동에 휘장

을 배설코자 하는데 좋겠느냐?'

하니 팔인(八人)이 모두 이론(異論)이 없었습니다.

첩이 물러나 서궁으로 돌아와 흰 비단 적삼에 가슴 가득한 애원(哀怨)을 써서 품에 넣고, 자란과 함께 고의(故意)로 뒤떨어져서는 종자(從者)에게 이르기를

'동문 밖 무녀가 가장 영험하다 하니 우리 그 집에 가서 병(病)좀 묻고 가야겠다.'

종자가 그 말과 같이 하여 그 집에 이른지라 부드러운 말로 애걸(哀乞)하여 가로되

'오늘 온 것은 본디 김진사를 한 번 보고자 함이니 가히 급히 통하여 주면 종신토록 은혜를 갚으리라.'

무녀가 그 말대로 사람을 보내니 진사가 넘어질 듯 이르렀습니다. 두 사람이 서로 보고는 한 마디 말도 못하고 다만 눈물만 흘릴 뿐이었습니다. 첩은 봉서(封書)를 낭군에게 주면서 이르되

'저녁에 마땅히 돌아올 것이니 낭군은 여기에 머물러 기다리소서.'

하고 즉시 말에 올라 떠났습니다.

진사가 봉서를 열어 보니 그 글에 하였으되

'지난번 무산신녀(巫山神女)[125]가 한 봉의 글을 전해주매 보니 낭랑(朗朗)한 옥음(玉音)이 만지(滿紙)에 곡진한지라, 공경하여 세 차례 받들매 슬픔과 기쁨이 교차하여 뜻을 스스로 정하지 못하였습니다. 즉시 답서코자 하였으나 이미 신편(信便)이 없고 또한 누설될까 두려움이라. 목을 늘여 멀리 바라보기만 할 뿐 날고자 하나 날개가 없어 창자는 끊어지고 혼은 녹아 다만 죽을 날만 기다리고 있습니다. 죽기 전에 이 척소(尺素)에 의지하여 평생의 회포를 다 토하옵나니, 엎드려 원하건대 낭군께서는 마음을 머

---

125. 무산(巫山)의 선녀(仙女). 초양왕(楚襄王)의 고사(故事)에 나옴.

무소서. 첩의 고향이 남방(南方)이라 부모가 첩을 사랑함이 여러 자식 중에 치우쳐서 나가 놀매 그 하고자 하는 대로 맡기셔서 원림(園林)[126]과 수애(水涯)[127], 매죽귤유(梅竹橘柚)[128]의 그늘에서 날마다 노는 것을 일로 삼았습니다. 물가에서 낚시하는 무리들이며 소치기를 마치고 피리를 희롱하는 아이들을 아침부터 저물녘까지 보며 지냈으니 그 밖에 산야(山野)의 아름다움과 시골집의 흥취에 대하여는 이루 다 말씀드리기 어렵습니다. 부모가 처음에는 삼강행실(三綱行實)과 칠언당시(七言唐詩)를 가르치시더니 나이 열셋에 주군이 부른 까닭으로 부모를 이별하고 형제를 멀리하고 궁문에 들어오매 돌아가기를 생각하는 마음을 금치 못하여 날마다 봉두구면(蓬頭垢面)[129]과 남루의상(襤褸衣裳)[130]으로 보는 사람의 더러이 여기는 바가 되려 하더니 뜰에 엎드려 우니 궁인이 말하기를 한 떨기 연꽃이 뜰 가운데 저절로 났다고 하였습니다. 부인이 사랑하심이 기출(己出)[131]과 다르지 않고 주군 또한 심상히 보지 않으시며 궁중 사람들이 골육처럼 친애(親愛)하지 않음이 없더니 한 번 학문을 익히고부터는 자못 의리(義理)를 알고 능히 음률(音律)을 살피는 고로 궁인들이 경복(敬服)하지 않는 이가 없었습니다. 서궁으로 옮긴 후로는 금서(琴書)에 전일(專一)하매 짓는 바가 더욱 깊은지라 무릇 빈객이 지은 바 글이 하나도 눈에 들지 않았으니 그 재주의 능함이 이와 같았습니다. 남자가 되어 입신양명하지 못함을 한(恨)하고, 홍안박명의 몸이 되어 한 번 심궁에 갇혀 끝내 죽어 감을 한할 뿐이니 어찌 슬프지 않겠습니까. 인생이 한 번 죽은 뒤에는 누가 다시 알리오. 이로써 한이 마음구석에 맺히고 원이 가슴 속에 쌓여 매양 수(繡)를

---

126. 동산에 있는 숲.
127. 물가.
128. 매화나무, 대나무, 귤나무, 유자나무.
129. 헝클어진 머리와 때 묻은 얼굴.
130. 남루한 옷.
131. 자기가 낳은 자식.

놓다가도 멈추고 마음을 등화(燈火)에 맡기며, 비단을 짜다가도 북을 던지고 틀에서 내리며, 비단 휘장을 찢고, 옥비녀를 꺾고, 잠깐 주흥(酒興)이 나면 벗어나 산보하다가 섬돌의 꽃도 따고 뜰의 풀도 꺾으며 여취여광(如醉如狂)[132]하여 정(情)을 스스로 억제치 못하더니, 지난 해 가을밤에 한 번 군자의 옥용(玉容)을 보매 천상 신선이 진세에 적하한 것인가 여겼습니다. 첩의 용색도 구인보다 가장 뛰어남이 있더니 무슨 숙세(宿世)의 인연이 있어 붓끝의 한 점이 끝내 가슴 속 원한을 맺는 빌미를 만들고, 발 사이로 바라봄으로써 부부의 연(緣)을 짓고, 꿈속에서 봄으로써 장차 잊지 못할 은혜를 이을 줄 어찌 알았겠습니까. 비록 한 번의 이불속 즐김이 없으나, 옥모수용(玉貌秀容)이 황홀히 안중(眼中)에 있어 이화(梨花)에 두견이 우는 소리와 오동(梧桐)에 밤비 오는 소리를 차마 듣지 못하고, 뜰 앞에 가는 풀이 자라는 것과 하늘가에 외로운 구름이 나는 것을 차마 보지 못하는지라 혹 병풍에 의지하여 앉으며, 혹은 난간에 기대어 서서 가슴을 치고 발을 굴러 홀로 창천(蒼天)에 하소연할 뿐이거늘 낭군 또한 첩을 생각하고 계신지 모르겠습니다. 다만 한(恨)하기는 이 몸이 낭군을 보기 전에 먼저 죽으면 지로천황(地老天荒)할지라도[133] 이 정은 다하지 못할지라. 오늘 완사하는 길에 양궁(兩宮) 시녀가 다 모였으매 이곳에 오래 머물지 못할지라. 눈물이 먹물에 섞이고 혼이 비단실에 맺히는지라 엎드려 바라건대 낭군은 한 번 굽어 살펴 주십시오. 또한 졸렬한 글로써 전서(前書)에 삼가 답하오니 이를 농으로 여기지 않으신다면 애오라지 좋은 뜻으로 마음속에 간직하겠습니다.'

하니 그 글인즉 상추(傷秋)의 글이었고 그 시인즉 상사(相思)의 시였습니다.

이날 저녁에 올 때에 자란과 첩이 또 먼저 나가서 동문(東門)으로 향한

---

132. 취한 듯 미친 듯.
133. 땅이 늙고 하늘이 거칠어지더라도. 즉 아무리 세월이 흘러도.

즉 소옥이 미소 지으며 시 한 수를 지어 주니 첩을 기롱(譏弄)하는 뜻이
아님이 없는지라. 첩이 마음속으로 부끄러웠으나 참고 받아보니 그 시에
하였으되

> 태을사 앞에는 한 물이 둘렀고
>
> 천단(天壇)에 구름이 다하니 구문(九門)이 열렸도다.
>
> 가는 허리가 미친바람에 급함을 이기지 못하였으니
>
> 잠시 수풀 가운데 피하였다가 날이 저물어 돌아오도다.

　자란이 즉시 차운(次韻)하고, 비취∧옥녀가 서로 이어 차운하니 또한 모
두 첩을 기롱하는 뜻이었습니다.

　첩이 말을 타고 먼저 와서 무녀의 집에 이른즉 무녀는 뚜렷이 화가 난
얼굴로 벽을 향해 앉아 기쁜 낯빛을 보이지 않고, 진사는 나삼(羅衫)[134]을
안고 종일 울어 상혼실성(喪魂失性)하여[135] 아직 첩이 온 것도 모르고 있었
습니다. 첩은 왼손에 끼고 있던 운남(雲南) 옥색(玉色)의 금가락지를 빼어
진사의 품 안에 넣어 주며 말하기를

　'낭군께서 첩을 비박(菲薄)[136]타 하지 않으시고 천금(千金)의 몸을 굽히
사 누사(陋舍)[137]에 오셔서 이렇게 기다리시니 첩이 비록 불민(不敏)[138]하나
또한 목석이 아닌지라 감히 죽음으로 허락지 않으리오. 첩이 만일 식언(食
言)하면 이 금가락지가 있으니 증표로 삼으소서.'

　갈 길이 총급(怱急)하여 일어나서 장차 이별할 새 눈물이 쏟아짐이 비

---

134. 얇고 가벼운 비단으로 만든 적삼.
135. 넋이 나가 실성하여.
136. 변변치 않음.
137. 누추한 집.
138. 어리석음.

와 같았습니다. 진사의 귀에 대고 말하기를

'첩은 서궁에 있으니 낭군께서 오십시오. 늦은 밤에 서쪽 담장을 넘어 들어오시면 삼생(三生)의 미진한 인연을 거의 가히 이을 수 있을 것입니다.'

말을 마치고 옷을 떨치고 가서 먼저 궁문으로 들어오니 팔인(八人)이 이어서 이르렀습니다.

그날 밤 이경(二更)[139]에 소옥과 비경이 초를 밝히고 서궁에 와서 말하기를

'낮에 지은 시는 무심히 지어진 것이지만 언사가 희잡(戲雜)한지라[140] 이로써 심야(深夜)를 피하지 않고 가시나무를 지고 와서[141] 사죄하노라.'

자란이 가로되

'오인(五人)의 시가 모두 남궁에서 나온 것이다. 한 번 분궁(分宮)한 뒤로는 자못 형적(形迹)이 당(唐)나라 때의 우이지당(牛李之黨)[142]과 같으니 어찌 그렇다 아니 하겠느뇨. 여자의 정(情)은 한가지라. 오래도록 이궁(離宮)에 갇혀 길이 외로운 그림자를 위로하여 대하는 것은 등촉(燈燭)일 뿐이요 하는 일은 현가(絃歌)일 뿐이라. 백화(百花)가 아름다움을 머금어 웃고 쌍연(雙燕)이 날개를 나란히 하여 희롱하되 박명(薄命)한 우리들은 한가지로 심궁에 갇혀 물색(物色)[143]을 보매 춘정(春情)을 상회(傷懷)할 뿐이니 그 마음이 어떠하리오. 조운(朝雲)과 모우(暮雨)[144]는 자주 초왕(楚王)의 꿈에 들어가고, 서왕모(西王母)는 몇 번이나 요대(瑤臺)[145]의 잔치에 참여하였느

---

139. 하룻밤을 오경(五更)으로 나눈 둘째. 저녁 9시에서 11시 사이. 을야(乙夜).
140. 장난스럽고 잡스러운지라.
141. 전국시대 조(趙)나라의 명장인 염파(簾波)가 상경(上卿)인 인상여(蘭相如)에게 가시나무를 지고 가서 빌었다는 고사에서 나온 것. 육단부형(肉袒負荊)이라 함.
142. 당(唐)나라때의 우당(牛黨)과 이당(李黨).
143. 자연의 경치.
144. 초양왕(楚襄王)과 하룻밤을 지낸 신녀(神女)는 무산(巫山)의 양대(陽臺) 위에서 아침에는 구름이 되고 저녁에는 비가 되었다고 함.
145. 옥으로 장식한 아름다운 누대(樓臺).

뇨. 여자의 뜻은 의당 다름이 없을지니 남궁 사람들이라 하여 어찌 홀로 항아(姮娥)[146]와 같이 괴로이 정절(貞節)만 지키어 영약(靈藥)의 도둑질을 뉘우치지 않으리오.'

비경과 옥녀가 모두 눈물 흘림을 금치 못하여 가로되

'한 사람의 마음이 곧 천하 사람의 마음이라. 이제 성교(盛敎)를 받드니 비감한 마음이 유연히 나는도다.'

하고 일어나 절하고 갔습니다.

첩이 자란에게 말하기를

'오늘 저녁 첩과 진사가 금석(金石)과 같은 약속을 한 것이 있는지라 오늘 만약 오지 않으면 내일은 반드시 담을 넘어 올 것이니, 온다면 무엇으로 대접하리오.'

자란이 말하기를

'비단 휘장이 중중(重重)하고 아름다운 자리가 찬란하며, 술이 강물 같고 고기가 산 같으니 오지 않으면 말려니와, 온즉 대접하기 무엇이 어려우랴.'

하더니 그날 밤에는 과연 오지 않았습니다.

진사가 가만히 그곳을 살핀즉 담장이 높고 험하여 몸에 날개가 없으면 이를 수 없는지라. 집으로 돌아와 답답하여 말이 없고 얼굴에 근심스런 빛이 있거늘 그 노복(奴僕)에 특(特)이라는 자가 본디 일컫기를 능(能)하면서 술수(術數)가 많다고 하더니 진사의 안색을 보고 나아와 꿇어 가로되

'진사님, 반드시 세상에 오래 계시지 아니 하시리로소이다.'

하고 뜰에 엎드려 울거늘 진사가 무릎 꿇고 그 손을 잡고 그 품은 생각을 다 말해 주니 특이 말하기를

'어찌 일찍이 이르지 않으셨습니까? 제가 마땅히 도모하리이다.'

---

146. 달에 산다는 선녀.

하고 즉시 사다리를 만드니 심히 경첩(輕捷)[147]하여 능히 접고 능히 펴는지라, 접으면 병풍을 접은 것 같고 펴면 오륙장(五六丈)[148] 가량이나 되었으나 가히 손바닥 위에서 움직일 만하였습니다.

특이 가르쳐 가로되

'이 사다리를 가지고 궁장(宮墻)[149]에 올라 다시 접었다가 안에다 펴고, 내려오실 때에도 또한 이와 같이 하소서.'

진사가 특으로 하여금 뜰에서 시험해 보게 하였더니 과연 그 말과 같은지라 진사가 매우 기뻐 그날 저녁에 장차 가려 할 때 특이 또 품안으로부터 표범 가죽으로 만든 버선을 꺼내어 주며 말하기를

'이것이 아니면 넘기 어려울 것입니다.'

진사가 신고 걸으니 가볍기가 나는 새와 같고 밟아도 발소리가 없는지라 진사가 그 계략을 써서 담장을 넘어 들어가 대숲 가운데 엎드려 있더니 달빛은 낮과 같고 궁중은 적요(寂寥)했습니다. 조금 있으려니까 한 사람이 안에서 나와 산보하며 작은 소리로 시를 읊조리거늘 진사가 대를 헤치고 머리를 내어 말하기를

'어떠한 사람이 이곳에 왔는가?'

그 사람이 웃으며 답하기를

'낭군님 나오소서! 낭군님 나오소서!'

하는지라 진사가 바삐 나아가서 읍하며 가로되

'나이 어린 사람이 풍류의 흥을 이기지 못하여 만 번 죽을죄를 범함을 무릅쓰고 감히 이에 이르렀으니 원컨대 낭자는 나를 불쌍히 여겨 주시오.'

자란이 말하기를

---

147. 가볍고 민첩함.
148. 장(丈)은 길이의 단위. 한 장(丈)은 어른 키 정도의 길이.
149. 궁궐 담.

'진사가 오심을 고대(苦待)한 것이 대한(大旱)[150]에 운예(雲霓)[151] 바라듯 하더니 이제 다행히 뵙게 되니 첩 등은 살았습니다. 낭군은 원컨대 의심하지 마십시오.'

하고 즉시 인도하여 들어가거늘 진사는 층계를 오르고 굽은 난간을 돌아 어깨를 움츠리고 들어갔습니다.

첩은 사창(紗窓)[152]을 열고 옥등(玉燈)을 밝히고 앉아, 짐승 모양의 금향로(金香爐)에 울금향(鬱金香)을 피우고, 유리서안(琉璃書案)[153]에 태평광기(太平廣記)[154] 한 권을 펼쳐놓고 있다가 진사가 이르는 것을 보고 일어나 맞이하여 절하였습니다. 낭군 또한 답배(答拜)를 하고 빈주(賓主)[155]의 예로써 동서(東西)로 나누어 앉아 자란으로 하여금 진수기찬(珍饈奇饌)[156]을 차리게 하고 자하주(紫霞酒)를 따라 마셨습니다. 술이 세 순배가 돌자 진사가 거짓 취한 척하고 말하기를

'밤이 얼마나 되었소?'

하니 자란이 그 뜻을 알고 휘장을 드리우고 문을 닫고 나가거늘 첩은 등불을 끄고 함께 누웠으니 그 즐거움을 가히 알지라. 밤이 이미 다하고 닭의 무리가 새벽을 알리니 진사가 일어나 갔습니다. 이로부터 이후로는 어두우면 들어오고 새벽이면 나가서 그러지 않은 저녁이 없으매 즐거움은 깊어지고 마음은 노타워져서 스스로 그칠 줄을 모르더니, 담장 안 눈 위에 발자국이 파다(頗多)한지라 궁인들이 모두 그 출입하는 것을 알고 위태로이 여기지 않는 이가 없었습니다.

---

150. 큰 가뭄.
151. 구름과 무지개.
152. 깁으로 바른 창(窓).
153. 유리를 깐 책상.
154. 중국 송(宋)나라 이전의 설화를 집대성한 책. 전체 500권.
155. 손님과 주인.
156. 진수성찬(珍羞盛饌)과 같은 뜻.

하루는 진사가 홀연히 좋은 일의 끝이 화(禍)의 기틀이 될까 근심하여 마음으로 크게 두려워 종일 즐겁지 않더니, 특이 밖으로부터 들어와 말하기를

'제 공(功)이 심대(甚大)하거늘 마침내 상(賞)을 논하지 않으시니 가(可)합니까?'

하니 진사가 가로되

'가슴에 새겨 잊지 않고 있으니 조만간 마땅히 큰 상을 주리라.'

특이 가로되

'이제 안색을 뵈오니 또한 근심이 있는 것 같사온데 무슨 까닭이신지요?'

진사가 가로되

'보지 않으면 병(病)이 심골(心骨)[157]에 있고, 보면 죄가 헤아릴 수 없는 곳에 있으니 어찌 근심하지 않겠느냐.'

특이 말하기를

'그렇다면 어찌 몰래 업고 달아나지 않으십니까?'

진사가 그렇게 여겨 그날 밤에 특의 계략으로 첩에게 고하여 가로되

'특의 됨됨이가 본디 지모(智謀)가 많은지라, 이와 같은 계략을 가르쳐 주니 그대의 뜻은 어떠한가.'

첩이 허락하여 가로되

'첩의 부모 가산(家産)이 가장 넉넉한지라 첩이 올 때에 의복과 보화를 많이 실어 왔고, 또한 주군이 주신 바도 매우 많으니 이를 버려두고 갈 수는 없습니다. 이제 그것들을 옮기고자 한다면 비록 말 열 필로도 다 옮길 수 없을 것입니다.'

진사가 돌아와 특에게 말하니 특이 크게 기뻐하며 말하기를

'뭐가 어려울 게 있겠습니까.'

---

157. 마음과 뼈.

진사가 가로되

'만일 그렇다면 계략은 장차 어찌 나오겠느냐?'

특이 가로되

'내 친구 역사(力士) 십칠인(十七人)이 날마다 강인(强靭)함으로 일을 삼으니 사람들이 능히 당할 이가 없는지라 저하고는 매우 가까우니 오직 명만 하면 이에 좇으리니 이 무리로 하여금 옮기게 하면 태산이라도 또한 가히 옮길 것입니다.'

진사가 들어와 첩에게 말하니 첩도 그렇게 여겨 밤마다 수습하여 칠일이 되는 날 밤에 밖으로 다 옮겼습니다.

특이 말하기를

'이와 같은 중보(重寶)를 본댁에 쌓아두면 큰 상전(上典)[158]께서 반드시 의심할 것이고 제 집에 쌓아두면 사람들이 반드시 의심할 것이니, 버리지 않으려면 산 속에 구덩이를 파서 깊이 묻고 튼튼히 지키면 될 것입니다.'

진사가 가로되

'만일 혹시 잃어버리기라도 한다면 나와 너는 도적의 이름을 면하기 어려우리니 너는 가히 신중히 지키도록 하라.'

특이 말하기를

'제 계략이 이처럼 깊고 제 벗이 이저럼 낳으매 천하에 어려운 일 없으니 무슨 두려울 것이 있겠습니까? 하물며 긴 칼을 가지고 밤낮으로 떠나지 않으면 제 눈은 도려갈 수 있어도 이 보화는 빼앗아갈 수 없고 제 다리는 잘라갈 수 있어도 이 보화는 가져갈 수 없으리니 원컨대 의심하지 마십시오.'

대개 특의 뜻은, 이 보화를 얻은 뒤에 첩과 진사를 산골짜기로 끌어들여 진사를 죽이고 첩과 재보(財寶)를 혼자 차지할 계략이었지만, 진사는

---

158. 김진사의 부친.

세상 물정 모르는 선비라 알지 못하였습니다.

대군이 전에 비해당(匪懈堂)을 짓고 아름다운 현판(懸板)을 얻고자 하였으나 제객(諸客)의 시가 모두 뜻에 차지 않은지라 진사를 억지로 청하여 잔치를 열고 한 수를 간구(懇求)하니 진사가 한 번 휘둘러 써 나아감에 글에는 점하나 더할 곳이 없고 산수(山水)의 경색(景色)과 당구(堂搆)의 형용을 다 나타내지 않음이 없어 가히 풍우(風雨)를 놀라게 하고 귀신을 울릴 만하였습니다.

대군이 구구절절(句句節節) 칭찬하며 말하기를

'뜻밖에 오늘 다시 왕자안(王子安)[159]을 보는도다!'

하고 읊기를 마지않더니 다만 한 구절 담을 따라 몰래 풍류곡(風流曲)을 훔친다는 말에 입을 멈추고 의심하는지라 진사가 일어나 절하고 가로되

'취하여 인사(人事)를 살피지 못하는지라 원컨대 물러가고자 하나이다.'

하니 대군이 동복(童僕)에게 명하여 부축하여 보내주었습니다.

이튿날 밤에 진사가 들어와 첩에게 말하기를

'가히 가야겠소. 어제 지은 시에 대군의 의심이 든지라 오늘밤에 가지 않으면 후환이 있을까 두렵소.'

첩이 대답하여 가로되

'어제 저녁 꿈에 한 사람을 보았는데 모습이 영악(獰惡)[160]하되, 자칭 모돈선우(冒頓單于)[161]라 하고 말하기를

-이미 숙약(宿約)[162]이 있는 고로 오래도록 장성(長城) 아래에서 기다리고 있노라.

하기에 깨닫고 놀라 일어났으니 꿈자리가 상서롭지 못함이 심히 괴이한지

---

159. 당대(唐代)의 문장가 왕발(王勃). 자안(子安)은 자(字).
160. 모질고 사나움.
161. 선우(單于)는 흉노(匈奴)의 추장을 이르는 명칭.
162. 묵은 약속.

라 낭군도 또한 그렇게 생각하십니까?'

하니 진사가 말하기를

'꿈속의 허탄(虛誕)[163]한 일을 어찌 믿을 수 있겠소.'

첩이 가로되

'그 말한 장성이란 것은 궁장(宮墻)이요 그 말한 모돈이란 자는 이 특이니 낭군은 이놈의 마음을 익히 아십니까?'

진사가 가로되

'이놈이 본디 완흉(頑兇)[164]하나 나에게는 전날 충성을 다했고 지금 낭자와 좋은 인연을 맺은 것도 모두 이놈의 계략이거늘 어찌 처음에는 충성을 다 바치고 뒤에 가서는 악행을 하리오.'

첩이 가로되

'낭군의 말씀이 이처럼 간절하시니 어찌 감히 사양하리오. 다만 자란은 정이 형제와 같으니 말하지 않을 수 없습니다.'

하고 즉시 자란을 불렀습니다. 세 사람이 마주앉아 첩이 진사의 계획을 말하니 자란이 크게 놀라 꾸짖어서 말하기를

'서로 즐긴 날이 오래매 아예 스스로 속히 화를 부르고자 하느냐! 한두 달 서로 사귄 것으로 또한 족하거늘 담을 넘어 도망함이 어찌 사람으로 차마 할 수 있는 일이리오. 주군이 뜻을 기울인지 이미 오래인 것이 그 가지 못할 하나요, 부인의 사랑하심이 심히 두터우심이 그 가지 못할 둘이요, 화(禍)가 양친(兩親)에 미침이 그 가지 못할 셋이요, 죄가 서궁에 미침이 그 가지 못할 넷이라. 또 천지는 하나의 그물이라, 하늘로 오르고 땅으로 들어가지 않은즉 도망한들 어디로 가리오. 만일 혹시 잡히기라도 하면 그 화가 어찌 네 한 몸에 그치겠느냐? 꿈자리가 상서롭지 않음은 모름

---

163. 거짓되고 미덥지 않음.
164. 성질이 억세고 모짐.

지기 말하지도 말고, 만약 혹시 길(吉)하다 한들 갈 수 있겠느냐? 마음을 굽히고 뜻을 억누르고, 정절을 지키면서 편안히 앉아 천명에 귀를 기울이느니만 같지 않으리라. 낭자가 만약 나이가 들어 모습이 쇠해지면 주군의 사랑도 점차 풀릴 것이니, 일의 형세를 보아 병을 칭하고 오래 누워 있은즉 반드시 고향으로 돌아감을 허락할 것이라. 이때를 당하여 낭군과 더불어 손잡고 같이 돌아가 함께 해로(偕老)하는 계책만한 것이 없으리니 그대는 이를 생각지 않는가. 이런 계략이 아니라면 네가 비록 사람은 속이더라도 감히 하늘을 속일 수가 있겠느냐.'

하니 진사는 일이 이루어지지 않음을 알고 탄식하며 눈물을 머금고 나갔습니다.

하루는 대군이 서궁 수헌(繡軒)에 나와 앉았는데 왜철쭉이 성(盛)하게 피었는지라 시녀들에게 명하여 각기 오언절구(五言絶句)를 지어 바치라 하시고는 바친 시를 보고 크게 칭찬하여 가로되

'너희들의 글이 일취월장하여 내가 심히 가상히 여기는도다. 그러나 다만 운영의 시에는 뚜렷이 사람을 생각하는 뜻이 있으니, 전일 부연의 시에서도 조금 그 뜻이 보였는데 지금 또 이와 같으니 네가 좇고자 하는 자가 누구냐? 김생(金生)의 상량문(上樑文)에 의아하고 이상한 구절이 있었는데 너 그 김생을 생각하느냐?'

하시니 첩은 즉시 뜰에 내려 머리를 땅에 부딪으며 울면서 가로되

'주군께 한 번 의심을 받고 즉시 자진(自盡)[165]코자 하였으나 나이가 이십이 안 되었고, 또한 다시 부모를 뵙지 아니하고 죽으면 구천(九泉) 아래 죽어서도 여한이 남을지라 삶을 훔쳐 이에 이르렀으나 이제 또 의심을 받으매 한 번 죽는 것이 무엇이 아까우리이까. 천지귀신이 환히 살피시고 시녀 오인이 잠시도 떨어지지 않았는데, 음탕하고 더러운 이름이 홀

---

165. 자결(自決).

로 첩에게 돌아오니 사는 것이 죽느니만 못한지라 첩은 이제 죽을 바를
얻었습니다.'

하고 즉시 나건(羅巾)으로 난간에서 목을 매니 자란이 말하기를

'주군께서 이처럼 영명(英明)[166]하사 죄 없는 시녀로 하여금 스스로 사지
(死地)로 나아가게 하시니 지금부터 이후로는 첩 등은 맹세코 붓을 잡아
글을 짓지 않겠습니다.'

하니 대군이 비록 매우 노(怒)했지만 마음속으로는 기실 저를 죽게 하지
않으려고 자란으로 하여금 첩을 구하여 죽지 않도록 하였습니다. 대군은
흰 비단 다섯 단(端)을 내어서 오인에게 나누어주며 말하기를

'제작(製作)이 가장 아름다운지라 이로써 상을 주노라.'

하셨습니다.

이로부터 진사는 다시는 출입하지 않고 문을 닫고 병들어 누워 눈물이
금침(衾枕)을 적셔 명(命)이 실오라기 같은지라 특이 와서 보고 가로되

'대장부가 죽으면 죽는 것이라. 어찌 차마 상사(相思)의 원한을 맺어 째
째하게 아녀자의 상회(傷懷)함을 본받아 스스로 천금의 몸을 던지고자 하
십니까? 이제 마땅히 계략으로 취(取)함이 어렵지 않으니, 깊은 밤 고요해
졌을 때에 담을 넘어 들어가 솜으로 그 입을 틀어막고 업고 넘어서 나오
면 누가 감히 저를 따르리오.'

진사가 가로되

'그 계략 또한 위태한지라 정성스럽게 두드림만 못할 것이다.'

진사가 그날 밤에 들어왔으나 첩은 병으로 일어나지 못하여 자란으로
하여금 맞아들이게 하였습니다. 술이 삼순배가 돌고 첩이 봉서(封書)를 맡
기며 말하기를

'이로부터 이후로는 다시는 보지 못하리니 삼생(三生)의 인연과 백년(百

---

166. 영민하고 총명함.

年)의 약속이 오늘 저녁으로 다했습니다. 혹여 천연(天緣)[167]이 끊어지지 않았다면 마땅히 가히 구천(九泉) 아래에서 서로 찾을 수 있을 것입니다.' 하니 진사가 편지를 안고 우두커니 서서 말없이 서로 바라보다가 가슴을 치고 눈물을 흘리며 나갔습니다. 자란은 그 참혹한 광경을 차마 보지 못하고 기둥에 기대어 몸을 감추고 눈물을 뿌리며 서 있었습니다. 진사가 집에 돌아와 열어 보니 글에 이르기를

 '박명한 첩 운영은 재배(再拜)드리며 김랑(金郞) 족하(足下)[168]께 말씀드립니다. 첩은 비박(菲薄)한 몸으로 불행히 낭군의 뜻이 머문바 되어 서로 생각한 것이 몇 날이며 서로 바란 것이 몇 번이던고. 다행히 하룻밤의 즐거움을 이루니 바다 같이 깊은 정을 다하기도 전에 인간의 좋은 일을 조물주가 시기(猜忌)하여 궁인들이 알고 주군이 의심하매 화(禍)가 조석으로 닥친지라 죽고 난 뒤일 것입니다. 엎드려 원컨대 낭군께서는 이 이별하는 밤에 천첩(賤妾)을 가슴속에 두어 마음을 상하게 하지 마시고, 학업에 힘쓰셔서 과거(科擧)에 급제(及第)하시고, 벼슬길에 오르시어 세상에 이름을 날림으로써 부모를 드러내시옵소서. 그리고 첩의 의복과 보화는 다 팔아서 부처께 공양하시고, 백반(百般)[169]으로 기축(祈祝)하고 지성(至誠)으로 발원(發願)하셔서 삼생의 미진한 연분(緣分)으로 하여금 후세에 다시 잇게 하신다면 더한 은혜가 없겠습니다.'

 진사가 다 보지 못하고 기절하여 땅에 넘어지거늘 집 사람들이 급히 구하여 비로소 소생(蘇生)한지라 특이 밖으로부터 들어와서 말하기를

 '궁인의 대답이 어떠하였기에 이처럼 죽으려 하십니까?'

 진사가 다른 말없이 다만 말하기를

 '재보를 너는 잘 지키고 있느냐? 내 장차 다 팔아서 부처께 정성을 드림

---

167. 하늘이 정해준 인연.
168. 같은 또래 사이에서 상대방을 높여 일컫는 말. 흔히 편지에서 상대방의 이름 아래에 씀.
169. 여러 가지.

으로 묵은 약속을 지키리라.'

특이 집에 돌아와 스스로 생각하여 가로되

'궁녀가 나오지 않으면 그 재보는 하늘이 내게 준 것이다.'

하고 벽을 향하여 몰래 웃었지만 그것을 아는 사람은 아무도 없었습니다.

하루는 특이 스스로 자기 옷을 찢고 자기의 코를 쳐서 그 흐르는 피로 온 몸에 바르고서는 머리를 풀어헤치고 맨발로 뛰어 들어와 뜰에 엎드려 울며 가로되

'소인이 강도(强盜)에게 맞아 이리 되었나이다.'

하며 다시 말하지 않고 기절한 척하거늘 진사가 특이 죽으면 보화를 묻은 곳을 모를까 염려하여 친히 약을 먹이고 여러 가지로 구활(救活)하여 주육(酒肉)을 공급하였더니 십여 일만에 일어나서 말하기를

'고단(孤單)한[170] 일신(一身)이 홀로 산중을 지켰더니 도적떼가 갑자기 달려들어 형세가 장차 쳐 죽일 기세라, 그러므로 목숨을 버리고 달아나서 겨우 실 같은 목숨은 보전했지만 만일 이 보화가 아니면 저에게 어찌 이와 같은 위험이 있으리오. 받은 목숨이 이처럼 험한데 왜 속히 죽지 않을꼬!'

하고 즉시 발로 땅을 구르고 주먹으로 가슴을 치며 우는지라 진사는 부모가 알까 두려워 따뜻한 말로 위로하고 보내주었습니다.

진사가 특의 소행을 알고 노복 십여 명을 거느리고 불의에 그 집을 에워싸고 찾으니 단지 금팔찌 한 쌍과 운남보경(雲南寶鏡) 한 개만 있는지라, 이것으로 장물(贓物)[171]을 삼아 관가(官家)에 고소하여 찾고자 하나 일이 누설될까 두렵고, 이것들을 찾지 못하면 부처께 바칠 재물이 없어 마음으로 특을 죽이고자 하나 힘으로 제압할 수 없으매 애써 잠자코 말하지 않았습니다.

---

170. 외로운.
171. 범죄행위로 얻은 물건.

특이 스스로 그 죄를 알고 궁장 밖의 맹인에게 물어 가로되

'내가 지난번 새벽에 이 궁장 밖을 지날 때에 어떤 사람이 궁중으로부터 서편 담을 넘어 나오기에 나는 그를 도적으로 알고 소리를 지르며 좇아가니 그 사람이 가지고 있던 물건을 버리고 달아나거늘, 그것을 가지고 돌아와 감추어 두고 본래 주인이 와 찾을 것을 기다리더니, 우리 주인이 본디 염치가 없는지라 내가 물건을 얻었다는 말을 듣고 몸소 와서 찾거늘 내가 대답하되 다른 보배는 없고 다만 팔찌와 거울 두 개 뿐이라 한즉 주인이 몸소 들어와 찾으니 과연 두 가지라. 또한 그에 만족하지 않고 바야흐로 나를 죽이고자 하는지라 내가 달아나고자 하니 달아나는 것이 길하랴?'

맹인이 가로되

'길하다.'

하니 그 이웃이 곁에서 그 말을 듣고 특에게 말하기를

'네 주인이 어떤 사람이기에 노복을 학대함이 이와 같으냐.'

하니 특이 말하기를

'우리 주인은 나이가 젊고 글에 능한지라 조만간 응당 급제할지나 욕심이 이와 같으니 훗날에 입조(入朝)¹⁷²하면 그 마음 씀씀이를 알리로다.'

이 말이 퍼져서 궁중에 들어가 대군께 고하니 대군이 대노하여 남궁 사람들로 서궁을 뒤지게 한즉 첩의 의복 보화가 다 없는지라 대군이 서궁 시녀 오인을 뜰 가운데 불러 놓고 눈앞에 형장(刑杖)을 엄히 갖추고 하령(下令)하여 가로되

'이 다섯을 죽여서 타인을 경계(警戒)하겠노라.'

하고 또 집장자(執杖者)에게 명하여 가로되

'장수(杖數)를 헤아리지 말고 죽을 때까지 치라.'

하니 오인이 가로되

---

172. 조정(朝廷)에 들어가면.

'원컨대 한 말씀 드리고 죽겠나이다.'

대군이 가로되

'하고 싶은 말이 뭐냐? 다 말해 보거라.'

은섬이 초사(招辭)[173]하여 가로되

'남녀의 정욕은 음양으로 품수(稟受)한 것이라 귀함도 천함도 없이 사람마다 모두 있는 것이거늘 한 번 심궁에 갇히매 형용이 고단하고 그림자가 외로워 꽃을 보면 눈물이 가리우고 달을 대하면 혼이 녹아 없어지는지라, 매화나무에 앉은 꾀꼬리로 하여금 쌍으로 날지 못하게 하고, 주렴(珠簾)[174] 위에 깃든 제비로 하여금 짝지어 깃들지 못하게 함은 다름이 아니라 스스로 부러운 마음과 투기(妬忌)하는 마음을 이기지 못함 때문입니다. 한 번 궁장(宮墻)을 넘은즉 가히 인간의 낙(樂)을 알 것이거늘 하지 않는 것은 어찌 그 힘이 능치 못하고 마음이 차마 하지 못하기 때문이겠습니까. 오직 주군의 위엄이 두려울 따름이니 이 마음을 굳게 지켜 궁중에서 말라 죽을 계교뿐이거늘, 이제 죄를 범함이 없이 죽을 땅에 두고자 하시니 첩 등은 황천(黃泉)의 아래에 죽어도 눈을 감지 못하리로소이다.'

비취가 초사하여 가로되

'주군께서 무휼(撫恤)[175]하시는 은혜는 산이 높지 않고 바다가 깊지 않은지라 첩 능이 감동하고 두려워하여 오직 문묵(文墨)과 현가(絃歌)를 일삼을 따름이더니, 이제 씻을 수 없는 악명(惡名)이 두루 서궁에 미치니 사는 것이 죽느니만 못한지라 오직 엎드려 바라건대 속히 죽고자 하나이다.'

자란이 초사하여 가로되

'오늘의 일은 죄가 불측(不測)한 데 있는지라 마음속에 품은 바를 어찌 차마 숨기겠습니까. 첩 등은 다 여항(閭巷)의 천한 계집이라 아비가 대

---

173. 죄인이 범죄사실을 진술하는 일.
174. 구슬로 엮은 발.
175. 어려운 사람을 위로하며 물질을 베풀어 도와줌.

순(大舜)[176]이 아니요, 어미가 이비(二妃)[177]가 아닌즉 남녀정욕이 어찌 홀로 없으리이까. 목왕(穆王)[178]은 천자(天子)로되 매양 요대(瑤臺)의 즐거움을 생각했고, 항우(項羽)[179]는 영웅이로되 장중(帳中)[180]의 눈물을 금치 못한지라 주군은 어찌 운영으로 하여금 홀로 운우(雲雨)의 정(情)이 없다 하십니까. 김생은 당세의 바른 선비이거늘 내당(內堂)으로 이끄심도 주군이 하신 일이요, 운영에 명하여 벼루를 받들게 하심도 주군이 내리신 명이었습니다. 운영이 오래도록 심궁에 갇히매 추월춘화(秋月春花)에 매양 성정(性情)을 상하고, 오동야우(梧桐夜雨)에 몇 번이나 촌장(寸腸)이 끊어지다가 한 번 호걸을 보니 상심실성(喪心失性)하여 병이 골수에 든지라 비록 장생(長生)의 약으로도 효험을 보기가 어려우니 하루 저녁에 아침 이슬처럼 스러지면 주군이 비록 측은지심(惻隱之心)이 있어도 무슨 유익함이 있겠습니까. 첩의 어리석은 생각에는 김생으로 하여금 한 번 운영을 만나 보게 하여 두 사람의 맺힌 원한을 풀어주시면 주군의 적선(積善)은 이보다 큼이 없을 것입니다. 전 날 운영의 훼절(毀節)은 죄가 첩에게 있고 운영에게 있지 아니합니다. 첩의 한 말씀이 위로 주군을 속이고 아래로 동료를 저버림이 아닌지라 오늘 죽는다면 죽어도 또한 영광입니다. 엎드려 바라건대 주군께서는 첩의 몸으로 운영의 목숨을 잇게 해 주시옵소서.'

옥녀가 초사하여 가로되

'서궁의 영화(榮華)를 첩이 이미 함께 누렸거늘 서궁의 액화(厄禍)를 첩이 홀로 면하리이까. 불이 곤강(崑崗)[181]을 태우면 옥석(玉石)이 함께 타듯

---

176. 효자로 이름난 순(舜)임금.
177. 순(舜)임금의 두 왕비. 아황(娥皇)과 여영(女英).
178. 주(周)나라의 임금.
179. 진(秦) 말기의 장수로서 진나라를 멸망시키고 유방(劉邦)과 패권을 다투다 패하여 자살함.
180. 진중(陣中)과 같은 뜻.
181. 산(山)과 언덕.

이 오늘 죽는 것은 그 죽을 곳을 얻었나이다.'

첩이 초사하여 가로되

'주군의 은혜 산과 같고 바다 같거늘 능히 그 정절을 지키지 못하였으니 그 죄 하나요, 전 날 지은바 시에서 주군께 의심을 받았으나 끝내 바르게 고(告)하지 않았으니 그 죄 둘이요, 서궁의 죄 없는 사람들이 첩의 연고로 함께 그 죄를 입게 하였으니 그 죄 셋이라. 이 세 가지 큰 죄를 짓고, 산들 무슨 면목으로 사람들을 대하리오. 만일 혹시 죽음을 늦추신다 하여도 첩은 마땅히 자결(自決)할 것이오니 이로써 처분을 기다리겠나이다.'

대군이 보기를 마치자 자란의 초사를 다시 펼쳐 한동안 보고는 노여운 빛이 조금 풀리는지라 소옥이 무릎 꿇고 울며 고하여 가로되

'전날 완사하러 감을 성내로 하지 말자 한 것은 첩의 의론이었습니다. 자란이 밤에 남궁에 이르러 청하기가 심히 간절한지라 첩이 그 뜻을 불쌍히 여겨 뭇 의론을 물리치고 따랐으니 운영의 훼절은 그 죄가 첩의 몸에 있고 운영에게 있지 않습니다. 엎드려 바라건대 주군께서는 첩의 몸으로 운영의 명을 이어 주시옵소서.'

대군의 노함이 조금 풀려 첩을 별당에 가두고 그 나머지는 모두 풀어 주었습니다. 그리고 그날 밤에 첩은 비단 수건으로 스스로 목매어 죽었습니다."

진사가 붓을 잡고 운영이 옛일을 회고하여 서술하는 대로 기록함이 매우 자세한지라 두 사람은 서로를 대하여 스스로 슬픔을 억제하지 못하였다.

운영이 진사에게 일러 가로되

"그 뒤로는 낭군이 말씀하소서."

진사가 가로되

"운영이 자결한 후에는 일궁지인(一宮之人)이 목 놓아 울지 않는 이가 없어 부모의 상(喪)을 당함과 같은지라 곡성(哭聲)이 궁문 밖을 나가니 나 또

한 듣고 기절한지 오래더니 가인(家人)이 초혼(招魂)[182] 발상(發喪)[183]까지
하고 일변으로 구활(救活)하여 해가 저물녘에 비로소 깨어난지라 바야흐
로 정신을 차리고 스스로 생각하되, 일은 이미 이리 되었으니 공불(供佛)
의 약속을 저버리지 말아 구천의 원혼이나 위로하리로다 하고 그 금팔찌
와 보경(寶鏡)과 문방제구(文房諸具)를 다 팔아 쌀 사십 석(石)을 얻어 청녕
사(淸寧寺)에 보내어 불사(佛事)를 베풀려 하나 믿고 부릴만한 사람이 없어
특을 불러 이르되

'내 네 전일의 죄를 다 용서하리니 이제 나를 위해 충성을 다하겠느냐?'
하니 특이 엎드려 울며 대답하여 가로되

'소인이 비록 명완(冥頑)[184]하나 또한 목석이 아닌지라, 일신의 지은 죄를
머리카락을 다 뽑아서도 헤아리기 어려울 것이거늘 이제 용서해 주시니
이는 고목에 잎이 나고 백골에 살이 오름이라 감히 진사님을 위하여 죽음
에 이르지 않으리이까.'
하여 내가 말하기를

'내 운영을 위하여 재(齋)를 베풀어 공불(供佛)하여 발원(發願)하기를 바
라고자 하나 믿고 맡길 사람이 없는지라 네가 가히 가겠느냐?'
하니 특이 가로되

'삼가 명을 받들겠나이다.'
하고는 즉시 절에 올라가 사흘 동안 볼기를 두드리며 누워 있다가 승(僧)
을 불러 말하여 가로되

'사십 석의 쌀을 어디에 쓰리오? 공불하는 데에 다 들이겠는가? 이제 가히
주육(酒肉)을 많이 갖추어 놓고 널리 속객(俗客)을 불러 먹임이 좋으리라.'

마침 시골 여자가 지나가거늘 특이 강제로 겁박하여 승당(僧堂)에 들어

---

182. 죽은 사람의 혼(魂)을 불러 돌아오게 하는 일.
183. 상제가 머리를 풀고 곡하여 초상난 것을 알리는 일.
184. 사리에 어둡고 완고함.

가 유숙(留宿)하고 이미 수십 일이 지나도록 재를 올릴 뜻이 없거늘 사승(寺僧)이 다 분개하여 건초일(建醮日)[185]이 다다르매 제승(諸僧)이 가로되

'공불하는 일은 시주(施主)가 중한지라 시주가 이와 같이 불결하면 일이 극히 미안(未安)하니 맑은 냇물에 목욕하여 몸을 깨끗이 하고 행례(行禮)함이 가하리라.'

특이 마지못해 나가서 잠깐 물로 씻고 들어와 부처 앞에 무릎 꿇고 빌어 가로되

'진사는 오늘 속히 죽고 운영은 내일 다시 살아나 특의 배필이 되게 하소서.'

하고 삼일주야(三日晝夜) 발원하되 오직 이 소리뿐이었습니다.

특이 돌아와 나에게 말하기를

'운영각시는 반드시 살길을 얻을 것입니다. 재를 올리는 날 밤에 제 꿈에 나타나 말하기를 지성으로 공불하여 감사함을 이기지 못하겠노라 하고 절하고 울었는데 사승의 꿈도 모두 그랬다고 합니다.'

하는지라 나는 그 말을 믿었습니다.

마침 괴황지절(槐黃之節)[186]을 당하여 비록 과거(科擧)의 뜻은 없지만 공부를 빙자하고 청녕사에 올라가 며칠을 머물면서 특의 일을 자세히 듣고 그 분함을 이기지 못하였으나 특을 어찌할 수 없어 복욕하여 봄을 깨끗이 하고 부처 앞에 나아가 면배(面拜)[187]하고 머리를 조아려 향(香)을 바치고 손을 모아 빌어 가로되

'운영이 죽을 때의 약속을 차마 저버리지 못하여 특노(特奴)로 하여금 정성을 다하여 재를 올리게 하여 명우(冥佑)[188]를 바랬더니 이제 그놈이

---

185. 재(齋)를 올리는 날.
186. 음력 7월. 괴화(槐花)가 누런 때.
187. 만나 뵙고 절함.
188. 부처의 도우심.

빌었다는 말을 들으매 극히 패악(悖惡)하여 운영의 남긴 원(願)이 모두 헛
곳으로 돌아갔는지라, 이런 까닭으로 소자(小子) 감히 다시 축원하옵나니
능히 운영으로 하여금 다시 살아나게 하셔서 저로 하여금 이러한 원통함
을 면할 수 있게 하시고, 엎드려 바라건대 세존(世尊)께서는 특노를 죽여
철가(鐵枷)[189]를 씌우고 지옥에 가두소서. 엎드려 비나이다 세존이시여. 진
실로 이와 같이 발원해 주신다면 운영은 비구니가 되어 열 손가락을 불사
르고 십이 층 금탑(金塔)을 짓고, 저는 중이 되어 오계(五戒)[190]를 실천하고
세 거찰(巨刹)을 지어 그 은혜에 보답하겠나이다.'

빌기를 마치고 일어나 백 번 절하고 머리를 조아리고 나가니 그 칠일
뒤에 특이 함정에서 눌려 죽은지라, 이로부터 나는 세상일에 뜻이 없어
목욕하여 몸을 깨끗이 하고 새 옷을 입고 편안하고 고요한 방에 누워 절
곡(絶穀)[191]한지 사일(四日)만에 길게 한 번 한숨짓고 인하여 마침내 일어나
지를 못하였습니다."

쓰기를 마치자 붓을 던지고 양인(兩人)이 서로를 대하여 슬피 욺을 능히
스스로 억제치 못하는지라 유영(柳泳)이 위로하여 가로되

"두 사람이 다시 만났으니 소원이 이루어졌고, 원수(怨讐)를 이미 없앴으
니 원한도 풀렸거늘 어찌 그리 비통함을 그치지 않는 것이요? 다시 인간
세상에 나지 못함을 한(恨)하는 것인가요?"

김생이 눈물을 흘리며 사례하여 가로되

"우리 두 사람이 모두 원한을 품고 죽은지라 명사(冥司)[192]에서 그 죄 없
음을 불쌍히 여겨 인간 세상에 다시 내 보내고자 하나 지하(地下)의 낙

---

189. 형틀인 쇠칼.
190. 신남신녀(信男信女)들이 지키는 다섯 가지 계율. 곧 죽이지 말 것, 훔치지 말 것, 사
　　음하지 말 것, 거짓말하지 말 것, 술 마시지 말 것.
191. 곡기(穀氣)를 끊음.
192. 지옥(地獄).

(樂)도 인간 세상에 못지아니하거늘 하물며 천상(天上)의 낙임에랴! 이로써 세상에 나감을 원치 않았습니다. 다만 오늘 저녁에 슬퍼함은 대군이 일패 (一敗)함에 옛 궁에 주인이 없고, 오작(烏雀)[193]이 슬피 울고 인적(人跡)이 이르지 않으매 극히 슬픈 것이요, 하물며 새로 병화(兵火)를 겪은 뒤라 화옥 (華屋)은 재가 되고 분장(粉墻)은 허물어지고 오직 섬돌 위 꽃이 아름답고 뜰아래 풀이 무성한지라, 춘광(春光)은 옛날의 풍경을 고치지 않았는데 사람 일의 바뀜이 이와 같으니 다시 와서 옛 일을 생각하매 어찌 슬프지 않으리오."

유영이 가로되

"그렇다면 그대들은 모두 천상의 사람이 되었습니까?"

김생이 가로되

"우리 두 사람은 본디 천상선인(天上仙人)으로 길이 옥황(玉皇) 전(前)에서 모셨더니 하루는 상제(上帝)가 태청궁(太淸宮)에 납시어 나에게 명하여 옥원(玉園)의 과실을 따오라고 하시거늘 내가 반도(蟠桃)[194]와 경옥(瓊玉)[195]을 많이 취하고, 사사로이 운영에게 주었다가 들켜서 인간 세상에 적하(謫下)하여 인간의 고통을 다 겪게 하심이라. 이제는 옥황상제께서 전의 허물을 다 용서하시고 삼청(三淸)에 올리사 다시 향안전(香案前)에 모시게 하시니 때를 만나 바람을 타고 진세(塵世)에서 옛날에 놀던 곳을 나시 찾은 것입니다."

하고 눈물을 뿌리며 유영의 손을 잡고 말하기를

"바다가 마르고 돌이 문드러져도 이 정(情)은 다하지 않을 것이요, 땅이 늙고 하늘이 무너져도 이 한(恨)은 풀리기 어렵도다. 오늘 저녁에 그대와 더불어 서로 만나 이렇게 진실을 털어 놓게 됨은 숙세(宿世)의 연(緣)이 있

---

193. 까마귀와 참새.
194. 선계(仙界)에 있다는, 삼천 년 만에 한 번씩 열린다는 복숭아. 선도(仙桃).
195. 아름다운 옥(玉).

지 않았다면 어찌 가히 가능하리오. 엎드려 원하건대 존군(尊君)은 이 글을 거두어 후세에 영원히 전하시고, 부박(浮薄)한[196] 사람에게 함부로 전하여 희완(戲翫)[197]의 자(資)가 되지 않도록 해 주신다면 심히 다행일까 하나이다."

하더니 진사가 취한지라 운영의 몸에 기대어 한 절구(絶句)를 읊어 가로되

꽃 떨어진 궁중에 연작(燕雀)[198]이 날았으니
봄빛은 예와 같은데 주인은 아니로다.
한밤의 달빛은 서늘하기 이와 같은데
푸른 이슬은 아직 푸른 털옷에 젖지 않았도다.

운영이 이어서 읊어 가로되

고궁(故宮)의 버들과 꽃은 새봄을 띠었고
천년의 호화로움은 자주 꿈속에 들었도다.
오늘 저녁에 와서 놀며 옛 자취를 찾으니
슬픈 눈물이 저절로 수건에 젖음을 금치 못하리로다.

유영 또한 취하여 잠시 잠이 들었다가 이윽고 산새 우는 소리에 깨어 보니 구름과 연기 땅에 가득하고 새벽빛은 창망(蒼茫)[199]하거늘 사면을 둘러 봐도 사람 하나 없는데 단지 김생이 기록한 책자만 있을 뿐이라, 영(泳)

---

196. 들뜨고 경솔한.
197. 장난으로 가지고 놈.
198. 제비와 참새.
199. 너르고 멀어서 아득함.

이 창연(悵然)[200] 무료(無聊)하여 신책(神册)을 거두어 집에 돌아와 협사(篋
笥)[201]에 감추어 두고 때로 열어보고는 망연자실(茫然自失)하여 침식(寢食)
을 다 폐하곤 하였다. 그 뒤 두루 명산(名山)에서 놀았는데 그 마친 바는
알지 못한다 한다.

---

200. 몹시 서럽고 슬픔.
201. 상자.

저자 | 전용오

서울에서 출생.
연세대학교 국어국문학과를 졸업하고 같은 학교 대학원에서 석사, 박사학위를 받았다.
연세대, 동덕여대, 서울예대 등의 강사를 거쳐 배재대학교 국문과 교수가 되었다.
배재대에 근무하면서 인문대학장, 입학홍보처장 등의 보직을 역임한 바 있다.

저서로는『고소설의 모색』,『운영전의 비교문학적 연구』가 있으며『흥부전 연구』,『한국 고전시가사』,『우리말과 문학의 이해』,『한자와 생활』등의 공저가 있다.

漢文講讀精解

초판 인쇄 | 2013년 2월 20일
초판 발행 | 2013년 2월 28일

저　　자　　전용오

책임편집　　윤예미

발 행 처　　도서출판 지식과교양
등　　록　　제2010-19호
주　　소　　132-908 서울시 도봉구 창5동 262-3번지 3층
전　　화　　02-900-4520 / 02-900-4521
팩　　스　　02-900-1541
전자우편　　kncbook@hanmail.net

ⓒ 전용오 2013 All rights reserved. Printed in KOREA

ISBN 978-89-6764-009-5　03710　　　　　　정가 20,000원

이 도서의 국립중앙도서관 출판도서목록(CIP)은 e-CIP홈페이지(http://www.nl.go.kr/ecip)에서 이용하실 수 있습니다. (CIP제어번호 : CIP2013000920)